西南大学"双一流"建设（教育学）学术文库
A Library of Academic Works of Southwest University "Double First-Class" Project (Education)

人工智能技术的教学应用

王正青　但金凤　主　编

西南大学出版社

图书在版编目(CIP)数据

人工智能技术的教学应用 / 王正青, 但金凤主编. -- 重庆：西南大学出版社, 2024.8
(西南大学"双一流"建设(教育学)学术文库)
ISBN 978-7-5697-2377-9

Ⅰ.①人… Ⅱ.①王… ②但… Ⅲ.①人工智能-应用-教学研究-高等师范院校-教材 Ⅳ.①G434

中国国家版本馆CIP数据核字(2024)第093267号

人工智能技术的教学应用
RENGONG ZHINENG JISHU DE JIAOXUE YINGYONG
王正青　但金凤　主　编

责任编辑 | 李　君
责任校对 | 张　庆
装帧设计 | 闰江文化　谭　玺
排　　版 | 杨建华
出版发行 | 西南大学出版社(原西南师范大学出版社)
　　地址 | 重庆市北碚区天生路2号
　　邮编 | 400715
　　网址 | http://www.xdcbs.com
　　市场营销部电话 | 023-68868624
印　　刷 | 重庆亘鑫印务有限公司
成品尺寸 | 170 mm×240 mm
印　　张 | 13.25
字　　数 | 211千字
版　　次 | 2024年8月 第1版
印　　次 | 2024年8月 第1次印刷
书　　号 | ISBN 978-7-5697-2377-9
定　　价 | 48.00元

总序

西南大学教育学科源于1906年的川东师范学堂教育科。1950年10月,四川省立教育学院教育系、国立女子师范学院教育系合组为西南师范学院教育系。后四川大学教育系和教育专修科、重庆大学教育系、相辉学院教育系、川东教育学院教育系和公民训育系、昆明师范学院教育系、贵阳师范学院教育系、四川医学院营养保育系等高校的教育类专业又先后并入。1995年成立教育科学学院,2005年改名教育学院。2011年,学校将西南大学教育学院、教育科学研究所、基础教育研究中心、教育部西南基础教育课程研究中心、教师教育管理办公室、高等教育研究所和培训学院的教学科研人员合并组建为西南大学教育学部,成为西南大学重点建设的研究型学部。在教育学科的发展过程中,先后涌现出陈东原、张敷荣、高振业、任宝祥、秦仲实、刘克兰等一大批老一辈教育家,以及新一代教育学者。

西南大学教育学科于1981年获得硕士学位授予权,1984年获得博士学位授予权,现拥有"课程与教学论"国家重点学科、教育学一级学科博士学位授权点、博士后科研流动站,有教育部人文社科重点研究基地"西南民族教育与心理研究中心"、教育学领域"职业教育融通与课程教学统整"全国高校黄大年式教师团队、高等学校学科创新引智计划(111计划)"西部儿童与青少年发展阻断贫困代际传递大数据决策系统"、教育部"成渝地区双城经济圈高校智能化教学改革"虚拟教研室、国家2011协同创新平台"中国基础教育质量监测协同创新中心西南大学分中心"、教育部"民族教育发展与高层次人才培养"重点研究基地等国家级、省部级平台与团队近20个。教育学、学前教育、教育技术学、特殊教育4个专业全部获批国家一流本科专业建设点，教育学专业为教育部和财政部联合确定的首批国家级特色专业，学前教育专业入选教育部首批"卓越幼儿园教师培养计划"。

自2022年入选国家"双一流"建设学科、重庆市一流学科（尖峰学科）以来，教育学科以服务国家教育强国战略和成渝地区双城经济圈教育协同发展战略为宗旨，找准国家重大战略需求、科学技术发展前沿、学科优势特色三者的结合点，确立了围绕"三个重大"（重大项目、重要奖项、重点平台）抓"关键性少数"、"三全治理"（全员、全方位、全过程）抓"系统性思维"、"三个一流"（团队、领域、平台）抓"可显性指标"的战略框架，坚持"做有组织的科研、出有领域的成果、建有追求的团队、留有记忆的符号、创有激情的文化、干有温度的事业、过有成就的日子"的七大原则，锚定"四大方向八个领域"，组建了教育基本理论与意识（马克思主义教育理论中国化、民族文化与教育特色理论建构）、区域发展与教育（职业教育与区域经济社会发展、乡村振兴与教育阻隔代际贫困传递）、基础教育课程教学与教师教育（中国特色课程教学新发展、教师教育理论体系建构与政策发展）、未来教育与儿童发展（智慧教育和"未来学校"建设、儿童健康教育与脑发育机制）"跨学院"的核心研究团队，建设了"智慧教育与全人发展"首批重庆市哲学社会科学重点实验室（试点）、西部科学城（重庆）西南心理健康大数据中心，创办英文国际期刊 *Future in Educational Research* 和辑刊《未来教育研究》。

本学术文库是西南大学教育学"双一流"学科建设的重要成果，它着眼于教育科技人才一体化推进的国家重大战略，立足世界教育发展与学术研究的基本趋势，聚焦中国教育发展的现实问题，塑造区域教育发展新优势与新领域，通过"跨学科""跨理实""跨区域"的研究视角，质性研究与量化研究相结合的技术路线，扎根中国大地做原创性、系统性、引领性的教育研究，真正把教育研究从西方教育范式和话语体系中解放出来，构建具有中国特色的教育学学科体系、学术体系和话语体系，为加快推进教育现代化战略和建设教育强国战略贡献西南大学教育学科的学术力量。

（西南大学教育学一流学科建设"首席责任专家"、教育学部部长、教育部国家级高层次人才）

2024年6月18日

前言

以人工智能(Artificial Intelligence)为标志的新一轮科技革命和工业革命正席卷全球,作为第四次工业革命的动力引擎,人工智能带来的社会转变比第三次工业革命发生的速度快10倍,规模大300倍,影响几乎大3000倍。人工智能技术在推动社会产业结构极速变革的同时,也将推动教育生态体系创新,并最终实现学校教育智能化、教育服务精准化、教学资源共享化、课堂管理自动化、学习路径定制化。2017年7月,国务院印发《新一代人工智能发展规划》,提出加快人工智能高端人才培养,建设人工智能学科,发展智能教育。2018年4月,教育部发布《高等学校人工智能创新行动计划》,从高等教育领域推动落实人工智能发展。2019年2月,中共中央、国务院印发《中国教育现代化2035》,提出加快信息化时代教育变革,建设智能化校园,统筹建设一体化智能化教学、管理与服务平台,利用现代技术加快推动人才培养模式改革。人工智能及其教育应用已成为中国教育高质量发展的重要支撑。

本教材以人工智能技术的飞速发展和广泛应用为时代背景,以智能化时代人机共教、虚拟现实、在线学习、数字化教育等新型教育样式为焦点,以人工智能时代的教育与教学整体架构变革为分析对象,采用历时态的纵向梳理和共时态的横向比较,依托理论层面的因素分析和模型建构与实践层面的个案探究和数据计量相结合的方式,探讨当前国内外教育领域以智能化为主题的教育平台构建与整合技术、智能辅助与人机共教技术、虚拟现实与全息技术、区块链与存储技术以及教育数据挖掘与分析技术等五类技术的演变逻辑、教学化应用设计、应用案例与效果反馈,力求理论阐述与实践应用相结合、应然设计与实然检验相印证,有助于师范类专业本科生和研究生知晓在教学中应如何应用人工智能技术,以及中小学在职教师在教学中明确人工智能技术应用渠道。

普遍认为,科学技术的发展推动着人类社会经历了蒸汽机、电力和内燃机、信息化三次工业革命浪潮。当前人类正向智能技术深度应用的第四次工业革命迈进,智能技术正带动全球经济、政治、文化、教育等各领域创新发展。基于此,本教材介绍了人工智能时代的教育与教学变革总趋势,发现智能素养正成为各国人才培养的新目标,智慧教室、智慧校园等将成为未来教育新场域,教师也正从烦琐重复的"教书"工作中解脱出来,转向帮助学生激发动力、培养兴趣、开拓思维、涵养人格等"育人"事业。在课程与教学领域,编程与算法等智能课程正进入学校教育中,线上与线下相结合的混合式教学成为首选,虚拟技术、机器学习等新兴技术正应用到教学实践,基于大数据分析的学业水平智能评估已成为现实。

本教材重点梳理了人工智能时代的五类代表性技术的教学价值与应用途径。一是教育平台构建与整合技术,通过文本、声音、图像、动画、视频等各种形式来传递教育信息,继而增强线上与线下教学的沉浸性、趣味性和丰富性。二是智能辅助与人机共教技术,包括取代教师机械繁杂工作事项的AI代理,以问题诊断为主要任务的AI助手,助力教学模式系统创新的AI教师,能够进行情感交互的AI伙伴等。三是虚拟现实与全息技术,帮助实现教学事件重构及情境模拟,教育科学实验及模型建构,构建高沉浸式教学环境,打造全新学习体验。四是区块链与存储技术,提供可追溯的学习记录,形成开放共享的教育知识库,建设教育资源版权保护中心,创办虚拟币流通机制支持下的智慧网络学习社区等。五是教育数据挖掘与分析技术,帮助教育工作者从"用经验说话"转向"用数据说话",实现数据支持下的教育决策与创新。

人工智能技术也广泛应用于国内部分地区或学校教育教学实践。许多学校正使用Blackboard网络教学管理平台开展基于网络的探究学习;针对中学实验课程开发的NOBOOK等教学软件也走进众多校园;致力于英语作文评估的句酷批改网、"希赛可"智能英语学习系统、好未来"AI老师普通话教学系统"

等智能教学系统已经为广大中小学教师耳熟能详;基于VR/AR技术的桌面式虚拟现实与增强现实设备zSpace,正被应用到一些难以被演示模拟和再现还原的课程中,以帮助学生实现沉浸式、具身化学习体验;依托区块链分布式账本技术、智能合约、共识机制等核心技术建立的极客豆学院,建立了在线教育社区"喵爪星球",创新性开展了区块链技术的教育应用;利用分布式账本技术建立的"学习成长记录账本",也正被部分中小学尝试引入学校教育教学中,这些汇聚成了一幅人工智能技术广泛应用的繁荣图景。

  本教材由团队合作完成。教材由西南大学王正青教授整体设计和统稿校对,但金凤博士协助进行了统稿工作。第一章由西南大学王正青教授、博士研究生田霄撰写;第二章由重庆师范大学杨思帆教授、成都市龙泉驿区大面小学校蒲建利老师撰写;第三章由西南大学但金凤博士撰写;第四章由四川师范大学王娟涓副教授、锦州师范高等专科学校于天傲老师撰写;第五章由贵州工程应用技术学院陈臣老师完成;第六章由四川外国语大学唐晓玲教授、西南大学已毕业硕士研究生王铖撰写。特此说明并感谢团队成员的倾情投入。

目录

第一章
人工智能时代的教育与教学变革

一、智能时代的人类社会变革 /003
    (一)第一次工业革命与人类社会变革 /003
    (二)第二次工业革命与人类社会变革 /005
    (三)第三次工业革命与人类社会变革 /006
    (四)工业4.0与人类社会变革 /008

二、智能时代的全球教育变革 /011
    (一)智能时代教育目标革新 /011
    (二)智能时代教育场域创新 /014
    (三)教育管理的智能化转变 /016
    (四)智能时代的教师角色与新素养 /019

三、智能时代的课程与教学变革 /022
    (一)在线教学促进课程形式变化 /022
    (二)智能素养推动课程内容更新 /023
    (三)智能技术推动教学模式创新 /027

四、结语 /032

第二章 教育平台构建与整合技术及其应用

一、教育平台构建与整合技术的历史演变 /037
    (一)教育平台构建与整合技术的初步启航:2000年以前 /037
    (二)教育平台构建与整合技术的全面探索:2001—2011年 /039
    (三)教育平台构建与整合技术的创新发展:2012—2016年 /040
    (四)教育平台构建与整合技术的智能整合:2017年至今 /041

二、教育平台构建与整合技术的教学化构型 /043
    (一)教育平台构建与整合技术教学应用的整体架构 /043
    (二)教育平台构建与整合技术教学应用的组织实施 /046
    (三)教育平台构建与整合技术教学应用的保障机制 /051

三、教育平台构建与整合技术的教学应用案例 /057
    (一)基于Bd平台的高中历史探究式学习 /057
    (二)基于NOBOOK虚拟实验室的生物实验教学 /058
    (三)基于UMU的中学物理混合式教学 /061

四、结语 /063

第三章 智能辅助与人机共教技术及其应用

一、智能辅助与人机共教技术的发展演变 /069
    (一)从程序教学到计算机辅助教学的起步探索 /069
    (二)从计算机辅助教学走向智能计算机辅助教学的演进发展 /071
    (三)从智能计算机辅助教学到智能导师系统的纵深确立 /072

二、智能辅助与人机共教技术的教学化构型 /073
    (一)智能辅助与人机共教技术教学应用的整体架构 /073
    (二)智能辅助与人机共教技术教学应用的组织实施 /078
    (三)智能辅助与人机共教技术教学应用的保障机制 /085

三、智能辅助与人机共教技术的教学应用案例 /092
　　（一）句酷批改网 /092
　　（二）好未来"AI老师普通话教学"系统 /094
　　（三）阿尔法蛋大蛋2.0机器人 /096
　　（四）希沃智能助教 /097

四、结语 /099

第四章
虚拟现实与全息技术及其应用

一、虚拟现实与全息技术的发展演变 /105
　　（一）虚拟现实的发展 /105
　　（二）全息技术的发展 /110

二、虚拟现实与全息技术的教学应用转化 /112
　　（一）虚拟现实与全息技术应用的整体架构 /112
　　（二）虚拟现实与全息技术应用的教学组织 /115
　　（三）虚拟现实与全息教室的应用保障 /120

三、虚拟现实与全息技术的教学应用案例 /127
　　（一）案例一：小学四年级科学课"人体骨骼" /127
　　（二）案例二：八年级生物课"观察大型动物" /128
　　（三）案例三：高中一年级地理课"探秘地球演化的轨迹" /130

四、结语 /132

第五章
区块链与存储技术及其应用

一、区块链与存储技术的发展演变 /137
　　（一）区块链与存储技术发展与特征 /137
　　（二）区块链与存储技术的应用 /141

二、区块链与存储技术的教学化构型 /142
(一)区块链与存储技术教学应用的整体架构 /143
(二)区块链与存储技术教学应用的组织实施 /149
(三)区块链与存储技术教学应用的保障机制 /152

三、区块链与存储技术的教学应用案例 /158
(一)案例一:极客豆学院区块链教学运用 /158
(二)案例二:深圳市南山区香山里小学教学管理系统 /161
(三)案例三:杭州市淳安县梓潼镇中心小学智能书库 /162

四、结语 /163

第六章 教育数据挖掘与分析技术及其应用

一、教育数据挖掘与分析技术的发展与特征 /169
(一)教育数据挖掘与分析技术的发展与教育应用 /169
(二)教育数据挖掘与分析技术的特征 /171
(三)教育数据挖掘与分析技术的异同 /174

二、教育数据挖掘与分析技术的教学化构型 /176
(一)教育数据挖掘与分析技术教学应用的整体架构 /176
(二)教育数据挖掘与分析技术教学应用的组织实施 /181
(三)教育数据挖掘与分析技术教学应用的保障机制 /184

三、教育数据挖掘与分析技术的教学应用案例 /191
(一)极课大数据 /191
(二)智学网 /193
(三)汇教课堂 /195

四、结语 /197

第一章 人工智能时代的教育与教学变革

人工智能技术的兴起与发展，推动人类社会迈入智能化时代。人工智能在推动社会进步和产业创新的同时，也在教育领域赋能教育与教学变革。本章以智能时代的人类社会变革为逻辑起点，基于纵向时间轴梳理工业革命背景下人类社会及生产生活的发展与变化；从教育目标、教育场域、教育管理和教师角色四个维度出发，分析智能时代全球教育发展的趋势与走向；聚焦智能时代课程与教学变革，探析优化与创新课程形式、课程内容和教学模式的具体实践，并对人工智能时代的教育与教学变革进行理性思考。

☆ 学习目标

1. 了解工业革命与人类社会变革间的关系。
2. 掌握智能时代全球教育变革的发展方向与趋势。
3. 掌握智能时代课程与教学变革的具体实践路径。

◉ 思维导图

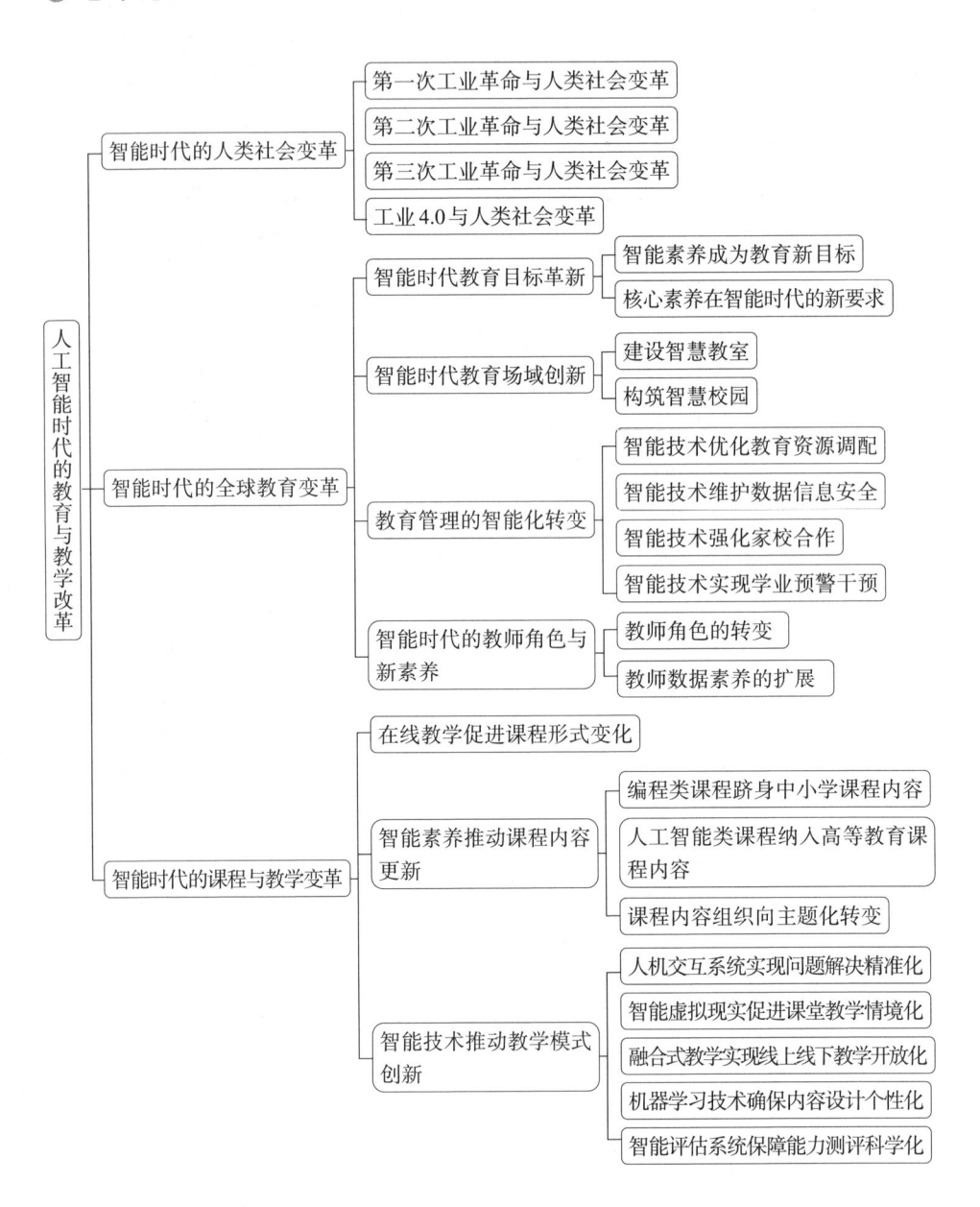

```
人工智能时代的教育与教学改革
├── 智能时代的人类社会变革
│   ├── 第一次工业革命与人类社会变革
│   ├── 第二次工业革命与人类社会变革
│   ├── 第三次工业革命与人类社会变革
│   └── 工业4.0与人类社会变革
├── 智能时代的全球教育变革
│   ├── 智能时代教育目标革新
│   │   ├── 智能素养成为教育新目标
│   │   └── 核心素养在智能时代的新要求
│   ├── 智能时代教育场域创新
│   │   ├── 建设智慧教室
│   │   └── 构筑智慧校园
│   ├── 教育管理的智能化转变
│   │   ├── 智能技术优化教育资源调配
│   │   ├── 智能技术维护数据信息安全
│   │   ├── 智能技术强化家校合作
│   │   └── 智能技术实现学业预警干预
│   └── 智能时代的教师角色与新素养
│       ├── 教师角色的转变
│       └── 教师数据素养的扩展
└── 智能时代的课程与教学变革
    ├── 在线教学促进课程形式变化
    ├── 智能素养推动课程内容更新
    │   ├── 编程类课程跻身中小学课程内容
    │   ├── 人工智能类课程纳入高等教育课程内容
    │   └── 课程内容组织向主题化转变
    └── 智能技术推动教学模式创新
        ├── 人机交互系统实现问题解决精准化
        ├── 智能虚拟现实促进课堂教学情境化
        ├── 融合式教学实现线上线下教学开放化
        ├── 机器学习技术确保内容设计个性化
        └── 智能评估系统保障能力测评科学化
```

人类社会正进入以人工智能（Artificial Intelligence）为标志的新一轮科技革命和工业革命浪潮中，人工智能不仅是驱动新一轮经济增长的主导性技术，也是推动人类社会从工业时代走向智能时代的决定性力量。作为第四次工业革命的动力引擎，人工智能在推动社会结构快速变革的同时，也将推动教育目的、内容、方式、评价以及管理等生态体系创新升级，最终实现人类生活智慧化、学校教育智能化、教育服务精准化。人工智能可以模仿人类思维的某些操作，理性解决系列复杂问题，并采取适当行动，以实现在现实世界中不同情境下的具体目标。作为未来教育发展的一个重要趋势，当前教育教学实践中随处可见教育智能化发展迹象，包括设计智能辅导系统精准化发现问题和解决问题、引入机器学习技术确保活动设计个性化、创设智能虚拟现实促进课堂教学情境化、开发智能评估系统保障能力测评科学化等。智能时代不仅赋予了教育新使命，也为推动教育公平和强化教育质量提供了强有力支撑。[①]各国人工智能技术支持下的教学改革得到了社会各界的大力支持，政府、高校和行业协会群策群力，构建了政府引领、高校跟进、社会协同的联动机制，保障了智能辅导、智能测评、机器学习以及虚拟现实等人工智能教育技术的实践落地。

一、智能时代的人类社会变革

科学技术的发展推动着人类社会经历了蒸汽机、电力和内燃机、信息化三次工业革命浪潮，进而实现了以机器取代人力，以大规模工厂化生产取代个体手工生产。当前，人类正向数字化深度应用工业4.0模式转换，尤其是人工智能、物联网、大数据等大批新兴技术的兴起，为全球经济、政治、文化、教育等各领域发展有效赋能，进而推动人类文明迈上新台阶。

（一）第一次工业革命与人类社会变革

第一次工业革命肇始于18世纪60年代，以机器的发明及运用为时代标志，因此历史学家也称这个时代为"机器时代"（The Age of Machines）。18世纪末19世纪初，英国人瓦特改良蒸汽机，之后蒸汽机成为新的动力而被广泛应

---

① 关成华,陈超凡,安欣.智能时代的教育创新趋势与未来教育启示[J].中国电化教育,2021(07):13.

用,并引起了从手工劳动向动力机器生产转变的重大飞跃。自此开始,世界各国区域联系越发增强,社会产业结构得以重塑。第一次工业革命为全球各地区、各国与各民族间的沟通交流和经济一体化发展奠定了初步基础,其不仅是一场巨大的科学技术变革,更是一场深刻的社会变革。

一是极大地提高了生产力,改变了人口结构,巩固了资本主义国家统治基础。马克思、恩格斯在《共产党宣言》中指出,"资产阶级在它的不到一百年的阶级统治中所创造的生产力,比过去一切世代创造的全部生产力还要多,还要大。"由于蒸汽机的产生,机器大规模生产取代了手工劳作,手工市场逐渐被挤垮,继而资本主义商品经济得到迅猛发展,廉价的、新奇的、优质的工业商品成为打开别国门户、换回工业原料的"利炮"。在此背景下,先进的生产技术和生产方式也开始传播到世界各地,并对各国旧思想与旧制度形成了猛烈冲击,资本主义统治权威得以进一步强化。以英国为例,在工业革命期间,英国经历了从农业社会转向工业社会的蜕变。在16世纪初,欧洲主要国家纯农业人口约为75%,而1800年时英国的纯农业人口下降到35%,成为欧洲纯农业人口比例最低的国家。到1841年下降至23%,到1890年下降至10.2%。从数据上看来,1500年英国每个纯农业人员可以养活三分之四个人,而到了1800年,英国每个纯农业人员可以养活约3个人。①

二是重塑社会阶级结构。18世纪后半期,蒸汽机和棉花加工机的出现导致英国产生了工业无产阶级。到19世纪20年代,英国已有200万工厂工人和运输人员。同时英国工业资本家大量增加,形成了工业资产阶级,最终工业资产阶级逐渐成为资产阶级的主导阵营。伴随着近代政治文明在欧洲大陆上的传播和欧洲民主国家形成,特别是拿破仑第一帝国对欧洲的侵略和统治,极大地打击了各国的封建势力,反对专制特权和神权的自由、平等、人权、人民主权的思想也逐渐回荡在欧洲的上空,推动了这时期社会观念的更新。

三是推动城乡发展转型。基于社会的工业技术、生产力与新兴阶级的出现,近代城市化进程也开始加速。英国在18世纪早期,城镇人口只占总人口的20%至25%,到1851年,城镇人口增加了一倍,继而步入城市化发展历程。如英国南威尔士的梅瑟蒂德菲尔在工业革命开展之后,尤其是19世纪上半叶,随着南威尔士钢铁工业的迅速发展,在1801年至1841年间,城市人口增长率甚

---

① 丁亮.英国工业革命时期的经济发展和人口变迁[J].英国研究,2020(0):87.

至高达10.94%,快速由乡村转型为城市,并在1841年成为威尔士最大城市。在美国,1800年时只有费城人口达到了5万,而在1850年时已出现了100万人口的城市。

(二)第二次工业革命与人类社会变革

19世纪60年代后期开始的第二次工业革命使人类进入到"电气时代"。1866年德国西门子公司创始人维尔纳·冯·西门子对发电机进行重大改进,并发明了第一台真正意义上的自励式直流发电机。此后,自然科学研究在该时期取得重大进展,一系列科学发明在世界各地产生。1873年,格拉姆发明了电动机;1876年,贝尔发明了人类第一部电话;1879年,爱迪生发明了电灯。19世纪80年代前后,电梯、电力机车等众多电气设备逐渐被发明并投入使用。1888年,尼古拉·特斯拉获得交流发电机的发明专利,之后,交流电被广泛应用于生产生活领域。

第二次工业革命带来的影响波及人类工作生活的方方面面。一是生产领域。内燃机的发明不仅解决了交通工具的发动机问题,还推动了石油开采业等行业发展。受到内燃机的启发,德国人卡尔·本茨利用内燃机的工作原理,成功制造出了世界上第一辆四轮汽车,在这之后,远洋轮船、飞机也陆陆续续被发明出来。据统计,1870年时全世界的石油产量大约在80万吨,30年之后生产量增加到了2000万吨,极大提升了全球经济的工业化水平。1883年,德国的戴姆勒研究出第一台立式汽油机,它以轻型、高速的特点代替了原有的内燃机。在普通内燃机转速低于200转/分的时候,它已达到800转/分,特别适合交通运输机械的标准与要求。在化工生产领域,1887年德国合成染料的产量占据世界二分之一,1913年上升至80%,染料的使用也被充分应用到纺织、皮革、油漆、皮毛、造纸、印刷等多个生产领域。①

二是文化和生活领域。1888年至1895年期间,法国、美国、英国、比利时等国都在进行拍摄影像和放映的实验。1889年,美国发明家爱迪生在发明了电影留声机后,又相继发明了电影视镜。1895年,法国的卢米埃尔兄弟研制成功活动电影机,同年12月,卢米埃尔兄弟正式向社会公映了他们自己拍摄的纪实

---

① 李富森.论德国第二次工业革命的成就与特点[J].临沂大学学报,2012,34(03):29.

短片《火车到站》《水浇园丁》《婴儿的午餐》等12部影片,标志着电影艺术的正式诞生,为人类生活增彩添色。与此类似,美国人贝尔发明电话后,极大地促进了人们之间的沟通交流,使得信息之间的传递更加方便,促进了世界各国政治、经济、文化等方面的交流。同时,一系列的电力技术影响也改变了美国社会居民生活。福特发明出流水线生产技术,至1930年,让汽车进入了美国大多数家庭。而电气发明,为美国普通家庭生活带来天翻地覆的变化,比如在1940年,美国家庭拥有电冰箱的比例已经高达44%。[1]

三是教育领域。第二次工业革命中印刷技术的诞生,促进了图书出版业的进步和繁荣。在此背景下,19世纪后半叶,德国、法国等欧洲国家相继掀起了"阅读革命"。1861年,德国莱比锡的凯尔出版社出版的《园亭》为家庭提供"阅读文化套餐",并在出版后突破了10万册的销量,至1875年更是达到38.2万册。为扩大阅读革命普及维度,当时德国还开设了970家正式借书馆和4000多家非正式借书馆。[2]德国的阅读革命提高了全民族集体文化素养,推动了德国社会各阶级与阶层间的文化融合与现代德意志民族文化的形成,并为德国的社会化发展奠定了基石。

法国的工业化与城市化进程使民众对教育的重视程度大大提高。民众对提高劳动力知识水平的诉求也促进了阅读群体人数的快速增长。鉴于此,大众阅读逐渐成为法国普遍文化现象。在七月王朝时期,法国阅读室的数量达到顶峰,仅在巴黎就有超过500家获得官方许可的阅读室,且绝大多数阅读室设置在人流密集区域。随着阅读室的发展以及群众阅读需求的提升,法国开始建立读者协会,并创建了大量图书馆。1898年,法国巴黎20个区域中就有14个建立了大众图书馆,基于低廉的会费要求,图书馆成为法国群众最喜爱的阅读场所。

(三)第三次工业革命与人类社会变革

20世纪40至50年代,人类社会正式开启以计算机、原子能、航空航天、遗传工程为主要代表的第三次工业革命,标志着人类进入信息时代。信息时代

---

[1] 郑磊.美国百年巨变的康波周期律[EB/OL].(2021-06-14)[2021-07-01].https://m.21jingji.com/article/20210614/243123006c0b9eb9811d79683f8ae299_zaker.html.
[2] 景德祥.19世纪德国的"阅读革命"[N].光明日报,2019-04-22(04).

背景下互联网技术覆盖面更广、应用范围也更加全面，拓宽了人类社会生产生活探索领域。

一是在科技领域取得突破性进展。1957年，苏联发射了世界上第一颗人造地球卫星，开创了空间技术发展的新纪元；1958年，美国也相继发射了人造地球卫星并在1960年实施了登月计划。到20世纪90年代，苏联、美国、法国、中国、日本、印度、英国等国家以及欧洲航天局先后研制出约80种运载火箭，修建了4127个航天器。这一时期，新材料的出现也提高了资源利用效率。20世纪80年代末诞生的纳米技术不断崛起，帮助人们在纳米尺寸范围内认识与改造自然，并根据需要操作的原子、分子等物质，进而创造出新的物质。此外，纳米技术与3D打印技术结合，形成"添加式"制造方式，进而将工业生产所需要的原材料降低至先前生产方式的十分之一。①

二是在电子技术与制造业领域。1947年，美国贝尔实验室的研究人员发明了晶体管，1958年出现了晶体管计算机，其运算速度达到了每秒几十万次。1958年，杰克·基尔比成功研制出世界上第一块集成电路，标志着电子技术进入新发展阶段。集成电路实现了材料、元件、电路三者之间的统一，同传统的电子元件的设计与生产方式、电路的结构形式有着本质的不同。到20世纪70年代，人类已经发明了第四代大规模集成电路，推动了全球电子信息技术产业快速发展。制造行业出现了"去TIV化"，劳动力迅速从第一、二产业向第三产业转移，各国汽车、钢铁等制造业在此过程中迅速崛起。如美国最大的工业垄断组织和世界重要跨国企业之一的福特汽车公司，在1913年推出流水线生产方式，这之后的13年里年汽车产量由4万辆增至200万辆。截至1955年，通用、福特和克莱斯勒的6款车型就已经占到全美汽车销量的80%。制造业革命使"买方市场"成为市场经济常态。而随着买方市场的到来，传统大规模流水线制造逐渐走向终结。福特公司基于T型流水线式生产方式，将平均每个工人在一辆汽车制造上所花费的时间从9小时直接降至2.3分钟。

三是在教育领域。第三次工业革命推动了各国教育体系发生了巨大变化。1958年，美国颁布的《国防教育法》，确立了以培养高科技人才为目标的教学新体系。1965年，美国国会通过《初等和中等教育法案》，不仅扩大了联邦政

---

① 贾根良.第三次工业革命带来了什么？[J].求是，2013(06)：22.

府的教育影响范围,还增加了对处境不利群体的资助,以适应信息化社会的人才需求。日本等亚洲国家也积极推动教育体制改革和加大教育经费投入。1947年,日本开始实行九年义务教育;1950年日本教育经费为1599亿日元,1972年增至40244亿日元,占当年政府公共预算的20%。

(四)工业4.0与人类社会变革

放眼人类文明历史,尽管仍在享用三百多年前牛顿提出的牛顿力学,一百多年前莱特兄弟发明的飞机等文明成果,但人类社会已经进入新阶段——工业4.0的智能社会。人工智能、物联网、区块链、无人机器类脑神经系统、云计算、大数据等技术带来的智能革命,促进各国实现了智能化和智慧化。2011年,德国首次提出了"工业4.0",意欲推动数字化、智能化制造,引领新一轮工业革命浪潮。工业4.0核心是互联网,代表了"互联网+制造业"的智能生产,尤其在3D打印技术、工业机器人技术、人工智能与5G技术支持下,数字化的深度应用成为工业4.0时代的重要标志。

1. 人工智能变革就业结构

作为社会结构体系中独立存在的知识系统,科学技术和发明创造的规模和组织形式变化,推动了人口、文化、经济、自然环境、社会结构、价值观念等的变迁。在新产业发展方面,增强现实、虚拟现实等智能技术,实现了对产业的颠覆性创新。比如虚拟现实技术全面拓展了建筑效果图示,形成了交互式三维建筑场景,用户得以在虚拟场景下亲身体验建筑物内置设备和房间装饰改造。

在社会就业方面,智能机器设备对旧技术和旧产业进行改造升级,继而形成了更高效率的数字化生产线。科技与智能机器人代替人类从事诸多劳动生产,尤其是大量机械性工作。据统计,美国2007年时每千名工人中就有一个机器人,估计有150万~175万个机器人在工作,预计到2025年将增加到400万~600万个。[1]据英国剑桥大学研究团队分析,目前365种职业中,电话推销员"被淘汰概率"为99.0%,打字员为98.5%,保险业务员为97.0%。

---

[1] Acemoglu D, Restrepo P. Robots And Jobs: Evidence from US Labor Markets[EB/OL]. (2017-03-01)[2020-04-16]. https://www.nber.org/papers/w23285.pdf.

智能技术正改变着社会职业性质和劳动力市场的人才需求。2017年5月，美国劳工统计局(Bureau of Labor Statistics, BLS)测算计算机和信息技术行业的平均年薪为84580美元，远高于美国其他行业的平均年薪37690美元。2018年4月，美国劳工统计局发布报告称，从2016年到2026年，美国计算机和信息技术行业的就业人数预计增长13%，这些职业预计新增557100个就业岗位，包括云计算、大数据收集和储存以及信息安全维护等相关领域。[①]同时，人工智能时代也催生了一批新的职业岗位，比如网约车司机的诞生。从2016年到2019年，网约车用户规模增加了三倍。截至2019年12月，我国网约车用户为3.92亿人，其中网络预约出租车用户规模为2.25亿人，网络预约专车用户规模为3.57亿人。[②]

目前我国第一产业就业结构与产业结构不协调导致劳动生产率较低，大量富余劳动力有待转移。第二产业就业结构与产业结构的协调性较好，尤其以外贸加工为主的外向型劳动密集型制造企业具有较大的就业吸纳潜力。第三产业就业结构与产业结构的协调性最好，资本技术密集型行业与劳动密集型行业并存，对各层次劳动力的兼容和吸纳能力较强。总体上看，当前的劳动力素质还不能完全适应"十四五"时期高质量发展要求，技术技能人才占全体就业人员比重偏低，适应未来创新驱动的劳动力整体水平有待提升。[③]

2.人工智能赋能产业变革

人类对未来智能技术的认识通常会经历三个阶段：首先，是敬畏并惊叹其潜能；其次，是担心智能技术带来一系列新危险的恐惧感；最后，是人类会认识到唯一可行和负责任的选择，就是精心设计既能实现其好处、又能控制其危险的发展方式。[④]不可否认，智能技术的发明与应用始终是产业经济的根本推动力量。20世纪90年代美国新经济时期，互联网开始从一种单纯的信息通信技术扩展至多种电子商务模式，以亚马逊、雅虎、易贝等为主要代表的许多电子

---

① University of Central Arkansas. Computer, IT, and Engineering Occupation [EB/OL]. (2018-04-10) [2020-04-19]. https://uca.edu/computerscience/cs-cpe-occupations/.
② 中国汽车"新三化"发展趋势白皮书[EB/OL].(2020-05-01)[2020-06-01].http://www.yoojia.com/article/9055043613975649819.html.
③ 李长安."十四五"时期如何实现更加充分更高质量就业[N].光明日报,2021-05-11(11).
④ 库兹韦尔.奇点临近[M].李庆诚,董振华,田源,译.北京:机械工业出版社,2011:247.

商务互联网公司如雨后春笋般成长起来。当前人工智能集群下的技术革命与产业变革,正带动起以数字化、智能化、网络化为特征的新一轮工业革命,消费、商业、教育等各领域得以整合互联并实现深度融合。

未来学家阿尔文·托夫勒在1981年出版的《第三次浪潮》(The Third Wave)中提出的"产销合一"正在变为现实,大量分散化的个人通过在社交平台分享自己创作的文字、照片、视频,从而成为完整服务生产和供应的重要组成部分。如新浪公司旗下的新浪微博,便是"产销合一"的典型代表,也是将创作"变现"的新生产方式的聚集地。2020年9月,新浪微博发布的第二季度财报显示,微博营收达27.5亿元,数十万博主开通视频号,其中粉丝超百万的视频号5000余个,向视频号分成5亿现金,实现以视频广告分成模式帮助视频号积累社交资产,提升品牌影响力。

3.人工智能影响生活休闲方式

人类与智能技术以和谐共生为原则,并基于智能技术实现了衣食住行各方面的智能化和便捷化。在4G时代到来之前,人们不曾想到各种移动支付工具会在短时间内普遍应用。支付宝作为国内首个移动支付软件和全球最大移动支付平台,在2010年之后其使用规模呈指数形式增长。数据显示,2013年12月31日,支付宝实名认证用户超过3亿,支付宝手机支付完成27.8亿笔,金额超过9000亿元。到2020年6月30日,支付宝的月度活跃用户达到7.11亿人,年度活跃用户超过10亿人。此外,支付宝账单记录功能也可以帮助大众清楚了解自我消费状况。

淘宝等购物软件的智能推送功能,使网上购物成为最为普遍的购物方式。据统计,2017年天猫双十一成交总额达到1682亿元,在双十一购物狂欢节开场仅3分钟,成交额就已经突破了100亿元人民币。2020年天猫双十一成交总额高达4982亿元,双十一当天开场30分钟,成交总额就已突破3723亿元。在饮食消费方面,美团等外卖平台已然成为众多年轻人"解决每日温饱"问题的主要选择。作为外卖行业的巨头,美团2020年总收入为1147.9亿元。在住宿消费方面,爱彼迎、小猪短租、自在客、美团住宿、蚂蚁短租等软件,可以迅速为旅游大众提供更多可参考的高性价比预定房源,使人们的住宿选择更为多元化。

智能技术除满足基本物质需求外,也为人们的精神生活领域注入了"新鲜血液"。如智能手机的普及促使更多阅读爱好者通过电子阅读和"听书",解决了纸质书本不便携带的传统缺点。据《2019年微信读书年度数据报告》,2019年,微信读者每天人均阅读时长和人均听书时长分别为85.8分钟和142.2分钟,人均阅读书本量高达22.6本,年阅读用户数达到1.15亿人。

二、智能时代的全球教育变革

随着互联网、5G、人工智能等科学技术渗入到日常学习,"数字土著"在不断成长的同时,新生"数字土著"也相继诞生。2008年,时任国际商业机器公司(International Business Machines Corporation, IBM)首席执行官彭明盛(Palmisano)在其所做报告《智慧地球:下一代领导议程》(*A Smarter Planet: the Next Leadership Agenda*)中,首次提出"智慧地球"(Smarter Planet)概念,随后"智慧地球"思想逐渐渗透到生活各个领域之中,并催生出智慧城市、智慧医疗、智慧交通、智慧教育等许多新概念。其中,学生的技术沉浸,个性化、多元化的学习路径,系统、文化和资源的全球整合,以及教育在21世纪经济中的关键作用,被视为智慧教育的显著特征。[①]

(一)智能时代教育目标革新

智能技术使人类步入知识社会(Knowledge Society),并充分彰显社会个体的"数字公民"(Digital Citizenship)身份。学生作为"数字公民"的重要群体,更容易被淹没在信息洪流之中,并面临着信息过量、信息焦虑、情感迷失等系列问题。基于此,智能时代的多元化复杂结构对学生的知识与能力提出了新的要求,这也是教育目标体系革新的参考依据。

1.智能素养成为教育新目标

裹挟而来的智能化浪潮推动了教育目标转向,更关注提升学生核心素养和综合素质,使其具备智能时代的必备知识与能力。人工智能时代使人类意

[①] 郭阳,亓晋,许斌,等.教育信息化背景下面向智慧教育的教育管理模式研究[J].中国多媒体与网络教学学报(上旬刊),2020(08):133.

识到智能素养之于劳动者的重要意义。智能素养并不是凭空产生的,而是信息素养在智能时代的具体表现,既是核心素养的内在构成,也是核心素养在智能时代下的特殊要求。

2019年2月,联合国教科文组织(United Nations Education Scientific and Cultural Organization,UNESCO)在发布的《教育中的人工智能:可持续发展的挑战和机遇》中提到,计算机思维已经成为学习者在人工智能时代必须掌握的关键能力之一,它将被列入数字化能力的框架。智能素养由7个维度,3个阶段构成。其中7个维度分别是智能意识维度、智能态度维度、智能伦理维度、智能知识维度、智能技能维度、智能思维维度和智能创新维度。3个阶段分别是初级智能素养阶段、中级智能素养阶段和高级智能素养阶段。初级智能素养主要以感受人工智能为主,强调智能意识、智能态度、智能伦理、智能知识和智能技能。中级智能素养是在初级智能素养基础上增加智能思维和智能创新,并要求学习者能够学会利用人工智能解决生活中的简单问题。高级智能素养则要求学习者学会使用开放的人工智能应用程序编程接口(Application Programming Interface,API)和软件开发工具包(Software Development Kit,SDK),通过编程开发实用的人工智能产品来解决学习和生活中的实际问题。

2. 核心素养在智能时代的新要求

21世纪的人才培养不再强调既有知识的记忆和模仿,而是关注复杂情境中收集信息、处理信息、团队合作、解决问题的能力。2003年,经济合作与发展组织(Organization for Economic Cooperation and Development,OECD)发布报告《为了成功人生和健全社会的核心素养》,标志着经济合作与发展组织核心素养框架的正式问世。经济合作与发展组织提出的核心素养教育目标包含三方面内容:一是共同的价值基础,即民主价值观与可持续发展;二是一种以创造与责任为核心的高级心智能力,其核心是"反思能力",要求持续思考自身行为并不断调整自我行动;三是后天环境中的习得能力,不仅包括在学校环境,还包括家庭、社会、职业、经济、政治、文化等各种校外环境持续终身学习过程中获得的能力。

"21世纪技能伙伴委员会"(Partnership for 21 Century Skills)认为,21世纪

学生的核心素养包括以下四方面。一是核心学科知识和21世纪的跨学科素养。核心学科包括语言和阅读、数学、科学、外语、艺术修养、经济、地理、历史、管理和社会科学等，跨学科素养包括全球意识、财务素养、经济和创业素养、公民素养、健康素养、环境素养等。二是学习和创新技能，包括创造性和创新能力、批判性思考和问题解决能力、沟通与合作技能等。三是信息、媒体和技术技能，包括信息素养、媒体素养、科技素养等。四是生活和职业技能，包括灵活性和适应力、人生目标定位、社交和跨文化技能、生产力和责任担当、领导能力和勇于开拓等内容。该框架获得了众多国际组织和研究机构的认可，影响了许多国家的人才培养定位。

"21世纪技能伙伴委员会"还认为，培养学生的21世纪技能需要相应的支持系统，包括学业标准和评价系统、课程与教学、教师专业发展和学习环境等。学业标准和评价系统是引领教学和评估教学成败的基础，有效的标准和评价系统应能检测出学生的多样化技能。课程与教学是学校教育的核心，要推广问题教学、项目学习、探究学习等方式，赋予学生学习主体地位。教师专业发展主要指职前教师培养，以及在职教师的专业发展支持。学习环境包括教室等物质设施、信息化教学工具、学校的日常运作、校园文化、基础设施、学习社区等。从以上分析可以发现，数字化和信息素养已是21世纪学生的核心技能，创建信息化学习环境则是实现21世纪人才培养目标的重要条件，信息技术与教学的融合恰好处于人才培养目标与教学支持条件的连接点。

2013年11月，党的十八届三中全会提出了立德树人的教育根本任务。2014年，教育部印发了《关于全面深化课程改革落实立德树人根本任务的意见》，强调"将组织研究提出各学段学生发展核心素养体系，明确学生应具备的适应终身发展和社会发展需要的必备品格和关键能力"。我国学生发展核心素养以培养"全面发展的人"为核心，分为文化基础、自主发展、社会参与三个方面，综合表现为人文底蕴、科学精神、学会学习、健康生活、责任担当、实践创新等六大素养，具体细化为国家认同等十八个基本要点。各素养之间相互联系、互相补充、相互促进，其中科学精神、实践创新等素养与智能时代的素养要求紧密相关。

(二)智能时代教育场域创新

人工智能技术是智能时代教学创新的重要变革力量,通过建立人性化的学生网络学习空间,建设以智慧教室、智慧校园为依托的未来学校,探索融合教育模式,实现技术与教育场域的有机结合,形成良性的教育新形态。

1.建设智慧教室

智能技术革新了传统教室布置,使教室的布局与管理更加兼备人性化与科学性特点。在智慧教室中,移动设备所呈现的电子教材将取代纸质教材,继而使学生的学习资源获取途径变得更加便捷。在电子教材中,教材呈现出多媒体化的特点,教学重难点将以图片、视频以及虚拟现实的方式进行可视化呈现,学习者也可以根据自己的需求进行自主学习。电子教材也将与学习者的学习进度进行绑定,并自动记录学习过程。

全球范围内近年来出现了许多智慧教室建设案例。美国多地开办的AltSchool学校,就将人工智能技术与教室硬件设施配备相结合,通过开发智能平台软件用以"跟踪记录学生学习进程",并将其植入每位学生的平板电脑,教师利用该平台软件创建属于学生个体的个性化学习任务清单。AltSchool学校也会在每间教室中安装摄像头和麦克风等设备,用以记录学生的言行举止和每天发生的教学事件,以帮助教师回顾教学内容以及学生的课堂反应等,为教师改进教学方案提供依据。[①]

2.构筑智慧校园

智慧校园是在智慧教室的基础上衍生出的更大范围的智能化教学管理实践尝试。一是智慧校园教育数据管理体系构建。剑桥大学在建设智慧校园时,基于校园的云存储平台,实现了针对个体、小组、机构和研究团体四类用户,提供差异性个性化数据存储、数据共享、数据备份和高性能计算服务。我国长沙铁路第一中学智慧校园的教育数据管理体系构建,已经将教育教学系统的诸多环节高效连接,实现从课程实施、在线考试、教师评价、家校合作等环节的互联互通,借助智慧校园信息系统打破原有各环节的孤立状态。此外,针

[①] 张征.信息化时代的学校:来自AltSchool的探索[J].世界教育信息,2016(18):17.

对不同教育主体的信息系统内容结构不一,对教师开放的数据管理系统中,有教师档案、工作计划、工资管理、任务协作等多项功能,对学生开放的数据管理系统包括智能排课、新高考、研究学习、班级周刊等。

二是智慧校园信息化服务支持。信息技术服务是智慧校园重要应用服务之一,它以教育用户为中心,以海量内容信息、精细粒度与技术便捷功能为依托,落实学习者智能化服务目标。如南洋理工大学综合利用物联网、建筑信息模型、地理信息系统、混合现实等人工智能技术,建造可视化的BIM+FM管理平台,以提升校园建筑管理效能。剑桥大学通过对信息技术服务内容进行系统梳理与归类,提供了数字资源、科研支持、通信网络、政策咨询等8类共162项具体服务类型,内容涉及基于用户角色的信息技术服务展示和详细的A到Z一站式服务检索目录。[1]江苏省南京市北京东路小学基于智慧校园的信息技术服务功能,依托学校公共会场实际使用频率,借助移动终端应用,统筹管理各个会议室的使用状态,教师可通过手机客户端平台,根据教学活动需求查找符合条件的会议室并进行预约,管理员批准之后,教师即可指纹验证打开场馆门禁,系统平台也会根据实时教学安排自动开启相关硬件设备以提供全方位技术服务。[2]

三是未来学校智慧校园模型构建。智能技术视阈下设计未来学校形态成为全球共识,诸多国家开始踏上设计与运行未来学校的新征程。2006年,美国率先创办了全球首个以"未来学校"命名的学校——"费城未来学校",该校是由费城学区和微软共同建造,政府负责经费支出,微软提供学校设计理念、师生发展指引、信息化课程以及相关技术支持。费城未来学校中没有纸笔和课本,学生通过网络和移动终端设备随时随地开展学习,它也允许每位学生按照自己的进度开展学习活动,以便摆脱以往"标准化"学习进度。2008年5月,德国在"MINT创造未来联盟"框架下设立了"MINT友好学校"的年度学校评选活动。德国的MINT教育与科研机构、大学、企业紧密结合,并有近300所科研机构和大学参与了欧盟"校园实验室"项目,包括德国国家航天与空间研究中心

---

[1] 沈霞娟,洪化清,宁玉文,等.国外智慧校园研究热点与典型案例分析[J].现代教育技术,2019,29(12):16.

[2] 陈云龙.创新物联网应用驱动智慧校园——以南京市北京东路小学物联网项目为例[J].中国现代教育装备,2019(14):17.

建立了9所校外科学实验室,并且向青少年开放。[①]2012年1月,欧洲学校联盟在比利时首都布鲁塞尔成立"未来教室"实验室,由一间会议室与一个大规模的开放式空间构成,主要分为互动区、展示区、探究区、创造区与发展区等六个学习区域,不同区域承担不同的教学目标与内容。如在互动区,任课教师通过平板电脑、智能手机等个人设备,以及交互式电子白板等交互设备之类的"未来教室"硬件必需品,提高师生互动性以及学生的课堂参与度。2013年,中国也正式启动了"中国未来学校创新计划",成立了未来学校实验室,其以科学研究为基础,以培养创新人才为根本,利用信息化手段促进学校教育的结构性变革,推动空间、课程与技术的融合创新,为学校的整体创新提供理论引领和实践指导。该计划得到了全国各地中小学校的热烈响应和广泛支持。

(三)教育管理的智能化转变

"人工智能+教育"的应用模式并非局限于教育目标、方式、内容以及评价等学业领域,其在学校日常管理实践中也扮演了重要角色。大数据、云计算、物联网和人工智能等信息技术在校舍维护、学生安全、教学设备的管理方面发挥了重要作用,不仅可以节约校园安全维护方面的人力成本,同时还能够实现全方位、高效率的校园管理服务。

1.智能技术优化教育资源调配

智能技术有助于实现优质教育资源在地区、城乡、校际间的均衡配置。首先,人工智能算法支持下的教育资源配置模型,能够有效助力教育资源分配。如教师资源配置可利用樽海鞘算法模型,收集各高校师生数量以及师生比,然后运算得出最优师生比例,最终实现对教师资源的最优配置。其次,智能技术促进教育资源配置机制的优化。在人工智能与大数据技术支持下,教育组织管理部门也制定了相应的教育管理与评估机制,以促进教育资源的有效利用与优质资源的共通共享。以湖南省长沙市为例,该市于2019年5月入选首批"智慧教育示范区"创建区域,并出台了《长沙市智慧教育行动计划(2019-2022年)》,其全面阐述了区域智慧教育有序开展的相关事宜。目前长沙市已经建

[①] 曹培杰.未来学校的兴起、挑战及发展趋势——基于"互联网+"教育的学校结构性变革[J].中国电化教育,2017(07):10.

设完成29所以"一卡通"为主要连接介质的智慧校园,并遴选出了15所"未来学校"创建校、2个智慧教育示范区和4个培育区域。

2. 智能技术维护数据信息安全

智能化时代学生的信息安全管理至关重要,如若学生的个人教育数据信息被恶意泄露,很容易造成重大数据安全责任事故。传统学生信息采集与保存技术,造成学生教育数据信息隐私安全性能较低。随着智能技术的发展运用,信息管理系统(Information Management System,IMS)为解决教育数据泄露隐忧提供了思路。信息管理系统具有多重功能,涵盖了对学生体检信息、课堂表现等基本信息进行记录统计;对班级规模进行动态监测;对教师个人基本情况与工作情况进行科学评价;对学生成绩进行描绘和梯队分布等,能实现教育数据信息的全面整合与管理。在高校图书馆的科研数据管理中,智能信息管理系统也被推广使用。如新西兰梅西大学在图书馆学科服务(Subject Services)与研究服务(Research Services)等项目中利用科研数据管理网站与集成型科研数据管理平台为用户提供全方位科研数据管理服务。在科研数据的保存与保护方面,学校依托专用网络磁盘空间(Network Disk Space)将科研信息数据存储于专为学校设计的网络磁盘中,旨在防止病毒入侵和恶意攻击等问题,并能在特殊情况下快速恢复数据信息,实现长久维护与有效保存。

3. 智能技术强化家校合作

人工智能技术创新了家校合作模式,使得家校合作模式焕然一新。具体而言,一是家校合作方式更具有丰富性。通信软件等智能化机器设备,有助于教师及时向家长反馈学生在校园中的各种动向。如教师可通过微信群向家长发布信息,让家长在了解学生教育信息的同时,也可以在微信群中畅所欲言,从而打破了教师"一言堂"式的教学管理模式。在芬兰,威尔玛在线系统是各地区家校沟通的主要渠道,家长可通过该系统了解孩子的学业与非学业信息。在孩子就读小学前,家长可以基于学校授予的临时身份进行系统登录,继而从系统中掌握所在学区所有学校详情,确保孩子选择适合学校就读,家长也会在孩子正式入学之后获得该系统的永久登录身份。①

---

① 康建朝,浦小松.芬兰家校合作的主题、路径与保障要素[J].基础教育课程,2021(11):76.

二是家校合作内容更加多元化。除传统学业合作外,智能技术也能帮助家长了解学生校园生活动向。2018年5月底,中幼国际教育研发的针对幼儿教育与陪伴等服务内容的机器人"快乐唷唷",在中国香港地区艾乐国际幼儿园投入使用。该机器人可追踪记录园内每个儿童的日常生活习惯并与儿童"沟通",促使儿童主动表达自己的心情状态,而这一流程会如实录入系统并及时反馈给家长。综上所述,智能技术的应用赋予了家校合作新内涵,拓宽了家校合作方式,提升了家校合作众慧共育品质。

4.智能技术实现学业预警干预

基于教育大数据支持而建立的早期预警系统(Early Warning Systems, EWS),或称为早期预警干预与监测系统(Early Warning Intervention and Monitoring System, EWIMS),是一种利用教育数据发挥预测以及干预功能的应用工具,围绕学生的学术性及非学术性教育数据信息,学校教育工作者可快速精准甄别学生可能或已出现的学业问题,实现预发干预,进而因材施教和精准帮扶。如美国马萨诸塞州建立的早期预警信息系统,在每个学年开始前对学生进行数据检测报告,预测辖区内一至十二年级学生能否达到既定预期学业标准。在应用早期预警信息系统之后,马萨诸塞州公立学校辍学率从2011年的2.5%下降至2017年的1.8%,且毕业率由83.4%上升到88.3%。

事实上,早期预警干预具有多重价值。一是提高学生学业评价的科学性。早期预警系统打破了仅以纸笔测验的考试分数作为学生成长进步唯一考量的局限,丰富了学业进展评价指标维度,强化了学生评价的科学性和有效性。二是实现教育数据驱动教学实践决策。学生教育数据信息被转化为有价值的教学决策依据,不仅可以实现教育数据"发声",而且也可以此规避传统教学决策过程中教育工作人员的唯经验主义和主观独裁的局限性。三是提高学业帮扶的精准性。早期预警干预机制能够改变以往粗放式的集体干预辅导模式,实现量身定制干预指导服务,针对性地解决学生具体学业困境。[①]

---

① 但金凤,王正青.预测与干预:美国中学基于大数据分析的早期预警系统建设与运行[J].比较教育研究,2021(09):76.

(四)智能时代的教师角色与新素养

随着智能机器以及信息技术的介入,传统教师在知识传递中的角色正发生巨大变化,教师的固化知识权威将被智能导师逐渐淡化,继而被赋予新的教育使命和教育角色。教师将从"教学者"和"知识传授者"转变为"辅导者"和"引路人",教师的育人价值在智能时代日益凸显。

1.教师角色的转变

由于智能时代的教育目标转变,教师面临着角色认同危机。在未来社会中,社会职业基本可以分为程序性劳动与创造性劳动,衡量前者的标准是精准率与熟练性,而衡量后者的标准为创意的独特性与过程中的效能比。基于未来社会职业的特点,教师需要在教育过程中打破以往以培养学生学科知识、记忆和熟练输出为主的传统方式,转向培养学生跨学科综合能力素养,包括学生的人文底蕴、科学精神、责任担当、学会学习与实践创新等。著名教育家梅贻琦先生认为,"学校犹水也,师生犹鱼也,其行动犹游泳也。大鱼前导,小鱼尾随,是从游也。从游既久,其濡染观摩之效自不求而至,不为而成。"这一思想体现出教师在学生精神世界熏陶及人格品性建设方面的重要作用。

一是学生的学习规划师角色。在智能时代背景下,教师要从单一的知识传递者,转变为帮助学生学习和人生规划的导师。即基于智能技术的帮助与支持,教师能够为每位学生制定适合其自身特质与发展的学习规划,满足学生日常教育和终身教育需求。此时,教师也开始由"全才"变为"专才",从单打独斗的"全能型多面手"变为具备高效支撑体系的"专业人员"。

二是强化教师自身的终身学习者角色。实际上,教师在促进自身能力与素质不断提高的同时,也有利于教育质量提升。以此为出发点,2018年,俄罗斯政府推出了"未来教师"项目,强调为教师能力的持续发展提供条件,鼓励教师自觉提高自身专业能力。项目要求各联邦主体通过定期组织教师开展高级培训、使用现代化数字技术、远程学习技术等方式,为教师提供可持续专业发展机会,并能够在2024年底在俄罗斯联邦85个实体中至少建立255个教师专业持续发展中心,保障全国范围内各类教育机构中至少50%的教师能够获得专业培训。①

三是坚持教师是学习过程的领航者角色。传统教师每天疲于应对收集材料、备课、上课、批改作业、管理学生以及与家长交流等教学内部事务和教育行政事项等众多工作。而在智能时代,未来学校将聚集具有各类学科背景与专业特长技艺的教师人群,同时大量教学技术工具也将成为课堂教学的必要性辅助。教师将不再是独立完成各项任务的个体,智能技术将为教师解决大量烦琐性工作,使其能将更多的时间和精力转向学生学业引领与人生指导。基于远程交互和面对面交互等多种方式,教师会定期与学生进行交流沟通,以便成为学生学业发展和身心成长的领航人。

四是倡导教师的情感呵护者角色。正如顾明远先生所言,爱是教育的灵魂,没有爱就没有教育。对于未成年的学生来说,教师应该在日常教学和生活中,精准把握和了解学生的成长需要与个性特质,并给予学生细致入微的个性化关怀和呵护。在可预见的智能化、数字化的未来社会,教师的情感呵护角色将会更加凸显。教师要在未来教育中强化人文关怀,使学生在"冷冰冰"的人工智能世界里依然能够感受和传递人性的温暖。

2.教师数据素养的扩展

智能时代的未来教育不仅需要教师转变角色并实现多种角色的有机融合,更需要教师具备适应未来教育变革的更高水平的专业素养。自2002年美国颁布的《教育科学改革法》提出"数据支撑教育决策"的指导思想后,美国教育部和教育科学研究所(IES)愈发强调数据在教育实践和研究中的重要性,反对简单地使用经验、直觉、个人判断作为决策的依据。2009年美国颁布的《美国复苏与再投资法案》中,"数据驱动决策"是该法案的四大支柱之一,要求教师"在教育环境下,分析学生数据和教育资源,以此来规划实践"。2011年,美国教育部发布《教师利用数据影响教学的能力:挑战与保障》研究报告,系统阐述了教师数据素养问题。时任联邦教育部部长邓肯表示,全美教师要利用学生成绩等数据来驱动教学和评价,联邦政府鼓励并支持教师利用数据改进教学。2015年美国颁布的《每一个学生成功法》呼吁教师将数据整合到教学实践

---

① 范永胜,孔令帅.俄罗斯教师教育改革新进展——以"未来教师"项目为例[J].世界教育信息,2020(12):64.

中,并且要求将数据使用贯穿各级教育系统,决策者和管理者必须"促进基于数据的教学决策",为教育工作者提供专业的学习机会,以便学习如何专业地使用数据,保护学生数据隐私。

一是研究素养。智能技术支持下的人机协同课堂教学将是未来教学的主要形式,在此环境下,教师需提升智能时代的研究能力,以便积极应对教育变革。教师成为教育研究者,实现了从主体视角到客体视角的转换。教师通过深入研究教育教学内容,深刻把握智能视阈下的教学质量问题,全面理解学生认知发展特点与学业成长规律,并基于学生的个体差异做出客观学习评价,为更好地成为教育改革的践行者与推动者奠定坚实基础。

二是信息素养。教师应该具备能够运用多种信息工具和对重要信息源进行认识、判断与选择的能力。教师应该能够在生活中查找、探究新信息,将所获取的知识信息进行整合、衔接与创新,并对其合理分辨、理解质疑、评估判断与归纳储存,以强化信息重组、交流、共享和管理,进而帮助学生自主完成知识获取与转化,培养学生自主学习的意识与能力,并将学到的知识应用到生活实践中。

三是跨学科素养。智能时代的学科界限正在被打破,知识的融合性将进一步增强,未来教师不单需要掌握专业知识,还要通过"全情境式"学习,关注学科的核心概念、知识内容与其他相关学科之间的关系,以及一级学科与二级学科之间的逻辑链接,进而提升对知识理解与掌握的统一性、协作性与高阶思维能力,形成整体知识观。为有效提升教师的跨学科能力素养,学校应始终紧跟智能时代潮流和发展脉搏,用先进信息技术赋能学科之间的知识贯通。如芬兰的于韦斯屈莱大学附属学校就要求教师具备跨学科及学科融合能力,小学教师即全科教师,主要教授母语、数学、英语、视觉艺术、手工等课程,并涵盖了生物、地理、物理等教育范畴;对于中学教师,则要求各科教师之间能够协同配合,并通过共同备课与共同教学的方式完成主题教学目标。

四是创新素养。未来教师工作的适应性与发展性,集中表现为教学理念与教学实践的创新,而这与智能时代教师的创新素养息息相关。教师的创新素养是在研究素养、信息素养与跨学科素养相互贯通融合的基础上形成的。教师的创新素养包括两个方面,一是在智能技术创新条件下,能够创造性地开展教学活动,即在教育实践过程中,教师能够创造性地把控课程资源并丰富课程内容;二是在新的教育理念指导下培养学生的创新精神与创造力,进而促进学生创新意识的养成与创造力的提升。

三、智能时代的课程与教学变革

作为教育领域的革命性技术,人工智能技术推动着教育领域系统性变革,并促进课程体系与教学机制的改变,突出表现在课程形式变化、课程内容更新与教学模式创新等方面。

(一)在线教学促进课程形式变化

智能时代的学校教学已不再局限于传统物理空间场域下的线下授课与学习模式,越来越多的在线课程如雨后春笋般在全国各学校出现。有关机构调查表明,相较于2019年6月,2020年3月在线教育用户规模扩大一倍,增长人数为1.09亿,在线教育相关企业达到70万家,较2011年增长366.7%。

智能时代课程形式上的最大变化是在线开放课程的突飞猛进,其中美国的麻省理工学院在线课程资源最为丰富、开放共享度也最高,是世界开放教育信息资源建设的引领者。至2019年9月,麻省理工学院已上线运行193门高质量大型开放式网络课程(Massive Open Online Courses,MOOC)和240门网络开放课程(Open Course Ware,OCW),涉及33个学科,全球超过350万学习者注册学习。新加坡的南洋理工大学在线课程内容也十分丰富,教学目标更为高阶。其开设的小规模限制性在线课程(Small Private Online Course,SPOC),有效实现了对大型开放式网络课程的继承与创新。目前为止,南洋理工大学的医学院、商学院、科学学院等7个院系已经完成了100余门小规模限制性在线课程建设,形成了由"学习准备—知识构建—应用迁移—评价批判"四个环节组成的进阶式混合学习架构,实现了团队式学习与自我导向学习的在线学习生态。

除官方性质的线上课程高效运行外,非官方的营利与非营利机构也积极从事在线教育课程的开发建设工作。如美国的可汗学院(Khan Academy),在2010年获得美国互联网巨头谷歌的"一百次方"教育计划项目资助的200万美元经费支持下,可汗学院通过在线图书馆收藏了3500多部可汗学院教师的教学视频,与数学、物理、生物、化学、金融、美术、计算机等众多学科相关的教育视频影片,至2014年已超过5000部,其旨在以海量教育资源帮助学习者打破物理时空界限,实现高效学习。随着可汗学院的不断发展,它也得到了官方教育机构的正式认可。如美国爱达荷州于2011年立法规定,学生中学毕业必修的47学分中必须有2学分来自可汗学院线上学习课程。2013年,可汗学院在线课程被全美20多所公立学校采用。[①]

中国上海艾瑞市场咨询公司提供的《2020年中国在线教育行业研究报告》显示,低幼及素质教育、K12学科培训教育的市场份额达到42.4%。在中小学课程领域,为利用信息化手段扩大优质教育资源覆盖面,教育部在2014年启动了"一师一优课、一课一名师"活动。截至2021年7月,全国中小学教师在国家教育资源公共服务平台上晒课2千多万节,从中遴选产生了5万余堂部级优课,包含少数民族语言教材优课、特殊教育优课等,纳入国家平台优质教育资源库,供广大教师学习借鉴。此外,在线教育也为更多人提供了高等教育学习机会,进而丰富了高等教育的时代内涵。2014年中国大学生慕课(MOOC)上线,其以完整的在线教育模式支持高校在线开放课程建设。时至今日,已有包括北京大学、南京大学、武汉大学等在内的784所高校参与慕课在线教育平台,慕课以丰富的名师名校课程、广泛认可的证书支持和令人赞叹的教学体验,为在校学生以及社会学习者提供了优质高等教育资源。

(二)智能素养推动课程内容更新

智能时代的课程教育内容呈现出多样化和丰富性,中小学编程课和高校开设的人工智能通识课,都更加关注学生对新技术的掌握与运用。各级学校也从"全人"角度出发,致力于培养学习者的自主学习能力、突发状况应急能力、班级团队协作能力、学习专注能力等。

1.编程类课程跻身中小学课程内容

为抢占人工智能教育技术发展先机,国际产业界与教育界开始重视人工

---

① 雅芙.震动世界教育界的"可汗学院"[J].初中生学习(低),2016(05):11.

智能人才建设问题,注重中小学生编程能力培养,并将编程课程纳入学校必修课程。自2014年开始,英国明确规划了学生编程技能发展目标,并将编程课程列入每所学校的必修课范围,这也意味着英国5岁以上孩子都必须学习编程。其中一年级至二年级作为第一阶段,学生将直接接触编程语言,包括掌握创建和调试简单程序的技能,形成网络安全意识与信息素养。第二阶段是三年级至六年级,学生将发展如分解、逻辑推理与错误调试等较为复杂的编程技能。第三阶段是七年级至九年级,学生的编程学习内容转向更抽象的层次,学生需学会探索并解决现实中的编程问题,同时掌握两种及以上的编程语言以及更加深入的编程算法。①

爱尔兰、西班牙、丹麦等国家也在2014年将信息技术交流(Information and Communication Technology)课程重心转移到编程与计算机科学上。2016年,澳大利亚将编程教育贯穿小学至高中阶段的数字技术课程中,并与学科相结合的形式开启编程教育。同英国类似,澳大利亚按照学习者的年龄特点与认知水平将课程分为三个不同学习阶段。除校内开展编程课程外,校外编程机构也在快速发展。如CodeCamp作为澳大利亚最全面的青少年编程教育平台,吸引了来自一百多个城市45000名青少年学习编程内容。②2018年,芬兰、葡萄牙等国家也开始陆续推行全国编程课程。

美国学校积极着眼于人工智能人才培养,部分州教育行政部门顺应人工智能时代教育发展诉求,构建起独具特色的人工智能教育框架。例如,加利福尼亚州教育部就适时推出了K12机器人技术课程,该课程主要学习机器人的工作原理和基本知识,学生需要在课程学习过程中通过圆形用户界面和相关智能程序控制一个或多个机器人,并根据机器人的感官信息执行各种任务。课程还强调机器人的动手操作实践能力,重点解决科学和数学问题的算法开发。

2. 人工智能类课程纳入高等教育课程内容

世界各个国家在将人工智能确立为本国重要发展战略的同时,纷纷把高

---

① 孙丹,李艳.国内外青少年编程教育的发展现状、研究热点及启示——兼论智能时代我国编程教育的实施策略[J].远程教育杂志,2019(03):51.
② 孙丹,李艳.国内外青少年编程教育的发展现状、研究热点及启示——兼论智能时代我国编程教育的实施策略[J].远程教育杂志,2019(03):50-51.

校视为人工智能高级人才培养的关键场所,以及人工智能科技创新研发的重要策源地。2018年,我国教育部印发《高等学校人工智能创新行动计划》指出,要完善人工智能领域人才培养体系,完善学科布局,加强专业建设,加强教材建设,加强人才培养力度。在此背景下,我国部分高校开始成立人工智能学院、研究院并开设相关专业。梳理教育部在2021年2月公布的《2020年度普通高等学校本科专业备案和审批结果》发现,中国共有130所高校开设了人工智能专业。以西安交通大学为例,其在2018年成立人工智能学院,并于同年发布"西安交大2018版人工智能本科专业课程设置",形成了包括数学与统计、科学与工程、人工智能核心、计算机科学核心、认知与神经科学、人工智能与社会、先进机器人学以及人工智能平台与工具的8个专业课程群,每个课程群由若干门必修课和选修课组成,多门课程采取多主题授课方式。来自西安交通大学校内的人工智能学院、自动化学院、计算机学院、电气学院、经济学院、医学院、人文学院等院系教师,以及马耳他大学、南京大学、陕西师范大学、中国科学院自动化所、中国科学院沈自所、微软亚洲研究院、旷视科技等国内外高校和科研机构的特聘教授和人工智能企业顶级专家,将共同组成实力雄厚的人工智能专业教学团队,以多学科深度交叉融合方式,实现卓越人工智能专业人才培养目标。

国外高校也积极开设了人工智能相关专业与课程。英国爱丁堡大学秉承社会本位、知识本位与学生本位多元共生的课程价值导向,使人工智能课程开发与国家发展战略需求相一致。在对人工智能课程进行设置时,爱丁堡大学充分考虑显性知识与缄默知识的有效结合,要求一年级设置人工智能公共基础、专业基础课程,二年级基于不同的细分领域进行专业分化,以专业基础与专业学科课程为主,在三、四年级则以专业学科课程和项目实践为主。在人工智能课程教学方面,爱丁堡大学始终坚持将课程学习与教学实践进行有机结合的基本教学理念,强调理论性与实践性二元并重。如本科二年级开设的"信息学2-算法和数据结构"课程,要求学生完成200小时的总课时,包括进行146小时定向和独立学习、30小时的学术讲座、10小时的研讨会、8小时的工作坊学习、4小时的教学实践以及2小时的总结评估。①爱丁堡大学的人工智能课程设置在强调知识广博的本科生课程、专业化发展的硕士课程以及探索高深领域的博士课程基础之上，也注重人工智能课程体系的系统性和层次性设计，其主要体现为课程组织模块化与课程编排系统化。基于内部与外部双重支持体系，如校内设有人工智能应用研究所与智能系统及其应用中心，为学生搭建实践训练平台。而艾伦·图灵研究所作为外部社会支持，为学生提供权威、高质量的专业交流平台，进而有效保障了人工智能课程顺利落地。

据腾讯研究院《2017全球人工智能人才白皮书》，截至2017年，美国有168所高校设立了人工智能本科和研究生专业，占全球45.7%，其中包括康奈尔大学、佐治亚理工学院、斯坦福大学、卡内基梅隆大学以及加州大学伯克利分校等美国著名高校。麻省理工学院开设的电机工程与计算机科学专业(Electrical Engineering& Computer Science, EECS)在2021年秋季课程安排中，开设了专业识别类、专业入门类、专业基础类、专业中级类和专业高级类等多类型人工智能课程体系。美国卡内基梅隆大学于2018年设置了全美第一个人工智能本科专业，并开设了"人工智能：表征与问题解决""理论与机器人""人与机器人交互的原理：移动机器人编程"等人工智能专业课程，其旨在培养未来人工智能领域的领导者和创新者。2018年，斯坦福大学共开设54门人工智能相关课程，该校计算机科学专业人工智能方向课程体系主要分为社会中的技术、高级项目课程、数学与科学、核心课程、深度课程以及工程基础六个部分，其中社会中的技术、数学与科学、工程基础是计算机科学专业的共同要求，而核心课程、深度课程、高级项目课程则是人工智能方向的特殊课程要求。

3.课程内容组织向主题化转变

人工智能时代的到来，使学校教育目标从赋予学生知识向培养学生情感、德性、智慧等方面转变，而教学目标的转变也随之造成了课程内容组织形式的相应变化。具体而言，人工智能技术将促使课程内容组织形式从传统的重视教学科目的"学科逻辑"向"主题(课题)活动逻辑"转变，课程组织形态展现出去学科化、增加主题化、跨学科课程和生活化课程，以此形成新的智能化课程

---

① 王周秀,徐玲,钱小龙.世界一流大学人工智能人才培养研究——以英国爱丁堡大学为例[J].河北师范大学学报(教育科学版),2021,23(03):129.

建构。究其实质,主题化课程构建旨在满足智能时代学生的个性化学习诉求,使其具备21世纪所需的4C核心能力,包括创新能力(Creativity)、合作能力(Collaboration)、沟通能力(Communication)、批判性思维(Critical Thinking)。主题化课程内容具有五个共同特点:从真实世界的现象中选题、科学的学科融合、深入学习与理解全局、以学生为中心以及以目标为基准。[①]

当前,课程内容的主题化已成为全球范围内的重要趋势,芬兰的现象教学就是这一趋势的典型代表。所谓现象教学是将真实生活中的现象变为课程内容,从真实事件入手,帮助学生更好地将知识与实践融合。芬兰于韦斯屈莱大学附属学校以"芬兰独立百年"为主题进行6个课时的现象式教学,每个课时都围绕主题开展,包括基于芬兰地理、历史、文化和语言等课程内容进行的"这就是芬兰"课程,并从母语、戏剧表演、视觉艺术等方面"演绎芬兰童话故事",通过整合不同学科课程内容,实现对知识的深入学习与全局理解。[②]除此之外,美国的科学、技术、工程、艺术和数学教育(Science, Technology, Engineering, Arts and Mathematics, STEAM)以及项目学习等,都遵循着课程内容的"主题逻辑"。

主题化课程组织方式改变了学生的课堂学习角色,使学生从被动的知识接受者转为独立思考的学习者,从课堂的旁观者转变成为课堂真正的"主人",从班级学习的参与者转变为自我学习的建设者。同时,主题式教学活动也打破了固化的学习场域空间限制,学生不再局限于固定的教室范围,而是通过网络社交媒体、视频网站等开放式"教室",获取与课程内容主题相关的知识,进而帮助学生实现泛在学习。

(三)智能技术推动教学模式创新

人工智能算法能够对每位学习者进行个性化学情分析、追踪以及评价,进而促进形成"课前测评—线上授课—课下答疑—课后追踪"这一完整的教学体系,以提高课堂效率,发挥学习者的主体性作用,推动独立、自主、合作的新型教学范式形成。

---

① 赵晓伟,沈书生.为未来而学:芬兰现象式学习的内涵与实施[J].电化教育研究,2021(08):108-115.
② 赵晓伟,沈书生.为未来而学:芬兰现象式学习的内涵与实施[J].电化教育研究,2021(08):108-115.

1. 人机交互系统实现问题解决精准化

传统的计算机辅助教学模式已然被人工智能技术重新赋能,继而发挥出更加强大的智能性,智能导师系统逐渐参与到教育教学实践中,与人类教师共同形成一种"双向赋能"的教育生态新机制,人机交互教学模式孕育而生。它旨在依托智能技术赋予教材更丰富的内涵,以扩展教师的教学思路和学生的学习思路,兼顾教学方法与学习机制的技术性与艺术性,帮助教师从传统冗余工作中解放,使教师转向关注学生心灵建设与智育发展。

人机交互教学模式运用表现为多种类型。美国加州圣地亚哥大学团队开发的一个系统可通过摄像头追踪和识别学生面部和眼动频率,进而对学生的注意力集中程度进行数据分析和判断。哈佛大学研发团队BrainCo研发的Focus可通过双耳及前额的传感器追踪脑电波,对学生的注意力进行追踪观察。IBM开发的AI机器人"沃森"认知系统,通过对医学书籍、临床指南、实验数据、临床报告等资料和数据的学习,在短期内就能掌握医学领域的相关专业知识。美国格温内特县某公立学校利用认知计算技术对学生个体的特点、活动、学业成绩等数据进行分析,为每位学生制定个性化学习方案与课程表,并能够实现辍学预警。除此之外,智能眼镜、电子手环、眼动仪等一系列先进智能设备的引入和推广,也有效提高了教学的准确性和科学性,丰富了教学的趣味性和生动性,并强化了"教、学、测"等智能教育环节的密切联系。

2. 智能虚拟现实促进课堂教学情境化

智能虚拟现实技术的开发和运用,能模拟现实世界的真实状态,帮助学生真切感知教学场景,实现直观性教学,增强课堂教学的情境性。它既可以使学生穿越历史场景,又能使他们真切感知书本知识的细微情节。如在虚拟实验教学中,智能技术不仅能降低实验用品的损耗,还能在一定程度上,让学生亲身体验众多无法实际操作的实验过程,增强教学直观性,提高学习效率。培生教育集团在2016年引进了智能虚拟现实技术,通过模拟学习用户在现实世界中无法经历的情境,如危险的地理环境位置、无法再现的历史事件等,为学习者提供真实的沉浸式体验,使其获得真切的主观印象。借助智能虚拟现实体验,学生有机会接触现实世界的模拟状态,能大胆探索如干旱、洪水等在生活中可能发生的自然灾害,使他们可以尝试运用所掌握的知识和技能解决未来可能遇到的问题。

美国互联网技术公司谷歌推出名为"Expeditions"的虚拟现实教学项目,旨在帮助教师在课堂中使用移动虚拟现实平台模拟探索历史与教育的场景。Expenditions系统赋予了教师基本操作权利,包括允许教师启动Expeditions系统引导学生观看虚拟环境中的历史景观,并控制系统讲述内容,以确保教师对课堂教学进度的整体把控。2016年,美国Nearpod教育科技公司开始提供虚拟现实课程以及虚拟现实室外教学。该公司研发了一整套从知识竞答到3D教学的全教育过程应用软件,目前软件平台上已推出一百多节虚拟现实内置课程,并吸引了四百多万学生参与课程学习。其中,美国旧金山联合学区和佛罗里达州波可县公立学校的学生是第一批使用Nearpod虚拟现实教材的学生,学生们只需戴上谷歌的Cardboard眼镜,便可到古埃及的金字塔、澳洲大堡礁的海底生物群,以及美国各地标建筑物进行"实地考察"。

3.融合式教学实现线上线下教学开放化

智能时代技术快速发展与用户多元需求双重驱动下,教育培训机构与互联网公司等纷纷开发在线学习平台软件,如可汗学院、Udacity、Coursera、中国大学MOOC、网易云课堂、新东方在线和CCtalk等。各级各类学校的线上线下融合的混合式教学模式(Blended Learning)成为教学新常态。实际上,混合式教学模式并不同于以往电视教学或者早期网络课程视频教学,它打破了学习者自我单向度学习的孤独感,真正实现了生生之间、师生之间的即时交流互动。通过讨论、分享、留言、点赞与评价等组件,混合式教学模式表现出社会化与开放性学习的优良性能。

混合式教学模式是把原有学习优势与在线教育优点相结合。课前,教师需分析学生的知识水平和知识掌握情况,继而选择合适的网络资源与学习平台,设计符合学习者特点的课前预习材料,确保新旧知识间的有效衔接。课中,教师则采用线下教学方式强化教学重难点知识,并在课后采用线上复习办法巩固提升。例如设置线上检测作业和问题拓展等;针对学生个体差异,借助互联网线上平台(如QQ、钉钉及微信等交互工具)进行强化讲解与课后指导;对于需要记忆的知识点则可以借助腾讯会议、QQ会议等平台设计集体背诵检查等。2013年,圣荷西州立大学利用得克萨斯大学开发的edX平台,为在校85名学生提供融合学习课程,60%的学生在学期末通过了课程考试,91%的学生通过了edX在线课程测试。① 麻省理工学院也加入Udacity在线平台中;俄亥俄州立大学为Coursera设计了写作课程等。佛罗里达州立大学为该区11个郡县的学习者提供融合式教育服务,学习者可以根据自身条件自主运用多样化数字媒体和计算机技术实现泛在学习。

4. 机器学习技术确保内容设计个性化

机器学习是人工智能的一种典型运用,计算机通过软件所包含的算法和规则,分析学习者历史数据以制定适应性决策。智能机器可以为学习者定制适时性知识材料,美国内容技术公司(Content Technologies Inc)在此领域进行了积极探索。作为一家利用深度学习开发定制教科书的公司,它关注学生的独特学习需求,为不同学生定制个性化教育内容。美国内容技术公司通过利用人工智能深度学习技术来收集和分析美国现有课程资源,将几十年前的教科书转变为相关的智能学习指南,从而生成并提供定制书籍与学习教材,包括个性化测试、教科书和章节摘要。该公司相继推出了"填鸭101"(Cram 101)和"事实真相101"(Just The Facts 101)等智能教材,利用人工智能技术将学习内容分解成更便于学习的内容,以提高学习效率,帮助学生更快、更轻松地掌握知识点。

美国教育考试服务中心基于人工智能技术推出了语言灵感活动调色板(Language Muse Activity Palette),这是一个基于网络的运用程序,旨在自动生成可定制的个性化英语阅读材料。这种基于语言水平所开发定制的活动,主要通过词汇练习、句子结构诊断分析、语篇练习以及总结性写作练习等活动,发展英语学习者的阅读理解和语言技能,帮助英语学习者有效获得语言技能。

人工智能在机器学习技术方面的应用,有益于实现学生的个性化教育和精准辅导,打破统一学习内容和进程的局限,实现个性化定制教育。2008年成

---

① 许健.国内外混合式教学模式发展综述——基于混合式教学的学习与教师层面分析[J].知识经济,2020(18):147.

立的纽顿公司(Knewton)致力于提供个性化教育设计,利用人工智能技术识别学生的个性化学习风格和知识不足,从而为每个学生设计个性化课程,并实时跟踪学习进度。纽顿公司开发的自适应学习系统"阿尔塔"(Alta),能识别学生课程作业中的知识缺口,为学生设计个性化的自适应任务,并提供及时的动态补救措施。

5.智能评估系统保障能力测评科学化

标准化测试和评估能及时反映学生学习情况,了解学生所掌握的知识和技能。2015年10月,奥巴马呼吁采用新的手段和方式进行测试与评估,包括构建新的更具创新性的评估工具,以更有效地测试学生学业水平和评估教育工作者绩效。[1]联邦教育部以及各州教育机构积极响应政策号召,推进教育测评信息化,创新研发智能化评估工具。麻省理工学院媒体实验室的研究人员实施了一项利用人工智能改进特殊儿童能力测评技术的研究,他们已开发出一种个性化的机器学习系统,通过利用不同孩子独有的数据信息资源,帮助机器人评估患有孤独症障碍的儿童在互动过程中的参与度,借助智能技术提升特殊儿童能力测试的准确性和深入性,进而改进教学。

美国教育考试服务中心开发了基于人工智能的自然语言处理技术,以便在标准化测试中对作文进行智能评分。该中心开发的"语言评分器"(Speech Rater)是目前世界上最先进的口语评分运用程序之一,并从2006年起就作为托福线上测试(TOEFL Practice Online)的组成部分。评分器使用自动语言识别系统,测试并反馈被试者的语言维度概况,包括流利程度、发音的准确性、词汇用法的恰当性、语法的准确性和复杂程度等。在科学测评学习者英语能力的同时,及时提供反馈建议,以提高学习者的英语口语表达能力。基于人工智能技术的智能评估将是未来人工智能教育发展的重要趋势,它有助于减轻教师的阅卷负担,增强学生能力评估的科学性,进而发挥能力评估的甄别与发展等教育价值。

慈善基金会和行业协会也是人工智能教育技术开发和应用的重要力量。休利特基金会(Hewlett Foundation)就积极赞助在智能作文评分及其他智能评

---

[1] Center for Standards, Assessment, & Accountability[EB/OL].(2015-10-24)[2021-06-23]. https://csaa.wested.org/spotlights/testing-action-plan/.

估项目中引入人工智能技术。为有效吸引数据科学家和机器学习专家致力于对智能作文评分的探索,休利特基金会还向研究模仿人类作文评分的团队提供巨额研究资金。美国社会重视人工智能教育的发展,动员行业力量实施有效的奖励机制,在赞助人工智能研发资金的同时,也给予人工智能理论研究者和技术研发者道义上的支持,这极大地激发了研究者的热情,推动了美国学校不断创新人工智能技术教学应用。成立于1979年的美国人工智能发展协会(American Association for Artificial Intelligence)致力于提高人们对智能行为以及机器运行机制的科学理解,资助并开展人工智能领域的研究和人工智能技术的开发。协会开展了人工智能教育实践者的教学培训,并基于当前人工智能发展水平以及未来发展方向,为人工智能研究者和资助方提供科学指导。协会出版的《人工智能杂志》(*AI Magazine*)开设了大量人工智能教育研究专题。2016年,由该协会主办的人工智能教育进展研讨会(Symposium on Educational Advances in Artificial Intelligence)设立了人工智能杰出教育家奖,表彰为人工智能教育做出贡献的人员,包括利用人工智能技术创新教学方法、面向中小学生或普通公众传授人工智能知识和技能的人员。

四、结语

科技的巨轮逐渐向前,智能技术推动着全人类社会的系统性变革。从蒸汽时代到电气时代,从信息时代到人工智能时代,人类文明在不断进步,机器生产代替手工劳作,工业文明逐步兴起,经济产业实现颠覆性创新。人工智能技术视阈下,各级各类学校充分利用自然语言处理、机器学习技术、智能机器人、虚拟现实技术等多种智能技术,创设情境性教学环境,设计个性化学习活动。与此同时,教育目标被赋予新的意蕴与价值,对于智能素养与数据素养的关注得以空前提升。智能技术打破了原有学校的"象牙塔"壁垒,学习者可以随时随地获取优质教育资源,课程内容与时俱进,编程类、人工智能类课程有序开展,人机交互、混合式教学模式助力个性化教学实施。

纵观人工智能带来的教育教学变革,人们也需对智能技术进行"冷思考"。一方面,在智能科技洪流面前,每位教育者应认识到技术是手段而非目的,正如《庄子·山木》中所说"物物而不物于物"。无论是AI技术,还是AI教育产品,其终究是属于人们创造出来的产物,其主要目的就是为人所利用。[①]因此,教育工作者在使用智能技术开展智能化教学实践过程中,应该尽力避免陷入智能技术的"牢笼",而难以挣脱技术的限制,最终舍本逐末,无奈被智能技术无情"钳制"。另一方面,积极倡导教育"原点"回归,大力提升以人为本的本体性与立德树人的本土性。智能社会瞬息万变,知识、智能产品的更新迭代进一步加速,社会竞争将会变得越来越激烈,未来社会也将对人才的知识与技能提出更高要求。为有效适应智能时代发展,学校教育工作者唯有坚持育人初心,规避智能技术所带来的快餐式、碎片化学习缺陷,实现以智能技术为手段,以启迪智慧为目的的系统化学习与教育。

课后思考

1. 简述工业4.0的核心特征及其对人类生产生活的影响。
2. 智能时代为什么要推进教育目标革新?这些革新包括哪些方面?
3. 智能时代教师角色有哪些转变?
4. 举例说明智能技术赋能教育教学变革时应注意规避的风险与问题。

推荐阅读材料

1. 阿尔文·托夫勒.第三次浪潮[M].黄明坚,译.北京:中信出版社,2006.
2. 焦建利,王萍.慕课:互联网+教育时代的学习革命[M].北京:机械工业出版社,2015.
3. 库兹韦尔.奇点临近[M].李庆诚,董振华,田源,译.北京:机械工业出版社,2011.
4. 李开复.AI·未来[M].杭州:浙江人民出版社,2018.
5. 胡钦太,刘丽清,郑凯.工业革命4.0背景下的智慧教育新格局[J].中国电化教育,2019(03):1-8.
6. 刘三女牙,杨宗凯,李卿.教育数据伦理:大数据时代教育的新挑战[J].教育研究,2017,38(04):15-20.

---

① 林晓峰,谢康.人工智能现状及其教育应用的理性思考[J].现代教育技术,2019,29(08):16.

7.王正青,唐晓玲.信息技术与教学深度融合的动力逻辑与推进路径研究[J].电化教育研究,2017(01):94-100.

8.王作冰.人工智能时代的教育革命[M].北京:北京联合出版公司,2017.

9.杨宗凯,杨浩,吴砥.论信息技术与当代教育的深度融合[J].教育研究,2014(03):88-95.

10.尤瓦尔·赫拉利.未来简史:从智人到神人[M].林俊宏,译.北京:中信出版社,2017.

第二章 教育平台构建与整合技术及其应用

教育平台建设与发展是推动教育数字化，实现教育资源高质量共享的关键举措。智能时代教育平台有效推动在线学习方式的普及与终身学习理念的落实。本章介绍了技术赋能下教育平台构建与整合技术的历史演变；从教育平台构建与整合技术教学应用的整体架构、组织实施和保障机制三个维度，剖析教育平台构建与整合技术的教学化构型；通过教学应用案例分析基于教育平台的探究式学习、实验教学、混合式教学的具体实践。

☆ 学习目标

1. 了解教育平台构建与整合技术的历史演变。
2. 掌握教育平台构建与整合技术教学应用的整体架构与保障机制。
3. 熟悉教育平台构建与整合技术的教学应用案例。

◐ 思维导图

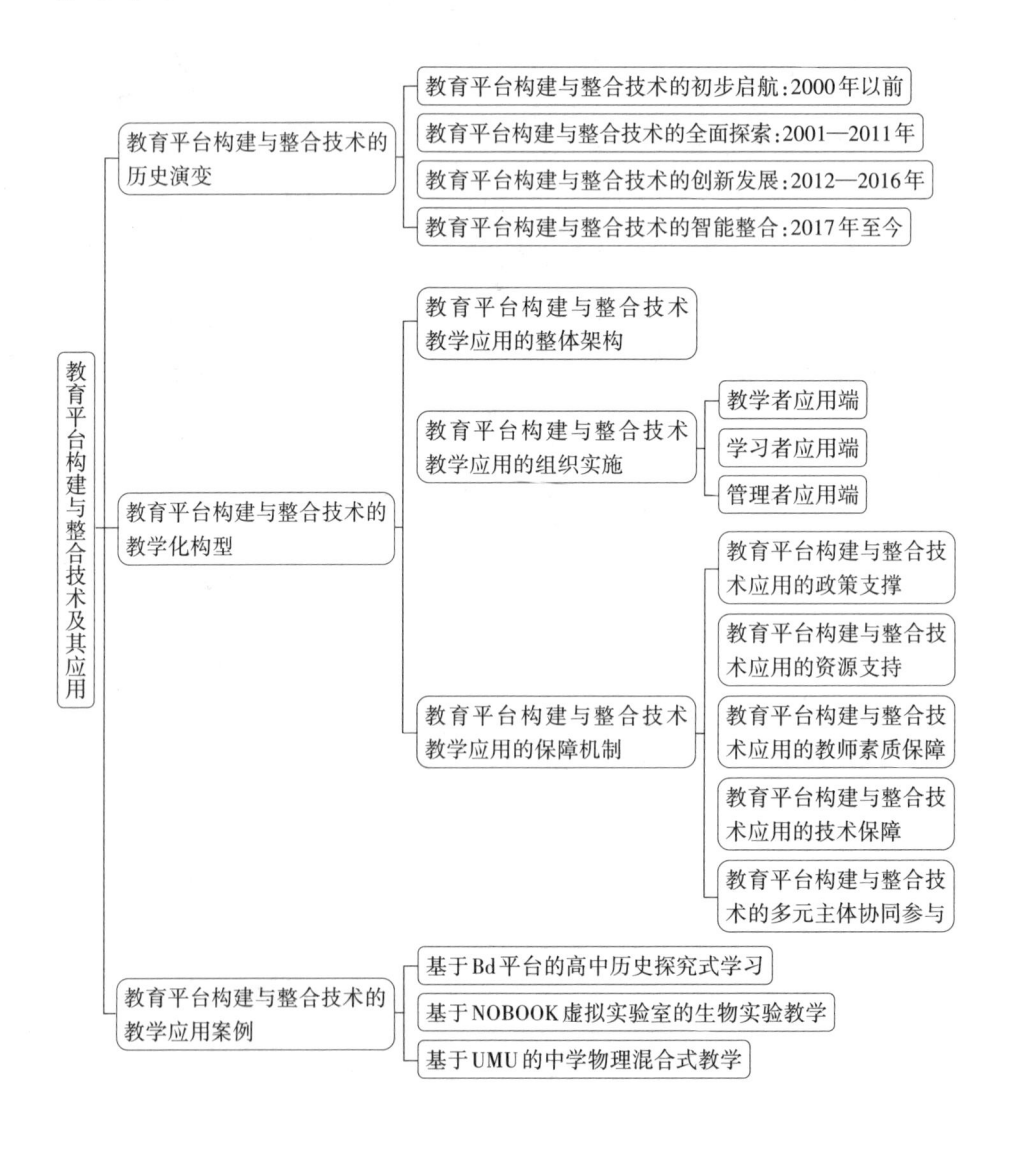

- 教育平台构建与整合技术及其应用
  - 教育平台构建与整合技术的历史演变
    - 教育平台构建与整合技术的初步启航:2000年以前
    - 教育平台构建与整合技术的全面探索:2001—2011年
    - 教育平台构建与整合技术的创新发展:2012—2016年
    - 教育平台构建与整合技术的智能整合:2017年至今
  - 教育平台构建与整合技术的教学化构型
    - 教育平台构建与整合技术教学应用的整体架构
    - 教育平台构建与整合技术教学应用的组织实施
      - 教学者应用端
      - 学习者应用端
      - 管理者应用端
    - 教育平台构建与整合技术教学应用的保障机制
      - 教育平台构建与整合技术应用的政策支撑
      - 教育平台构建与整合技术应用的资源支持
      - 教育平台构建与整合技术应用的教师素质保障
      - 教育平台构建与整合技术应用的技术保障
      - 教育平台构建与整合技术的多元主体协同参与
  - 教育平台构建与整合技术的教学应用案例
    - 基于Bd平台的高中历史探究式学习
    - 基于NOBOOK虚拟实验室的生物实验教学
    - 基于UMU的中学物理混合式教学

教育信息化是实现教育现代化的基础和条件,是教育现代化的重要内容和主要标志。以教育信息化带动教育现代化,是我国教育事业发展的战略选择。21世纪以来,中国先后实施了农村中小学现代远程教育工程、基础教育资源库建设及中小学教师教育技术能力建设计划等,极大提升了基础教育信息化水平,"三通两平台"建设更是取得了突破性进展。随着我国互联网技术的普及和教育硬件设施水平的不断提高,对外学术交流意识得到提高,学校合作关系变得越发紧密,教育资源共享需求也随之变得越发强烈,教育平台构建开始成为智能时代背景下推动未来教育发展的必要策略。究其实质,教育平台是基于互联网技术开展的现代远程教育支撑平台,是为远程教学的学习者和教育者双方提供授课、学习、答疑、讨论以及作业处理的工具。教育平台可以通过共享支持和互相交互,提供符合统一开放性标准的高质量教育教学环境,推动全新在线学习方式快速普及,进而为终身学习和自适应学习提供可能。

一、教育平台构建与整合技术的历史演变

21世纪以来,科技进步、媒体变革和资讯爆炸将全球带入崭新的信息时代,依托信息技术而生的网络教育平台也发生了翻天覆地的变化,包括从最初的定时定点单向传输的无线电视教学平台,发展到随时随地可进行教学交互的网络教育平台,再转变为资源多样且众包共享的数字化教育平台,以及智能化教育平台。

(一)教育平台构建与整合技术的初步启航:2000年以前

1960年伊利诺伊大学厄巴纳-香槟分校发起的"柏拉图计划"(PLATO Project)被广泛视为电脑辅助教学的源头。该项目为"全国证券交易所"等机构开发了员工能力测试系统,并逐步开发了外语学习、职业训练、军事训练等辅助教学系统。20世纪70年代,控制数据公司(Control Date Corporation)接管了这一项目,逐步提出了论坛交流、在线测试、聊天室、即时信息传送、远程视频分享等创新理念,成为今天在线学习的重要源头。1991年,劳雷尔·斯普林斯成立了第一家在线私立学校。1997年,佛罗里达州成立了全美第一所公立虚

拟学校——佛罗里达虚拟学校,该校于2000年通过州立法认可后成为完全独立的教育实体,从而具备招收全日制在线学生的资质。1997年,科罗拉多州成立了蒙特维斯塔在线学院。世纪之交时K12国际教育公司和链接学院两大在线教育公司相继成立,开始向学校提供在线课程服务。这一时期在线学习主要面向行动不便的学生和企业新入职员工,通过远程方式为其提供文本、图片、视频、课件等教学资源。

中国于1960年创立了北京广播电视大学,1979年又建立了中央广播电视大学。1989年中央广播电视大学发展成为全球最大规模的远程教育大学,这也成为我国人工智能技术应用于构建教育平台的标志。1994年,我国正式接通国际互联网,1995年开始向全国展开,1997年10月,我国上网机器数量已经达到29.9万台。①1998年,国务院批准了教育部《关于发展我国现代化远程教育的意见》,标志着我国远程教育平台进入有法可依的崭新发展阶段。同年年底,教育部在全国高校中选取了清华大学、北京邮电大学、湖南大学和浙江大学作为构建远程教育平台的首批试点大学。此外,中央广播电视大学、北京一零一中学等也积极参与推进远程教育平台实验发展建设并取得良好效果。②

事实上,这一阶段的远程教育平台以广播、电视、网络为主要媒介,以高等教育和电视大学远程教育为典型运用场域,以共享优秀师资力量为核心。具体而言,其主要表现出以下三方面特点。一是形成了独具特色且覆盖全国的教学网络平台。电视大学远程教育平台由中央广播电视大学、省市级电视大学、地市级电视大学、县市级电视大学以及教学班组成。1998年底,全国省级、地市级、县级电视大学数量分别为4所、826所和1886所,进而形成了"统筹规划、分级办学、分级管理、分工合作"的全国远程教学网络体系。二是提高了我国现代化教学手段。以广播、电视等为教育载体,将文字教材与音像教材相结合进行教学。成人可以利用业余时间收听广播、收看电视,在足不出户的前提下就能够聆听各学科专家教授的精彩教学。当时以计算机技术和通信技术为核心的多媒体教学风靡世界,我国高校充分发挥自身实力大力推行这种现代化教学模式以领风气之先,而作为以现代化教学手段起家的中央广播电视大学远程教育平台也不甘落后,在继续挖掘广播、电视的教学潜力同时,也开始

---

① 刘海沙.我国网络教育现状分析及对策[J].中国成人教育,2002(06):10.
② 高小玲,吕鹏宇.远程教育系统[M].北京:中国宇航出版社,2004:13.

致力于探索搭建以计算机技术和通信技术为核心的多媒体教学平台。[①]三是教育资源产品以文档形式为主。由于当时网络带宽非常有限,教育平台的多数在线教育资源产品仍以文档形式存在。直到2000年以后,"三分屏"网络视频课件初露头角,通过将计算机技术、多媒体技术、网络技术与教学方法相结合,让学生看到文字、图形、影像、动画,并能够听到声音,以便实现教育资源互联共享。自此,以中央广播电视大学远程教育平台为代表的在线教育平台正式进入多媒体时期。

(二)教育平台构建与整合技术的全面探索:2001—2011年

经历了21世纪初的短暂泡沫后,互联网进入以实时交互和用户生成内容为特征的Web2.0时代,在线学习也转向服务学习者个性化需求,重视学习者在学习过程中的多向互动与即时检测,引入打破时空边界的自主学习与资源生成,从而带来了在线学习的腾飞,推动了教育平台转型升级。2001年,美国麻省理工学院校长查尔斯·韦斯特在《时代》杂志上宣布正式启动开放式课程项目后,麻省理工学院开始将下属的5个二级学院的3300门课程放到互联网上,免费供全世界使用,建立了一个高效的、基于标准的在线学习典范。2002年7月,联合国教科文组织在巴黎召开了以"开放式课程对发展中国家高等教育的影响"为核心议题的论坛,首次提出了开放教育资源概念,认为开放教育资源是指那些通过信息通信技术,向有关对象提供的可被自由查阅、改编或者应用的各种教育资源。论坛期间,联合国教科文组织也对远程教育平台的全新调整意见进行了相应阐释。[②]这一举措掀起了全球开放教育探索热潮。2005年,亚利桑那州、佛罗里达州、犹他州、华盛顿州、威斯康星州允许K-12学生选择完全在线和补充性在线学习。

2006年萨尔曼·可汗创立了一家非营利性教育组织——可汗学院,主要由比尔和梅琳达·盖茨基金及谷歌等公司提供经费支持,旨在通过在线视频课程,向世界各地学习者提供免费的高品质教育。可汗学院的教学内容涉及从幼儿园到大学的全流程、多层次材料,涵盖了数学、物理、生物、化学、金融、美术、计算机科学等众多学科,截至2014年,教学影片已超过5000部。其通过提

---

① 张三元.电大远程教育的世纪回顾与展望[J].湖北广播电视大学学报,1999(04):18.
② 焦建利,王萍.慕课:互联网+教育时代的学习革命[M].北京:机械工业出版社,2015:9.

供练习、评价、教师在教室或学校中使用的工具包、指导者(如父母、教师、教练等)使用的工具面板以及游戏奖励机制,全面推进可汗学院在线教育体系架构。①

由于这一时期互联网教育发展陷入低迷,教育平台的发展也随之呈现出徘徊探索的典型特征。一是教育平台整体发展速度缓慢。传统培训学校试探性进入在线教育平台行业,但由于网络课程来源全部依靠自身,成本相当昂贵,因此学校网络教育平台整体发展受到限制。尽管出现了如中华学习网、东大正保、学大教育、新东方网校等在内的大批远程教育公司,但其发展速度仍显得非常缓慢。二是网络教学的交互性欠佳。这一阶段网络教育平台附加了学习计划制订、督学导学、作业批改、问题答疑等人工服务,旨在增加教学的交互性,但受其课程资源及授课方式的影响,学生在线学习体验仍待提升。三是在线视频学习体验不尽如人意。随着宽带网络和视频网站的兴起,高清视频课件开始取代"三分屏"成为主流,但大量的"三分屏"课程仍在使用,且此时的高清视频课件仍是对线下课程的全面复制,即将名师讲解的课程和试题移植到互联网教育平台,视频课程缺乏新意,进而导致在线学习体验感较差。

(三)教育平台构建与整合技术的创新发展:2012—2016年

2012年,哈佛大学、斯坦福大学、麻省理工学院等世界顶尖名校掀起的"慕课风暴",震动了整个高等教育界并引发了各界关注。2013年,腾讯、阿里巴巴和百度中国互联网三大巨头进军在线教育市场,在推出自身的在线教育平台的同时,也积极收购其他已有的在线教育平台资源。同年,中国在线教育平台市场规模达到840亿元,到2014年直接飙升至1264亿元。②2015年9月,上海成功举办中国在线教育高峰论坛。该论坛以"科技改变教育——教育的新时代"为主题,聚焦在线教育与教育信息化结合,继而推动教学方式与学习范式变革。随着在线教育平台搭建的相关讨论越发深入,我国业内精英人士基于在线教育现状预测在线教育未来发展趋势,积极推动在线教育平台创新建设。据《2018—2019中国互联网教育行业蓝皮书》,2015年,我国互联网教育行业资

---

① 焦建利,王萍.慕课:互联网+教育时代的学习革命[M].北京:机械工业出版社,2015:12-13.
② 海天电商金融研究中心.一本书读懂在线教育[M].北京:清华大学出版社,2016:27.

金投入金额超16亿元,比2014年同比增长60%,比2012年同比增长了4倍。在巨额资金支持下,中国互联网教育掀起了新的热潮,并间接推动了教育平台的快速发展。以慕课为典型代表的教育平台主要呈现出以下三方面的特点。

一是在线教育平台规模迅速壮大并呈井喷式发展。首先,在线教育平台学生规模庞大。从三大慕课平台的注册人数来看,截至2013年7月,Coursera的注册人数超过400万,Udacity的注册人数超过100万,edX的注册人数超过90万。[①]其次,高校参与数量众多。以Coursera平台为例,截至2013年7月,全球共有83所高校和机构加盟,其中欧洲14所,亚洲7所。最后,可供选择的网络课程种类增多。截至2013年7月,Coursera平台共享了408门课程,分别为人文、教育、健康与社会、生命科学、商业及管理、信息技术、经济与金融、自然科学等各类在线课程。

二是强调交互学习以增强数字化学习体验。在线教育平台的大量学习者构成了共同解决在线课程未知问题的"群众",即通过利用群体智慧有机互动,共同探讨、科学实施并有效评估在线学习社区中的问题解决方案。随着网络技术的不断完善,在线教育平台可基于相关程序设计并完成作业批改任务,包括选择题、简答题、数学计算题、数量模型、经济金融模型等多种复杂题目类型,并通过学生互评和学生自评等方式创新课程评价方式,感受学生主动学习、探究学习的数字化学习体验。

三是开放包容的在线教育平台场域实现优质教育资源共享。在线教学平台打破了时空限制,教育机构以及教育者可以随时随地将课程教学资源上传到网络平台,进而使任何人在任何时间地点都能够自定步调学习。学习者也可与在线教师进行充分交流沟通,并获得即时反馈。据统计,这一时期Coursera平台中问题回答时间的中值为22分钟。

(四)教育平台构建与整合技术的智能整合:2017年至今

2017年1月,国务院发布《国家教育事业发展"十三五"规划》,要求在改革创新驱动教育发展过程中,全力推动信息技术与教育教学深度融合,综合利用互联网、大数据、人工智能和虚拟现实技术探索未来教育新模式,鼓励学校或

[①] 陈肖庚,王顶明.MOOC的发展历程与主要特征分析[J].现代教育技术,2013,23(11):6.

地方通过与具备资质的企业合作,采用线上线下结合方式,推动在线开放资源平台建设和移动教育应用软件的研发。2018年4月,教育部印发的《教育信息化2.0行动计划》,对我国教育信息化发展提出了新的目标任务和行动计划,强调构建一体化"互联网+教育"大平台,实现"三全两高一大"的发展目标,即"教学应用覆盖全体教师、学习应用覆盖全体适龄学生、数字校园建设覆盖全体学校,信息化应用水平和师生信息素养普遍提高,建成'互联网+教育'大平台"。

　　基于国家政策的科学引领和多种互联网技术的大力支持,我国教育平台发展开始进入智能整合阶段。一是云服务技术强化学习管理系统建设。在海量云知识库基础上,学习者的学习过程可以通过学习管理系统而得到全面精准管理和有效服务指导。通过对学习行为数据进行分析,在线教育平台能够依此推送精准化学习材料并设计个性化学习路径。二是利用虚拟现实技术与增强现实技术创新学习环境。虚拟现实技术能够塑造一种多维立体的人机交互环境,学习者可以完全沉浸其中而获得亲身体验。增强现实技术则将现实世界中存在的事物与虚拟现实结合起来,让学习者能在现实基础上体验到高于现实的主观感受。三是物联网技术支持下的学习方式整合。物联网技术的发展将使人类进入万物互联(Internet of Everything, IoE)时代,它把物品通过信息传感设备与互联网连接起来,以实现智能化识别和科学管理。而物联网技术对在线教育的影响集中在学习方式和学习资源两方面。在学习方式方面,物联网技术对移动学习和泛在学习提供了有力支持,学习者也可以获得更加全面的个性化精准指导、督促和服务。在学习资源方面,物联网设备自身储存且不断丰富的信息就是极具价值的学习资源。学习者可以通过各种移动终端接收知识信息,并实时搜索和下载所需学习资料。

　　德国教育家第斯多惠说,教学艺术的本质不在于传授,而在于激励、唤醒、鼓舞。互联网时代的信息是开放的,可以轻松把人的大脑从记忆与计算中解放出来,用更多时间培养和发展学生的创造力与问题解决能力。信息时代的教育价值在于发展学生的潜能,激发学生的创造活力,从而提升学生的生命价值。按照马斯洛的观点,人作为有精神生命的个体有多重需要,包括生理需要、安全需要、社交需要、尊重需要、自我实现需要。构建教育平台实现信息技术与教学的深度整合,除了不能像空气、食物、睡眠那样满足人的生理需要外,对实现其他层次的需要是有巨大价值的。

　　网络教育平台有助于以下五种需要的满足。一是安全需要。随着互联网的使用越来越普遍,在线网络安全、数字隐私保护、网络暴力预防等内容需要融入教学中。二是社交需要。学生大量使用QQ、微博、个人空间、微信等社交软件,这些软件既能帮助学生扩大社交范围,也能以此建立学习社区,在虚拟的学习社区中进行学习和交流。三是尊重需要。当学生在微博上发表日志、上传图片与视频、发布个人成果后,能够让更多人知晓并获得认可,获得成就感与社会影响力等情感体验。四是认知需要。互联网条件下学生能够随时随地查询并获得有用的资料,有助于帮助学生探索未知、获得新知。五是自我实现需要。学生运用信息技术工具,设计创作微电影、音乐作品、美术图案等,从而实现个人潜能。同时,学生还能通过在线论坛参与社会问题讨论,并以实际行动推动社会进步。[①]

二、教育平台构建与整合技术的教学化构型

在线教育平台经过了漫长发展并最终形成了完善的运行体系,主要以网络教学支持平台、网络教育支持工具、网络教学教务管理平台三个系统架构而成,[②]通过教学者应用端、学习者应用端、管理者应用端,教育平台的时代价值得以充分彰显。

(一)教育平台构建与整合技术教学应用的整体架构

面向公众实现资源共享和零距离信息沟通的网络教育平台,是一种新型的教育、学习与工具平台,主要向学习成绩较差而需要辅导的学生、农村和偏远地区缺乏学习资源的学生、有特殊才能但普通学校无法满足需要的学生,以及日程安排冲突、行动不便的学生提供在线学习服务。以华盛顿州为例,在该州2014年选择参加在线学习的72787名学生中,26%的学生是因为所在学校无法提供感兴趣的课程,另有26%是为了毕业而学习补修课程,16%是因为喜欢在线学习环境,15%是因为学业不佳而进行的补充性学习,9%是因时间上方便,剩下8%则是其他各种理由。从学生入学年级看,在全美各虚拟学校注册的K—5年级、6—8年级、9—12年级学生中,参加补充性在线学习的比例分别为2%、14%和84%;参加全日制在线学习的比例分别为26%、28%和46%,说明基

---

① 王正青,唐晓玲.信息技术与教学深度融合的动力逻辑与推进路径研究[J].电化教育研究,2017(01):95.
② 武法提.网络教育应用[M].北京:高等教育出版社,2003:139-198.

础教育高段学生是在线学习的主体。①广义的网络教育平台包括支持网络教学的硬件设施和软件系统。狭义的网络教育平台是指建立在互联网基础之上，为网络教学模式提供全面服务的软件系统的总称，其具体理论模型如图2-1所示。

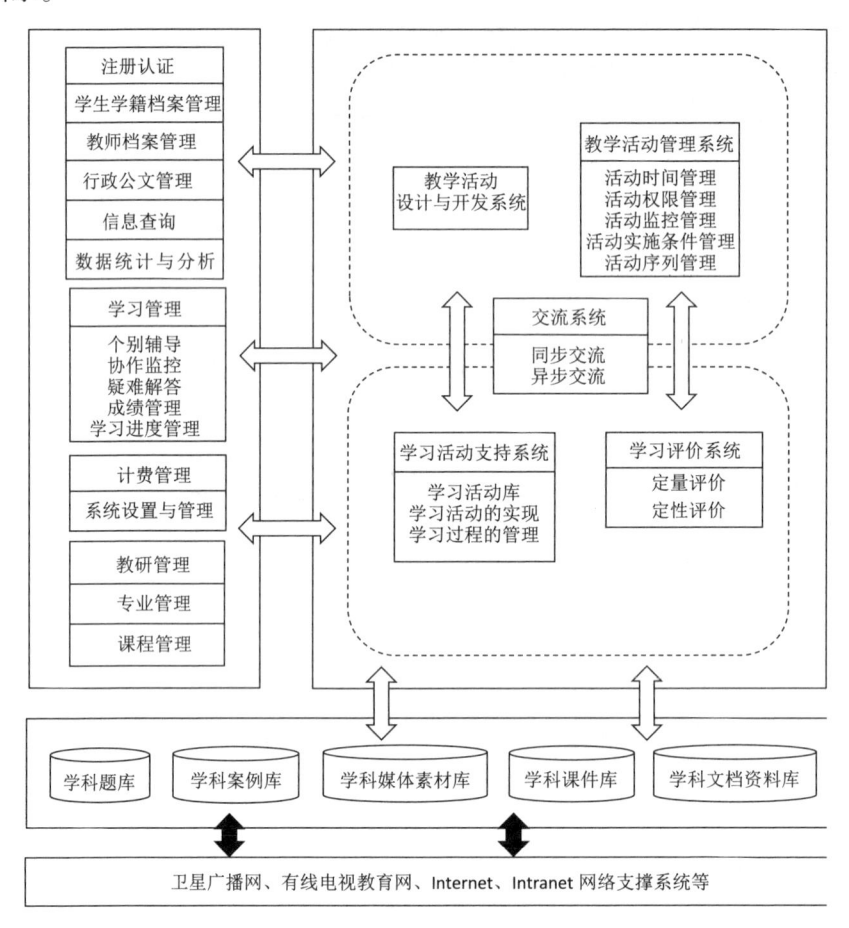

图2-1　教育平台的理论模型框架

在图2-1所示的教育平台理论模型框架图中，最底层为教育平台的基础环境，主要包括卫星广播网、有线电视教育网、Internet、Intranet网络支撑系统等。在此基础上由网络教学平台、网络学习平台以及网络教学教务管理平台等组

---

① Gemin, B., Pape, L., & Vashaw, L.et al.. *Keeping Pace with K-12 Digital Learning: An Annual Review of Policy and Practice*[R]. Whshingtong, D.C: Evergreen Education Group, 2015:16, 17, 20, 27, 36, 38.

成教育平台所需的各种系统,共同为网络学习环境设计提供基础,以支撑和保障网络教学系统的有效运行。

首先,网络教学平台是为教学实施过程中的所有环节给予支持,其主要由以下两个子系统组成。一是教学活动设计与开发系统,教师可通过简单操作即可实现对教学活动的设计与开发。二是教学活动管理系统,教师能够对单个教学活动时间和权限,以及对多个教学活动序列等进行相应管理。

其次,网络学习平台致力于学习者整个学习过程的建设问题,主要由四个子系统组成。一是学习活动支持系统,对学习者的学习活动提供全面支持。二是学习评价系统,对学习者进行定性或定量评价,帮助学习者了解自身学习情况,继而实现学习成果改进。三是交流系统,为学习者提供功能全面的交流工具,使学习者与教师能够跨越时空界限,实现师生与生生间实时交互。四是学习工具系统,为学习者提供丰富学习工具,确保各项学习活动顺利进行。

最后,网络教学教务管理平台是基于网络便利性,开展相关教育管理工作,有用户注册、课程浏览、用户登录、平台功能、课程制作、具体学习、练习考试、师生交流、积分系统等。在不同的在线教育平台中,各功能表现有所差异,但整体大致相同。一是对网络教育平台使用者的管理,网络教学教务管理平台可根据不同人员身份和角色对其配备相应管理权限。二是对教务事项的管理,即对选课、学分、成绩、财政等教育元素加以整合,以及对教学任务分配和人员工作调整等事项加以统筹。三是发布行政信息,利用网络教学教务管理中的发布功能,可将教务通知、事务安排等行政信息发布给相关人员。这种一对多的信息发布方式,简化了信息发布流程,实现了信息发布的高效率和易操作。四是对学生学习的管理,网络教学教务管理平台中的统计功能,有利于查询学习者的学习进度和学习状况,并据此给予其个别化指导。五是学科教学资源管理,即为当前课程内容建立一个数字图书馆,为教师和学生收集、查询和使用相关资料及开展基于学习资源的网上教学活动提供了便利。六是对课程和教研的管理,以确立课程内容体系,强化教研信息优化建设。七是对网络教育支撑平台的系统设置与管理,即网络教学教务管理平台的及时更新和调试,使其发挥最优功能。[①]

---

① 武法提.网络教育应用[M].北京:高等教育出版社,2003:165-166.

以国际著名在线教育平台Edmodo和中国超星公司开发的学习通为例,管窥教育平台整体架构和系统构成。Edmodo成立于2008年,是一款免费网络教育资源学习平台,也是为K12阶段的学生、教师、家长三方提供学习资源的网站。进入平台后,用户可自行选择教师、学生或家长三种主要身份登录。[①]选择教师身份登录即进入Edmodo教学平台,可以根据学生的年级、学科领域或兴趣,创建临时的专业学习社区和专业学习网络,并策划专业的学习内容,创建民意测验,发布课程作业。选择学生身份登录即进入Edmodo学习平台,可以通过线上作业功能极大提高作业完成度。2015年,墨西哥的147所学校决定引入Edmodo平台,旨在让技术融入课堂,提高学生的学习兴趣。在使用Edmodo之前,只有大约50%的学生按时交作业,但使用Edmodo后这一占比上升至90%。此外,管理员和家长共同监督Edmodo网络教学质量,通过进入学习社区,家长可以查看作业、课堂公告和学生的学业情况。管理员可以根据Edmodo标准衡量学生成绩,并鼓励创新型教师分享经验。

学习通是中国超星公司基于微服务架构打造的课程学习、知识传播与管理分享平台,主要由基础功能、课程资源、重构资源、交互资源四大结构组成,这四项结构可以覆盖教学全过程,充分满足教师教学和学生学习的需要。[②]学生可以在学习通上自助阅读大量图书与文献。教师可以在学习通教学平台创建班级,并在班级内发布课件与视频,还可以通过教学平台向学生布置作业,并在后台监测学生的学习与作业完成情况,实时把控学生的学习状态。教师在充分了解学生学习情况后,便可以在教学过程中及时鞭策学生,纠正学生不良学习习惯。

(二)教育平台构建与整合技术教学应用的组织实施

教育平台在教学中的实际应用,主要是通过教学者应用端、学习者应用端、管理者应用端三者协同展开。教学者应用端通过教学活动设计与开发系统和教学活动管理系统两大子系统,辅助教师在网络教育平台上开展网络教学活动。学习者应用端主要从学习活动支持系统、交流系统、学习评价系统和

---

① 方颖莹.Edmodo支持下人物速写教学的设计与实践[D].甘肃:西北师范大学,2017.
② 张钰萍.基于超星学习通的高中化学混合式教学的实践研究[D].黑龙江:牡丹江师范学院,2021.

学习工具系统四大子系统出发,为学生完成网络学习活动提供保障。如为增强学生个性化学习体验的影音编辑工具Animoto,使用电子白板时的在线协作工具Scribblar,方便学生阅读和纠正书写错误的Flipboard,记录课程学习与活动安排的印象笔记Evernote等。管理者应用端从网络教务管理、网络教育资源管理和基于网络的系统管理三个板块出发,实现教学管理过程的现代化和规范化。正如前文所介绍,依托Edmodo这一学习平台,师生即可共享教学内容、进行网上交流、管理课程与作业、发布相关通知、开展学业测验等,从而将这些传统教学活动转移到网络平台。

1.教学者应用端

在传统课堂教学中,教学者需要完成教学课程设计、教学内容组织、教学过程实施等教学活动。网络教育平台为教学活动提供了新的思路。实际上,教学活动设计与开发系统利用平台内置功能或外界工具,以及教学活动的六大属性设置与说明,辅助教师进行教学活动设计与开发。一是教学活动的任务主题,简要说明教学活动需要完成的具体事务。二是教学活动开展的交互过程,即学生与媒体、教师以及其他学习伙伴之间的交流过程与组织形式。三是教学活动资源,即在教学活动过程中需要的信息资源和媒体资源。四是教学活动规则,包括交往规则和学习成果评价规则。五是教学活动工具,主要指教学活动中需要的认知工具、管理工具等。六是教学活动的最终成果,意指教学过程中和结束后所产生的某种成果实体及形式,比如论文、报告、表格等。需要注意的是,不同类型的教学活动可能具有不同的属性,教学活动设计与开发系统需要根据具体情况提供相应的属性设置功能。

教学活动管理系统不仅包括系统的在线管理,同时也支持教师对教学活动的监控。教师对教学活动的管理主要包含两方面。首先,对单个教学活动的管理。在这一过程中,教师需要对该教学活动开始和结束的时间,对不同学生的可见程度,以及教学活动本身进行监控。一是活动时间管理。教学活动管理系统赋予了教师活动时间管理权限,允许教师对单个教学活动何时开始、何时结束进行设置。教师会根据单个教学活动在整个教学过程中的序列位置,规划教学活动开始及结束时间。二是活动权限管理。教学活动管理系统提供了教学活动管理权限,教师可依据学生学习现状,将教学活动设置成对部分学生可见,以此形成个性化教学方案。三是活动本身监控。教学活动实施过程中,教师基于教学活动管理系统的数据记录和统计分析功能,对活动开展进程、活动参与者状态以及最终活动效果等进行系统监控。

其次,对多个教学活动的管理。一是可以对活动实施条件进行管理。多个教学活动间可能存在逻辑或者时间上的先后,如某个教学活动可能需要另一个或多个教学活动结束后才能开展,所以教学活动管理系统将支持教师对时间顺序与活动结果限制等教学活动实施条件进行统筹支配。二是活动序列管理。教学过程可以看作是教学活动的序列,然而单个教学活动并不能够形成有效教学体系,完整的教学过程应是将教学活动和教学结构进行有序组织,基于此,教师将借助教学活动管理系统中的教学序列管理工具创建科学的教学组织结构。

2.学习者应用端

首先,学习活动支持系统主要从构建学习活动库、开展学习活动、管理学习过程三方面来支持学习活动。一是构建学习活动库,实际是指学习者在网络学习过程中可能发生的学习活动集合。它应尽可能提供全面的学习活动,并向学生提供更加完善的学习活动支持。二是开展学习活动,常见的学习活动类型包括学习准备活动、内容学习活动、反思活动、讨论答疑活动等。学习准备活动是学生在学习新知识前,对旧知识进行回顾或者对新知识建立感性或框架性知识基础的活动。内容学习活动则是学习者利用课程材料进行自主学习。根据内容性质的不同,内容学习可细分为知识学习与能力培养。大多数网络教育平台通过向学生提供教学视频及电子课件,确保课程内容学习活动顺利进行。少数平台将课程讲解视频与课件进行整合,以链接形式提供三分屏课件,使学生可以在线观看课程讲解。反思活动是指学生对已学内容进行再认识、再思考,并以此加深知识理解与巩固。网络学习平台对反思活动的实现主要是通过让学生绘制知识结构图、填写阅读思考表等方式进行。讨论答疑活动旨在解决学习者面临的学习困难,它既可以发生在学生与辅导教师之间,也可以发生在不同学生之间。网络教育平台通过提供同步或异步交流系统来实现学习者的答疑讨论环节。三是管理学习过程,通过记录分析学习者学习进度和状态等数据,帮助学习者了解自身在学习过程中的表现,实现对学习过程的全程管理。学习过程管理系统主要记录学习者的学习过程信息、资源利用能力、学习交互能力、学习效果四个方面的数据。

其次,交流系统主要由同步交流系统和异步交流系统两大子系统组成。同步交流系统是指通过通信技术,使分布于不同地理位置的学习者能够进行实时信息交流、资源共享和数据传输,达到模拟面对面交流效果,消除网络产生的异地感。随着技术进步与使用成本的降低,同步交流的应用范围已然变得更加广阔,交流工具涉及聊天室、视频会议系统、即时通信工具和电子白板等。异步交流系统是网络学习环境中的另一重要交流阵地,它能够规避物理空间局限,继而满足不同学习者个性化交流需求。通过异步交流系统,学生提问和教师回答都可以做到详细且针对性较强。学生在提问时可以尽量将自己的问题描述清楚,甚至可以讲出自己对这个问题已有的想法或各种思路;教师在回答问题时也可以有充裕时间进行思考,查找相关佐证材料,还可以就学生的已有想法进行分析,进而引导学生进行深入思考。由于没有时间限制,学习者可以随时向教师进行提问,异步交流工具主要有 E-mail、BBS、虚拟学习社区等。

再次,学习评价系统主要用于评价信息的收集、分析、综合及评价结果的解释和反馈。网络学习评价不再局限于成绩测试,而是趋于多样化多视角评价。该系统除对学生基本知识和技能掌握情况进行评估外,也着眼于分析学生能力、情感、态度。根据评价内容性质的不同,网络学习评价大致可以分为两类。一是定量评价,主要是对学生学习过程中参加的各种测试和所收集的与数量相关的信息进行各种数理统计和定量分析,主要表现为网络考试与作业系统。二是定性评价,主要分析学习者的知识背景、学习条件、学习态度、主动参与学习过程中的各种跟踪记录信息等,表现为电子档案袋。定量评价和定性评价并非孤立存在,而是相辅相成,互相促进,从而快速、准确、动态地完成学习评价进程。

最后,学习工具系统是指学习过程中帮助学生收集、查找、处理、存储、发布信息和思考的工具。在网络学习环境中,学习工具既包含传统意义上的一般学习工具,如字典、计算器等,也包括广义上的计算机设备和软件,特别是那些有助于促进知识表征、调节认知和反思学习过程的智能化工具与技术,如各种概念图制作软件等。基于功能差异,网络学习支持平台中的学习工具可分为认知工具、信息工具和管理工具。认知工具旨在促进知识表征、分担信息处理和计算,从而辅助认知过程的工具。信息工具能够帮助学习者对信息进行查找、获取、存储和分享等。管理工具则发挥学习者监控和学习过程调整功能。

当前,美国的在线学习平台包括单学区、州域内跨学区与跨州在线学习三类。单学区在线学习主要在本学区内招生,由该学区的公共教育基金提供资助。如宾夕法尼亚州的魁克顿学区,该学区学生就在学区创办的"网络学习室"进行在线学习。州域内跨学区学习,主要有两类承办学校。一类是跨学区在线学习联合体,如"超级网络"面向得克萨斯州东部的17个农村学区;"扩大学习机会"则面向芝加哥3个郊区学区。另一类主要由全日制在线特许学校承办,比如"佐治亚网络学院"和"宾夕法尼亚网络特许学校"就面向全州学生招生。跨州在线学习,则由少数知名在线学习供应方提供,如佛罗里达虚拟学校就面向全美招生,尤其服务于那些迁移率较高的学生。[①]

3.管理者应用端

管理者应用端的核心功能是完成网络教学教务管理工作。网络教学教务管理工作包括调配教学资源、组织教学活动、总结教学数据、报送相关数据等。随着网络技术的运用推广,管理者应用端应包括网络教务管理、网络教育资源管理和网络系统管理三个独立模块,其旨在为教师、学生、管理人员提供全面在线教育服务。

一是网络教务管理,即通过网络实现与教学相关的所有人员的教务管理工作。网络教务管理需要对教务工作中所涉及的教务员、教师、学生等进行管理调控,同时也需要完成课程安排、教学设计、教学与行政信息发布、教学数据统计整理与上报等工作。通过网络教务管理系统,学生可以保存个人档案,及时获取教学机构发布的最新信息,得到教师的帮助与辅导等;教师可以设置课程与教学计划,查看学生学习档案,进而提供针对性帮扶;管理者可以管理教

---

① 王正青.美国K-12在线学习的运行机制与质量保障[J].现代远程教育研究,2017(05):56.

师档案和学生档案,发布最新信息,并对远程教学系统进行管理和维护等。

二是网络教育资源管理,它是管理网络资源的软件系统,主要功能是对各种教学资源进行采集、管理、检索和利用。教学资源是开展网络教学的基础。为更好地发挥网络教育优势,网络教育系统可将优秀教学资源进行系统化和科学化分类,再以多媒体化形式存储于各种数据库中,从而构建多元统一的教学资源库。

三是网络系统管理,其目的在于通过远程教育对网络教育支撑平台进行在线维护和管理,以便于网络管理员随时随地对系统的正常运行给予支持,并对网络教学以及网络教育管理的各项工作提供保障。网络系统管理可以实现系统设置和功能维护两大功能。系统设置是对系统进行网络配置管理、权限控制以及网络性能管理等。而功能维护主要包括安全管理,数据备份以及系统评估三大主要工作。

(三)教育平台构建与整合技术教学应用的保障机制

基于政策支撑、资源支持、教师建设、多元协同、技术保障,教育平台构建与整合技术在教学实践中得以顺利应用。教育平台构建与整合技术的应用不但促进了学生学习方式的变革,还解决了优质课程缺乏、教师数量不足、学习时间冲突等诸多现实问题。

1.教育平台构建与整合技术应用的政策支撑

政策指南有益于提高各级各类学校对网络教育平台的思想认识,端正对新兴网络教育平台的积极态度,进而为教育平台构建与整合技术的应用提供有力支撑。美国政府于20世纪90年代启动"信息高速公路"计划,包括"学校和图书馆互联网链接项目",也就是广为人知的"教育宽带"项目。该项目为美国大中小学和图书馆提供电子通信设备和互联网接入服务,使得美国在21世纪初即完成了教育信息化的基础设施建设。2006年,美国密歇根州通过法案,要求州内公立学校高中学生必须完成至少20小时的在线学习。亚拉巴马、阿肯色、佛罗里达和弗吉尼亚等州相继出台法规,提出了学生在线学习学分要求。随着美国"共同核心州立标准运动"的兴起,特别是2010年《改变美国教育:2010国家教育技术计划》的颁布,美国K12在线学习进入到快速发展阶段。

截至2014年底,美国共有20个州赋予全日制在线学校完全合法地位,9个州赋予全日制在线学校部分合法地位,25个州设立了州虚拟学校。[①]

我国则按照《教育信息化十年发展规划(2011—2020年)》的整体设计,基础教育信息化建设从物质层面的基础设施建设,转向行为层面的教育教学变革,着力构建网络化、数字化、个性化、终身化的现代教育体系,而"缩小基础教育数字鸿沟,促进优质教育资源共享",则是基础教育信息化建设的重要任务。2016年6月,教育部发布《教育信息化"十三五"规划》,明确提出各地要根据信息化教学的实际需求,做好资源平台建设规划论证,充分利用现有通信基础设施,加快推进区域平台建设和与国家教育资源平台的协同服务。鼓励企业根据国家规定与学校需求建设资源平台,提供优质服务,最终形成覆盖全国、多级分布、互联互通的数字教育资源云服务体系。2017年1月,国务院发布《国家教育事业发展"十三五"规划》,明确了"十三五"时期教育信息化发展的三项重点任务。一是加快完善制度环境,形成公平有序的市场环境。二是进一步改善基础条件,基本实现各级各类学校宽带网络全覆盖和网络教学环境的普及。三是全力推动信息技术与教育教学深度融合,建设课程教学与应用服务有机结合的优质在线开放课程和资源库。四是推进优质教育资源共建共享,加快优质教育资源向农村、边远、贫困、民族地区覆盖。

2.教育平台构建与整合技术应用的资源支持

教育平台构建与整合技术应用的资源支持,主要通过建设多种类型的资源库而实现,如资源中心、学科资源库、分布式资源库系统、数字图书馆等,上述各种资源库支撑模式并无优劣之分,在政府提供资金支持的背景下,资源库建设工作可以由不同性质机构承担,如高校图书馆、电教馆或教育信息资源中心等。

一是资源中心。它是由多个不同级别的站点组合而成,旨在构建一个以地域范围为单位的教育资源网。就一个城市而言,资源中心包括城域教育资源中心系统、区县教育资源系统和学校教育资源库系统三层资源组织结构。每一级资源库向上一级提出资源和服务需求,或将零散资源提交上一级整合汇总。在美国政府的"互联网牵手教育"计划影响下,美国各州广泛建立了各

[①] 王正青.美国K-12在线学习的运行机制与质量保障[J].现代远程教育研究,2017(05):55.

类资源中心。其中,俄亥俄州建设了"俄亥俄州数字化学习"平台,包括K12阶段在线课程和学习管理系统;马里兰州开通了"创意港"学习网站,为中小学教师和学生提供汇集美国各图书馆、专业学会的优质教育资源。

二是学科资源库。其最大特点就是每个资源站点只存储某一学科资源,用户能够快速检索和定位所需资源信息。为了便于对各个资源库进行管理和使用,网络教育平台可建立所有资源的索引库,即在这个库并不存储实际教学资源,而是链接具体资源的物理位置,以实现资源索引,用户只需访问此站点,就可了解各个学科资源的基本情况。为适应在线学习对数字化课程资源的需求,美国最大的在线学习课程提供方培生教育集团在2011年与盖茨基金会合作,根据"共同核心州立标准",开发符合标准要求的数学、英语、艺术等在线课程。

三是分布式资源库系统。它是由多个资源站点构成,各个站点并没有主次之分,而是对等关系。每个资源站点都包含其他站点的资源索引和简要介绍,但并没有实际的物理存储。整个资源网络结构对用户而言都是透明可信的,用户在每个站点都能访问网络中的所有资源,而无需关注资源实际的物理位置,且任何涉及远端访问的操作,当地站点会自动启动资源代理为用户提供便捷服务。如用户在站点A检索到当地资源时可直接使用,而当该用户需要B或C站点资源时,站点A会提供代理服务将其他站点的资源传送给用户。

四是数字图书馆。一般由高校和国家科研部门承担建设任务,也有从事电子出版的企业参与其中,如由美国IBM以及国内的超星公司合作开发的数字图书馆系统等。数字图书馆对数字化技术要求较高,如高分辨率数字扫描和色彩矫正、光学字符识别、信息压缩、转化等。此外,由于数字图书馆涉及跨区域数据共享问题,因此,它强调遵循国际或国家相关数据标准规范。

随着教育教学领域新需求的产生,网络教育领域也出现了一些更有针对性的资源支撑方式,如主题学习资源库,它与国外的探究式学习网站比较类似,主要是针对某一主题提供各种探究活动、学习资源和讨论组。另外还有虚拟社区资源库,它以讨论组形式将本站资源划分成不同版块,用户在获取资源时也可以将已有资源贡献出来,而各版块负责人会定期将零散无序的内容进行整理,并推荐给用户。

3. 教育平台构建与整合技术应用的教师素质保障

教师是教育平台构建与整合技术应用主要实践者和参与者,因此,学者们对教师专业素质进行了卓有成效的研究。斯坦福大学的舒尔曼教授于1986年提出的"学科教学知识"在学术界具有重要影响。舒尔曼认为,教师需要处理"向学生教什么、怎样呈现这些内容、怎样设计面向学生的问题、怎样应对学生理解不到位"等问题,需具备讲解概念本身内涵、设计概念呈现方式、评价学生知识掌握情况、向学生传授知识等技能。随着信息技术的快速发展及其在教育中的广泛应用,密歇根州立大学的密斯拉和科勒于2006年提出了"技术、教学和内容知识"(Technological, Pedagogical and Content Knowledge, TPCK)概念,在舒尔曼的学科教学知识框架下增加了技术知识内容。2009年,两人将之前的TPCK修正为"整合技术的学科教学知识"(Technological Pedagogical Content Knowledge, TPCK),并提出了完整的TPCK框架。

教师专业素质的TPCK模型主要由学科内容知识(Content Knowledge, CK)、教学法知识(Pedagogical Knowledge, PK)和技术知识(Technological Knowledge, TK)三个基础性知识,以及相互叠加后形成的学科教学知识)、整合技术的学科内容知识(Technological Content Knowledge, TCK)、整合技术的教学法知识(Technological Pedagogical Knowledge, TPK)、整合技术的学科教学知识构成。其中,CK是教师所教授学科的概念、理论、知识点,是教师胜任特定学科教学的重要基础;PK是所有学科共享的一般教学法,是教师对教学实践、过程、程序、策略等教学方法要素的认识,也包括关于教学目标、教学评价以及对学习组织的知识;TK是教师对黑板、粉笔、教科书等传统技术和计算机、网络等现代技术的知识。以上TPCK知识的基本要素,是教师必须具备的专业素质。①

4. 教育平台构建与整合技术应用的技术保障

教育平台是集教育功能、学习功能、实践功能、信息传播功能、互动功能等众多功能于一身的教学工具,这些功能的实现必须依托于智能技术支持。

一是校园网站系统。校园网站系统是各学校内部建立起来的信息收集和

---

① 王正青,唐晓玲.信息技术与教学深度融合的动力逻辑与推进路径研究[J].电化教育研究,2017(01):97-98.

处理系统,主要运用计算机技术和网络信息技术,其功能是服务于学校的教学、科研、管理和日常生活服务。当前校园网站系统包括Web1.0系统和Web2.0系统。教育平台是校园网站系统的一部分,需要借助校园网站系统的技术和管理支持,定时对实践教学网络平台的技术系统进行维护和更新。

二是虚拟现实技术。随着学校的扩招,在校学生的数量呈现逐年递增的趋向,而庞大的学生数量与有限教育资源之间矛盾越发凸显。如何发挥有限教育资源的最大效用,进而扩展优质教育资源的覆盖面成为设计在线教育平台的重要初衷。教育平台通过引进最新的虚拟现实技术,构建模拟仿真平台,将实践教学主题参观活动场所,如历史博物馆、五四文化展馆等以三维和立体化形式展现。虚拟现实(Virtual Reality,VR)也称为灵境技术,是信息技术、计算机技术以及仿真技术、人工智能技术等交叉衍生出来的一种新型技术。虚拟现实技术具有沉浸性、交互性、构想性特征,其已在交通运输业、建筑业、植物风险分析、医学、技能培训等领域得到了大力推广。

三是新媒体互动技术。依托教育平台开展在线教学,需要形式多样的新媒体互动技术,既包括传统的BBS、E-mail、MSN、QQ等,也涵盖了微信、微博、钉钉等较为时尚的网络交流工具。新媒体互动软件具有受众广、成本低、效果好的优势,只要有网络的地方就可以实现即时交流和互动。

四是网络测评技术。在线教育平台通过网络测评技术就可实现网络调研和网络评估工作。网络测评技术在网络便捷服务支持下,可以随时随地对学生进行考核,加上数据库技术,极大简化了传统考试过程,学业测评也不再局限于传统纸质试卷和固定考试场地,而实现了无纸化和随机测验。在计算机网络平台上,网络测评系统是帮助教师进行在线练习、在线测试及成绩分析的考试与管理系统。当前使用比较广泛的网络测评系统有在线考试系统(Online Exam System,OES)、在线竞赛系统(Online Competition System,OCS)、在线调查系统(Online Surveys System,OSS)等。如著名学习分析公司纽顿开发的适应性学习分析系统,就是通过数据收集、分析及建议为学生设计个性化学习方案,全美已有上千万学生从中受益。在俄勒冈州比弗顿学区,学校在获得学生休学及旷课记录,以及相关人口学信息后,设计个性化的行为训练方案,帮助学习困难学生更好地适应学校生活。

5.教育平台构建与整合技术的多元主体协同参与

拥有一支高素质的教育与管理队伍是在线教育平台得以健康运行,并实现培育创新型实用人才目标的必要前提。构建在线教育平台,需要以下主体多元协同参与。一是开发在线课程与学习工具的在线学习供应商,主要是指为在线学习提供数字化学习服务的各种公司或组织,包括教育出版商;课程提供者或开发者,即主要致力于开发和提供原创性的数字化教学内容;学习平台和系统管理公司,提供适应性学习、数据分析、社区交流等工具;学生信息管理系统开发者,旨在记录学生学习信息和课程学习情况;专业发展公司,主要提供与在线和数字化学习相关的教师专业发展服务;在线学习管理组织,即对中小学提供一体化在线学习管理服务。通常而言,规模较大的在线学习供应商会提供上述各类服务,如培生教育集团就是在线学习供应商的代表之一。

二是提供在线课程与指导服务的中间服务提供方,主要为所服务地区或学校提供在线学习平台服务,包括以下主体:组织在线学习的专业平台或虚拟学校,由地方教育行政部门和市场监管部门批准成立;地区性服务机构,如提供专业指导的地方教科研机构等;在线学习联合体,由两个及以上学校、学区或地区服务机构组成,整合在线学习资源向学生提供教学服务。中间服务提供方主要负责在线学习组织与指导,包括整合在线学习内容与呈现方式,聘用工作人员维护在线学习正常运行;同学校合作登记学生入学,监控学生课程学习情况;聘用和培训高素质指导教师,这些教师需要具备政策认可的教师资格;提供必需的技术条件,承担在线学习课程教学和平台管理功能;同学校和学区管理人员合作,处理在线学习过程中的突发问题。

三是平台运行的监管方与支持者,主要是各级教育行政部门,承担在线教育平台的监管与支持责任,对在线教育平台的监管与审查主要围绕以下方面展开。首先,审查和批准在线学习课程,以及各类在线教育项目提供商的资质。其次,提供在线学习课程目录,方便学校和学生选择在线学习课程。再次,支持或直接介入与在线学习相关的教师专业发展活动。最后,监管各类在线教育平台运行情况,根据在线课程注册及完成情况拨款。以得克萨斯州为例,该州的"虚拟学校网络办公室"通过检索在线学习提供方目录,遴选在线课程或全日制在线学习承担机构,然后再向学生发布经州政府认可的在线学习机构并指导学生登记学习,在学期结束时各运营机构汇总学生注册及学习情况,并向学校和州政府提交报告,州政府则按学生课程完成情况向运营方支付经费。①

三、教育平台构建与整合技术的教学应用案例

在信息化、数字化、智能化前沿技术支持下,各类网络教育平台大量涌现,其为课前准备、课中探究、课后巩固整个教学过程提供了便利,为学校信息化教育环境创设、多元化教学活动开展做出了突出贡献。

(一)基于Bd平台的高中历史探究式学习

上海市闵行第二中学是闵行区推进教育信息化工作过程中涌现出来的创新型示范学校之一。近年来,该校实行由点到面和由面到点循环推进策略,不断推动学校教育信息化应用工作、研究工作、普及工作,最终促进了学校信息技术应用水平的不断提高。在这一过程中,该校主要利用Blackboard网络教学管理平台开展教学工作,以下将通过分析该校马老师设计的"基于Bb平台的高中历史探究式学习的尝试"这一教学案例,探索教育平台在教学中的具体运用。②

马老师以高一年级为网络教学实验年级,以华师大版《高中历史》第二分册的第三课"商朝与青铜文化"为主题,上了一节基于学校Bb平台的探究学习课。在课前阶段,马老师将全班学生分成六个小组,包括文献研究小组、青铜器研究小组以及甲骨文研究小组等,每小组六人,各小组基于拟需解决的问题查找相关资料,并上传至校园Bb平台中历史课程讨论板。其中文献研究小组的问题是"记载商朝历史文献有哪些?"青铜器研究小组的问题是"商朝青铜器的种类及用途?你所知道的有什么代表性商朝青铜器?"甲骨文研究小组的问题是"对甲骨文的认识是什么?"

在课中阶段,马老师借助Bb平台呈现相关资料。从文献中探究商朝历史:马老师请全体学生阅读"知识链接"部分,了解"二重证据法"。学生区分"纸上

---

① 王正青.美国K-12在线学习的运行机制与质量保障[J].现代远程教育研究,2017(05):57-58.
② 余安敏.信息技术平台支持下教学过程重建课例集[M].上海:上海科技教育出版社,2010:1.

之材料"和"地下之新材料"异同,即文献资料和考古发现。从青铜器中探究商朝历史:马老师通过Bb平台展示材料,学生基于给定问题阅读材料并完成从青铜器中解读商朝历史的探究任务。

具体教学片段:

问题1:在材料八中,作为青铜器代表的鼎在中国古代有哪些功能?
学生1:礼器,用于祭祀和典礼,并标识器主的身份和地位。
学生2:也是国家权力象征。
问题2:材料九和材料十中的青铜器在题材造型和纹饰上有什么共同特征?
学生3:造型、题材多以猛兽为主且轮廓方直。
学生4:纹饰也多以饕餮等兽面纹为主。

在课后阶段,马老师要求学生结合本课内容,谈谈自己的学史体会和感悟,并将其发布于学校Bb平台中的"史海遨游"栏目。

上海市闵行第二中学的Bb平台让学生基于强烈的好奇心和旺盛的求知欲从事学习活动,有益于学生个体充分发挥自我潜能,能够切实体验探究式学习的乐趣和创造性学习的喜悦。

(二)基于NOBOOK虚拟实验室的生物实验教学

NOBOOK虚拟实验室是北京乐步教育科技有限公司针对中学实验课程开发的教学工具软件,该软件通过特殊的图像处理技术使实验器材和装置视觉获得高仿真度,可以在电脑、手机上进行数据传输和文件保存。NOBOOK虚拟实验室生物板块适用于国内初高中生物各主流版本教材,涵盖了中学生物教学中各章节的实验演示,是目前市面上最完整的中学生物教学资源。其四大内容模块分为动物学、植物学、人体生理、微生物,主要包含观察类、演示类、动手操作、探究类实验190个。其中,探究类实验流程涉及提出问题—做出假设—设计实验—进行验证—得出结论—交流评价,更加注重解决问题的思路以及构建实验流程的方法。虚拟实验室探究类实验具体流程如图2-2所示。

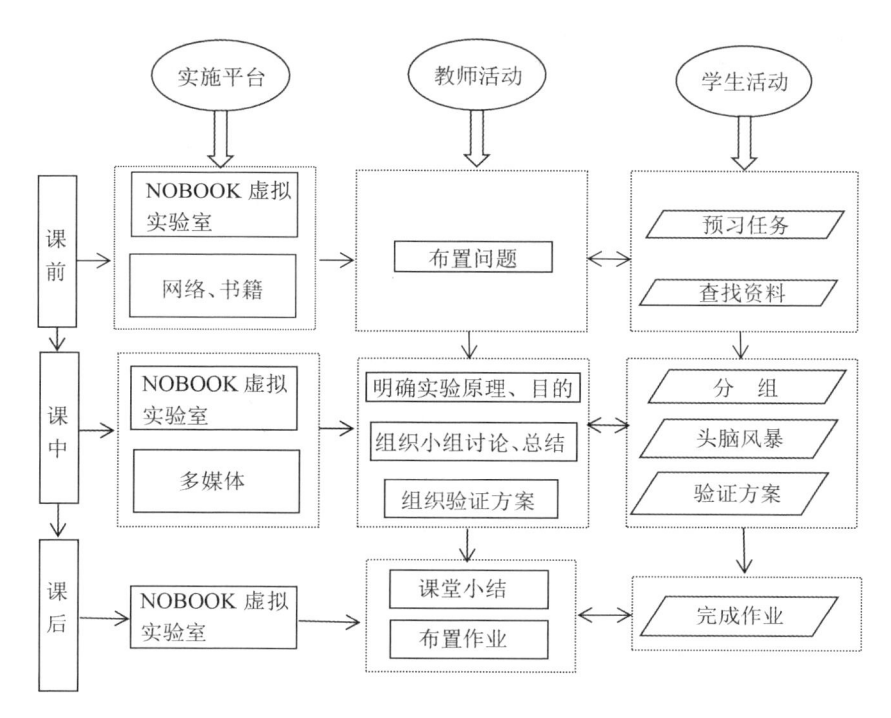

```
         ┌──────┐        ┌──────┐        ┌──────┐
         │实施平台│        │教师活动│        │学生活动│
         └──┬───┘        └──┬───┘        └──┬───┘
            │                │                │
      ┌─────▼─────┐    ┌─────▼─────┐    ┌─────▼─────┐
      │NOBOOK虚拟 │    │           │    │ 预习任务  │
 课前 │ 实验室    │───▶│ 布置问题  │◀──▶│           │
      │ 网络、书籍│    │           │    │ 查找资料  │
      └───────────┘    └───────────┘    └───────────┘
      ┌───────────┐    ┌───────────┐    ┌───────────┐
      │NOBOOK虚拟 │    │明确实验原理、目的│ │ 分  组   │
 课中 │ 实验室    │───▶│组织小组讨论、总结│◀▶│ 头脑风暴 │
      │ 多媒体    │    │组织验证方案  │  │ 验证方案 │
      └───────────┘    └───────────┘    └───────────┘
      ┌───────────┐    ┌───────────┐    ┌───────────┐
 课后 │NOBOOK虚拟 │───▶│ 课堂小结  │◀──▶│ 完成作业  │
      │ 实验室    │    │ 布置作业  │    │           │
      └───────────┘    └───────────┘    └───────────┘
```

图2-2　探究类实验模型构建图

NOBOOK虚拟实验室所提供的虚拟实验场景与真实实验场景类似,且使用方便,能使烦琐的实验课程变得高效简单。用户可对实验模型进行拖拽、移动、振荡、滴加试剂等,以及使用实验器材进行实验。每个虚拟实验对实验目的、器材、步骤、讨论等都有详细提示。用户也可基于自身需求对部分实验进行"数据记录""实时截图"以及生成"曲线图"。[①]

NOBOOK虚拟实验室平台广泛应用于教师课堂演示实验,学生课前预习实验,课后复习实验。每个实验项目都有实验原理、实验目的、材料用具、讨论要点及实验步骤等板块。学生在使用平台时可以明确了解实验原理及目的,并带着问题参与实验。在打开软件后,学生可以选择初中版或者高中版,高中生物主页面分为必修1、必修2、必修3和选修1。使用者可以根据自己的年级打开任何一个实验点击进入,默认处于"生物系统的结构层次"(如图2-3)。

---

① 姚香洁.基于NOBOOK平台的中学生物实验混合式学习研究[D].吉林:延安大学,2020.

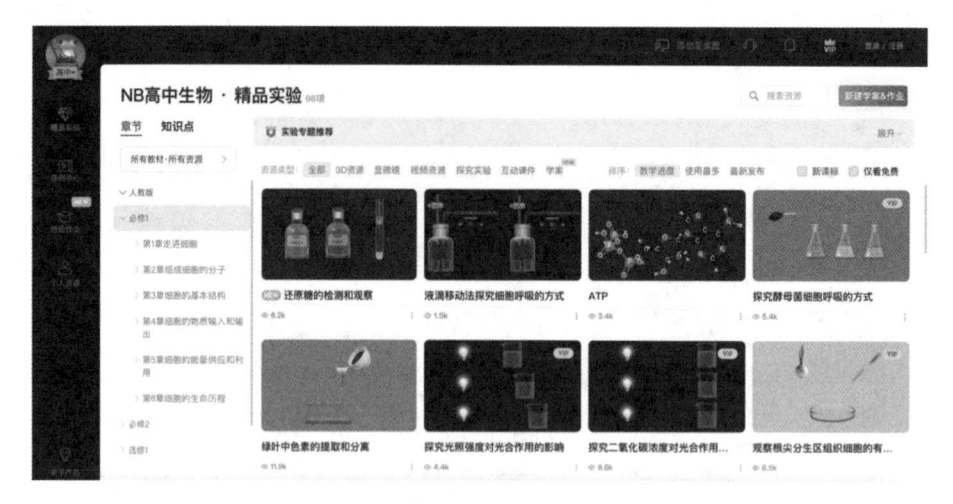

图2-3　NOBOOK虚拟实验室高中生物实验展示

图片来源:https://gzsw.nobook.com/console/templates/resource

在"生物组织中还原糖、脂肪、蛋白质的测定"实验中,教师布置预习作业,学生通过使用NOBOOK虚拟实验室预习实验,初步掌握实验原理和实验目的。首先,学生在"开始实验"模块尝试实验,熟悉还原糖、脂肪、蛋白质测定的实验步骤和方法,并在"讨论"环节思考问题,包括"只要是活细胞的生物材料就必然含有蛋白质和还原糖吗,为什么?""说出脂肪含量比较高的植物,并思考脂肪主要分布在这些植物的哪些器官中?"其次,教师使用多媒体重提实验原理及目的,组织小组讨论问题,并结合NOBOOK虚拟实验室,提醒学生注意规范操作步骤,引导其在实验室进行实际操作,并对学生进行教学评价。最后,学生使用NOBOOK虚拟实验室完成本次实验作业,并撰写实验报告。

生物模型类实验主要是帮助学生加深生物学概念及知识记忆。在NOBOOK虚拟实验室特有的实验模板上,学生可以使用鼠标进行自主构建模型,提升学生的主动参与感,将复杂的生物学单元清晰展现在学生的头脑中,以提升学生的记忆能力,提高教学效果。如"制作DNA分子结构模型"实验,课前,学生在课前使用电脑或课外书预习本节课内容;课中,在教师通过讲解DNA分子模型后,学生在多媒体教室通过NOBOOK虚拟实验室自主构建DNA模型,温习本节课知识,加深记忆,提高学习效果。

(三)基于UMU的中学物理混合式教学

UMU是在利用互联网技术为教育教学服务的基础之上,为知识的传播与分享而设计的网络教育平台。UMU的教学功能具有移动互联和模块化特点,主要包括构建混合学习项目、共享知识、组织互动、微课、直播等。教育者可以通过UMU移动App创建课程。课程创建成功后,学习者则可以通过微信、QQ分享给好友或将其发布在微信朋友圈,还可以将二维码保存到手机、电脑上,供他人扫描登录学习。此外,每门课程或者学习项目都有专属的访问码,可以将访问码复制后分享给学习者,邀请学习者参与课程学习。UMU适用范围十分广泛,中小学以及高校学生都能快速上手。[①]具体而言,UMU混合式教学模式涉及学生课前预习、师生线上答疑、教学问题整理以及课后复习巩固四大环节。(如图2-4)

图2-4 UMU互动学习平台课程设计展示

图片来源于:https://www.umu.cn/product/learning-design

一是课前自主预习。教师在正式上课前通过UMU,将需要预习的内容布置给学生。面对较难单元,教师可以将多媒体课件制作成微视频并发布到UMU以此作为学生预习的辅助性材料。二是师生线上答疑。学生在通过UMU对教师发布的文字、图片和视频等辅助性资料进行预习的过程中,可以直接通过UMU及时与教师和同学一起,对难以理解的内容进行交流讨论,而教师不仅

[①] 崔玉婷.基于学生自带设备的混合式教学设计与实践——以"构成基础"课程为例[J].科技创新与生产力,2019(09):89-96.

可以对学生的疑问进行及时解答,同时也能够快速了解学生的知识掌握情况,并对提问者进行鼓励和表扬。三是教学问题整理。教师可以将学生在UMU所提出的问题进行整理归类,并结合学生自主学习情况,重新设计和进一步修正教学方案,并将重难点问题作为新课教学的重要讲解内容。四是课后复习巩固。课后,教师依据课堂教学实际情况,通过UMU及时上传学生课后的学习任务、作业和资料。在其基础上,学生根据自我学习情况,通过UMU上的资源进行课后巩固和复习。

以下是通过UMU实施的中学物理"浮力"的教学设计片段[①]:

(1)课前温故而知新

教师通过UMU将本节课学习所需要的部分基础知识发在班级群,提醒所有学生下载完成并提交电子作业。之后,教师可依据作业完成质量继而决定是否在上新课前对基础知识进行复习。

(2)学生自主预习

教师通过UMU将预习学案发给学生,要求学生认真阅读教材内容,并在独立完成预习学案之后,通过UMU提交预习电子作业。教师查看学生预习情况,合理安排后续教学内容。

(3)线上教学组织

①从生活现象入手,师生交流讨论引出课题

教师通过UMU用图片展示生活中有关浮力的事例,并提问"为什么轮船、木块、鸭子以及躺在死海看书的人能浮在水面上?"学生根据以往的生活经验能够回答:这是因为他们受到了浮力的作用。接着教师追问能否对这些现象进行受力分析,并让学生将自己受力分析过程通过UMU进行讨论交流。然后让学生列举生活中见过的浮力现象,并以作业形式通过UMU上传。在学生的思维被发散以后,再引出本节课主题"浮力"。

②探究实验——沉入水底部的物体是否受到浮力的作用

教师在UMU上添加讨论互动环节,并将学生讨论结果分成两类,第一类是石头沉入了烧杯底部,不受浮力;第二类是沉入烧杯底部的石头受到了浮力作

---

① 刘平.基于UMU互动学习平台的混合式教学在中学物理教学中的应用研究[D].重庆:重庆师范大学,2020.

用,但浮力小于重力。"沉入水底的石头能否受到浮力的作用?"通过实验对这一问题进行探究。

③观察实验,明确浮力的方向

通过前面学习,学生已经知道浸入液体中的物体有浮力作用,但学生对于浮力的方向是竖直向上还是垂直于杯口向上的区分比较模糊。教师将进行追问,然后学生通过实验证明浮力的方向。

(4)线上作业布置

教师上传作业之后,学生需独立完成后提交。在确保每一个学生都完成作业之后,师生通过UMU进行辅导、交流、讨论。而对于难以理解的重难点习题,教师将以录制微课的方式进行补充说明,供学生参考。

四、结语

网络教育平台通过文本、声音、图像、动画、视频等各种媒体形式来传递教育信息,并基于语音、手势识别、触摸屏、脑机接口等新兴交互技术,增强在线教学的沉浸感、趣味性、丰富性。网络教育平台也可根据数据挖掘和机器学习算法等大数据技术,对学习者进行建模,依据其学习风格、学习需求以及知识结构等推荐个性化的学习资源和路径,使在线教学能够关注和着眼于学生的差异性需求,实现差异化教学。在准确预测学生学业成绩和及时警示学生学业危机的基础上,基于教育平台的在线学习还能帮助学生调整学习策略和学习状态,提高在线教学质量和学生学业成就。

尽管网络教育平台具有以上优越性能,但基于技术本身的局限性,网络教育平台也存在以下三方面亟待改善问题。

一是学生学习逃逸现象。在媒体技术和通信技术支持下,身居异地的师生可以在同一时间、同一网络空间相互感知、传递信息和交流情感,实现远程在场。然而,在实际在线教学过程中,由于网络流畅性、学生流量负担等现实因素,并不能要求学生全程在场。教师只能通过教学网络或教学平台的统计数据查看学生是否在线。这使得学生有可能逃逸于教学活动之外,从事与在线教学完全无关的活动。

二是忽视教育育人价值。在线教学中大数据技术、人工智能技术的应用，意味着对学习过程数据的深入挖掘和分析，以及向学习者提供更适合的学习服务，在价值取向上强调尊重和满足学习者的个性化和差异性需求。然而，教学实践中许多教师并不能客观认识到在线教学对于实现以学习者为中心的个性化教学的独特价值。选择照搬线下教学模式，仅把在线教学技术视为实现信息单向度传播的手段，进而忽视了师生分离情境下学生的实际需求和学习体验，违背了教学的本质内涵和应有之意，湮没了在线教学的应然价值。

三是教学交互情感失位。在线教学中，人与人之间的交往必须经由网络教育平台技术中介实现，实质表现为"人—技—人"的关系。在这种交往关系中，人的存在往往被技术中介虚拟化为象征性的头像、静态的影像、失真的声音以及静默的对象。真实交往中的肢体动作、微表情等交往情境缺失，作为教学交往对象的他者不再形神兼具、声情并茂。教师的教学情感生成和表达陷入困境，因无所依存而导致情感消退。学生则既难感知教师情感，也难以充分表达自我情感。教学主体之间的情感联系被割裂，情感传播、互促、升华的教育价值被消解，教学活动开始沦为单纯的知识技能授受过程。

我国构建智能化网络教育平台，需重新审视在线教学中存在的上述问题，实现教学与技术的深层次融合，通过对在线教学活动的精心设计以促进学生的完满发展，使在线教学能够真正回归其育人本质。

一是激发主体责任，充分利用现代技术和在线教学平台的相关功能，强化对学习全过程的监督和管理，可以减少在线教学中的学习逃逸现象。比如利用平台的签到功能、出题功能、调查功能等，要求学习者更多地参与到教学交互中。同时，实时采集、分析学习者的学习数据，掌握他们的真实学习状态和学习效果，提供及时的反馈信息，继而强化对学习过程的监控。

二是回归育人价值，合理应用现代技术。随着现代信息技术的发展，在线教学过程的"人机共育"特征日益突显。教育者应深入思考技术的优势和应用限度，不仅从技术功能对人类先天本能缺失的补足层面分析技术应用的价值，而且从在线教学所应具有的"育人"本质意蕴和对完满人性的追求出发，思考师生分离情境下如何有效且正当地发挥现代技术的教育优势。

三是重构教学交往，打造有温度的教学过程。在线教学应注重师生的情感体验,重构技术中介的真实人际交往,即要求以交往理性统领工具理性,以"育人"的真实需求、师生作为交往主体的情感需求和情感关系建构过程,统领在线教学各项交互功能。①

📖 课后思考题

1. 教育平台的智能整合时代,网络教育平台能满足学习者哪些新需求?
2. 在教育平台构建与整合技术教学应用中,需要构建何种保障机制?
3. 网络教育平台具有什么优势,存在哪些问题?
4. 阐述教育平台构建与整合技术的多元主体协同参与实践活动。

📖 推荐阅读材料

1. 陈红普,凡妙然.腾讯课堂在线教育运行模式的思考与启示[J].现代教育技术,2015,25(11):86-92.
2. 陈肖庚,王顶明.MOOC的发展历程与主要特征分析[J].现代教育技术,2013,23(11):5-10.
3. 董萍,郭梓焱.我国在线教育的发展困境及其突破[J].国家教育行政学院学报,2021(02):61-67.
4. 方佳明,史志慧,刘璐.基于5G技术的在线教育平台学习者迁移行为影响机制[J].现代远程教育研究,2019(06):22-31.
5. 李爽.基于学习分析的在线学生支持[M].北京:中央广播电视大学出版社,2016.
6. 毛军权.在线教学的未来发展:动向、反思与行动[J].中国电化教育,2020(08):27-32.
7. 穆肃.深化与重构:移动学习与在线教育[M].北京:高等教育出版社,2019.
8. 杨丽娜.数字学习资源的个性化推荐效果提升研究——以学习元平台资源推荐设计为例[J].现代教育技术,2014,24(06):84-91.
9. 袁昱明,施建华.网络教育资源平台的理念、原理与技术[M].北京:科学

---

① 刘敏,胡凡刚.遮蔽、破局与解蔽:在线教学的分析与思考[J].现代教育技术,2021,31(03):32.

出版社,2010.

  10.朱珂,张莹,李瑞丽.全息课堂:基于数字孪生的可视化三维学习空间新探[J].远程教育杂志,2020(04):38-47.

第三章 智能辅助与人机共教技术及其应用

人工智能在计算力、感知力、记忆力、进化力等方面远胜人类，但人类教师在沟通、情感、价值观、创造力等方面却超过智能机器。智能技术将极大地改变教育生态，包括对教师的教学角色产生显性与隐性、正向与负向等多面影响。教师必须做出与之相适应的转变，实现人机协作共同教育，即"人机共教"。

☆ 学习目标

1. 了解智能辅助与人机共教技术的发展演变过程。
2. 理解智能辅助与人机共教技术教学应用的机理样态与模型架构。
3. 掌握 AI 代理、AI 助手、AI 教师和 AI 伙伴四大教学运用类型。
4. 理解智能辅助与人机共教技术教学应用的保障机制。
5. 熟悉智能辅助与人机共教技术教学实践案例。

思维导图

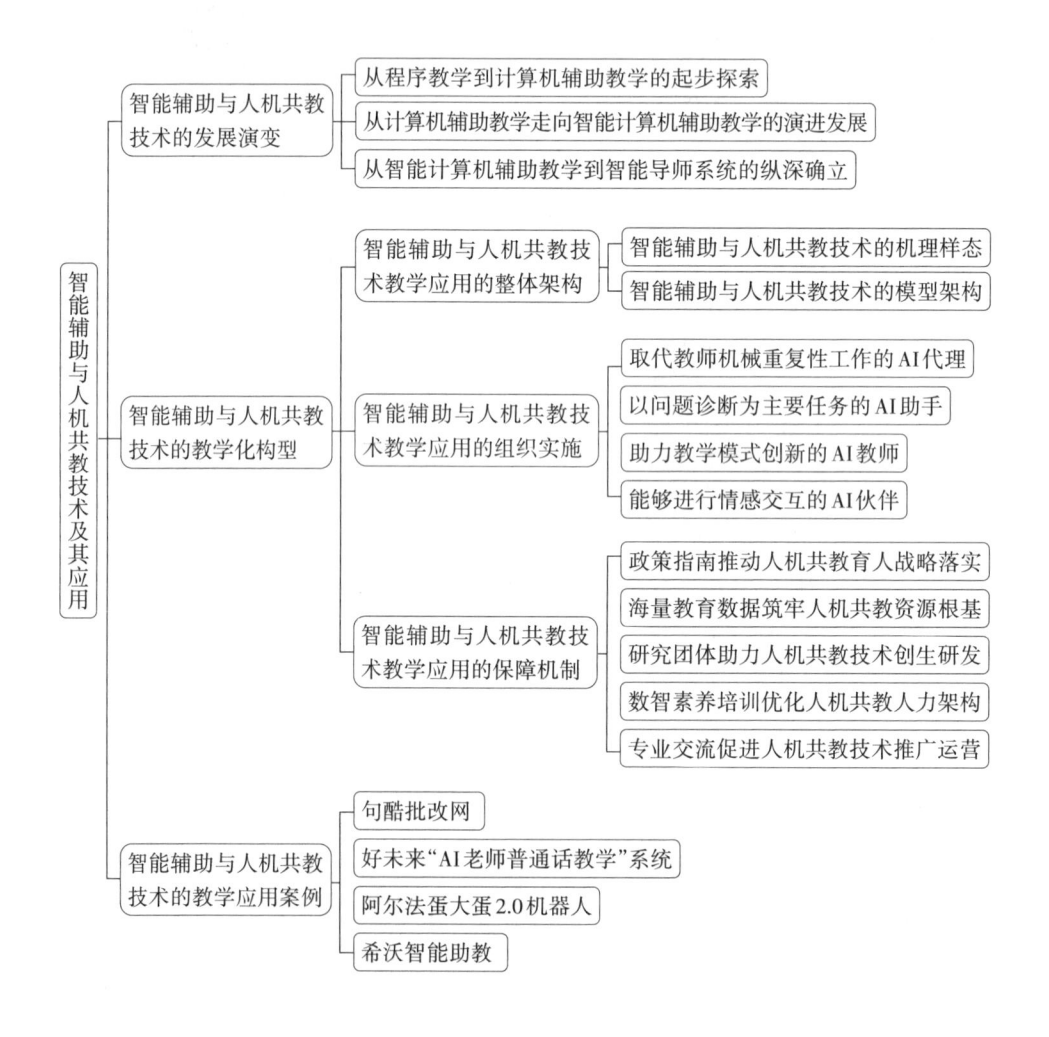

智能辅助与人机共教技术及其应用
- 智能辅助与人机共教技术的发展演变
  - 从程序教学到计算机辅助教学的起步探索
  - 从计算机辅助教学走向智能计算机辅助教学的演进发展
  - 从智能计算机辅助教学到智能导师系统的纵深确立
- 智能辅助与人机共教技术的教学化构型
  - 智能辅助与人机共教技术教学应用的整体架构
    - 智能辅助与人机共教技术的机理样态
    - 智能辅助与人机共教技术的模型架构
  - 智能辅助与人机共教技术教学应用的组织实施
    - 取代教师机械重复性工作的 AI 代理
    - 以问题诊断为主要任务的 AI 助手
    - 助力教学模式创新的 AI 教师
    - 能够进行情感交互的 AI 伙伴
  - 智能辅助与人机共教技术教学应用的保障机制
    - 政策指南推动人机共教育人战略落实
    - 海量教育数据筑牢人机共教资源根基
    - 研究团体助力人机共教技术创生研发
    - 数智素养培训优化人机共教人力架构
    - 专业交流促进人机共教技术推广运营
- 智能辅助与人机共教技术的教学应用案例
  - 句酷批改网
  - 好未来"AI 老师普通话教学"系统
  - 阿尔法蛋大蛋 2.0 机器人
  - 希沃智能助教

无论你愿不愿意,智能时代已呼啸而来。①在推动社会结构全面变革的同时,人工智能也将推动教育生态体系创新,并最终实现学校教育智能化、教育服务精准化、教学资源共享化、课堂管理自动化、学习路径定制化。据麦肯锡全球研究院(McKinsey Global Institute)调查数据,人工智能带来的社会转变比工业革命发生的速度快10倍,规模大300倍,影响几乎大3000倍。②英国广播公司基于牛津大学卡尔·佛雷和米歇尔·奥斯本的数据系统分析了365种职业在智能时代的"被淘汰率",最终结果显示电话推销员、打字员、会计、保险业务员、银行职员等被淘汰率从高到低依次为99%、98.5%、97.6%、97%和96.8%。而科学家、音乐家、艺术家等具有创造性的职业被替代概率则只有6.2%、4.5%和3.8%,尤其是教师的被淘汰概率更低,甚至只有0.4%。尽管人工智能不会取代教师,但国际数据公司预测,2024年,40%的教育工作将获得个性化和适应性的人工智能系统支持。③人机共教技术的深度运用将成为未来个性化教育教学的必然样态和构建以学生为中心的智能教育环境的应然要求。

一、智能辅助与人机共教技术的发展演变

李政涛教授认为,教师遇上人工智能,这已经不是传说,不是遥远的想象,更不是玄想或臆想,而是正在到来的现实。但智能辅助与人机共教技术的兴起并非一蹴而就,其生成的过程是渐进且缓慢的。从计算机技术与课堂教学的深度融合,到人工智能技术与人类教师联袂执教,人工智能双师型课堂逐渐悄然诞生。

(一)从程序教学到计算机辅助教学的起步探索

计算机辅助教学最早起源于20世纪60年代的程序教学(Programmed Instruction,PI)。1924年,美国心理学家普莱西设计发明了第一台教学机器(Instructional Machine),该机器能够为学生提供多种练习选择并实现应答跟

---

① 廖力.智能时代的课堂教学:从知识课堂到智慧课堂[M].广州:广东高等教育出版社,2019:26.
② 王作冰.人工智能时代的教育革命[M].北京:北京联合出版公司,2017:19.
③ International Data Corporation.IDC's Worldwide Education 2020 Predictions[EB/OL].(2020-01-06)[2021-02-13]. https://blogs.idc.com/2020/01/06/idcs-worldwide-education-2020-predictions/.

踪，这一举措标志着机器辅助教学思想的初步萌芽。普莱西认为，人力物力的有限性造成传统课堂测试与学业反馈间的不同步，然而教学机器能够及时判断学生的错误选择并提供评分报告，因此将教学机器运用于教学场域不仅可节省劳动力也可有效规避学习反馈的滞后性局限。[1]

哈佛大学心理学家斯金纳在这之后提出了程序教学法理念，并于1951年在《哈佛教育评论》上发表的《学习的科学与教学艺术》一文中阐释了程序教学的价值意涵。[2]与普莱西不同，斯金纳认为教学机器必须要求学生进行回忆并写出问题答案，而不仅是识别和选择正确答案。基于此，斯金纳要求学生按照规定顺序完成一长串学习步骤，且只有掌握了前一步，学生才能进入下一步，程序教学由此出现。所谓程序教学是按一定的逻辑顺序将教学材料分解成小的内容单元，然后由简到繁、由易到难小步子呈现，在此基础上，学生可自定学习节奏，并基于适当反应、及时反馈与强化刺激获得个性化体验。斯金纳将操作条件反射和积极强化原理运用于教学机器，并在美国军队中进行实验，最终取得良好教学效果。自此，程序教学正式获得社会认可，并促发了教学机器与程序教学的发展兴起。[3]然而由于师生对话频次的匮乏性、学生学习进展追求的盲目性以及教学机器自身功能的局限性等问题，程序教学在20世纪60年代后备受诟病。

1958年，美国国际商业机器公司（International Business Machines Corporation, IBM）开始进行计算机教学实验，并基于IBM650计算机设计出了世界上第一个计算机辅助教学（Computer-Assisted Instruction, CAI）系统，正式开启计算机辅助教学探索之旅。计算机辅助教学系统是基于计算机操作系统软件、多媒体硬件驱动软件、素材创作软件和课件合成软件等，帮助教师执行部分教学任务并为学生提供知识和技能训练，以提高教师课堂教学效率。[4]20世纪60年代，美国伊利诺伊大学研制出的程序逻辑自动化教学行动（Programmed Logic for Automatic Teaching Operation, PLATO），成为当时全球最大且最具代表性的计算机辅助教学系统，其主要用于支持课程实施、在线测试、电子邮件、即时信

---

[1] 张剑平,陈仕品.计算机辅助教学的智能化历程及其启示[J].教育研究,2008(01):76.
[2] 张琴珠.计算机辅助教育[M].北京:高等教育出版社,2003:3.
[3] 张剑平,陈仕品.计算机辅助教学的智能化历程及其启示[J].教育研究,2008(01):76.
[4] 张应奎.计算机辅助教学论[M].昆明:云南大学出版社,2011:8-28.

息、论坛、聊天室、留言板、多玩家游戏和远程屏幕共享。2006年,PLATO主机结束使用,但在此之前PLATO已经发展成了微型计算机的应用系统。[①] 2012年,PLATO学习系统收购了Archipelago学习系统,并添加了补充性在线教育解决方案,为美国、加拿大、英国近4万所学校的1400万名学生提供了网络教学,现已正式更名为Edmentum。除PLATO之外,斯坦福大学社会科学数学研究所(Institute for Mathematical Studies in the Social Sciences,IMSSS)也从1963年1月开始研发计算机辅助教学项目。1966年,斯坦福大学与IBM合作推出了著名的IBM1500计算机辅助教学系统。

究其实质,这一时期的计算机辅助教学是以行为主义学习理论为基本原理,以顺序分支和片段分块方式呈现预设的既定教学材料,并在适度反馈的基础上相继引出后续学习内容。但计算机辅助教学系统无法根据学习者需求变化和成长动态及时调整教学策略,更不能提供一师一生的一对一个性化教学指导,而是将预置的教学流程和教学模块适用于全体学生,因此计算机辅助教学的整体教学程序仍然较为机械死板。

(二)从计算机辅助教学走向智能计算机辅助教学的演进发展

20世纪60年代后期,认知主义学习理论代替行为主义学习理论成为计算机辅助教学的理论基础,该理论重点关注学习者内部认知发展,继而基于学习反馈信息试图呈现针对性学习材料。美国卡内基梅隆大学卡波纳开始尝试将人工智能技术应用于计算机辅助教学系统,并研制出世界上首个智能化地理教学系统SCHOLAR,这是历史上真正意义的智能教学系统的开端,标志着智能计算机辅助教学(Intelligent Computer-Assisted Instruction, ICAI)的形成。SCHOLAR主要利用人机混合主动对话(Man-computer Mix Initiative Dialogue),在与学习者进行书面英语对话过程中教授南美地理知识。SCHOLAR采用了两大核心技术,一是为实现对话交谈、语义理解,并最终生成书面英语,以及实现自然语言对话辅导的自然语言处理(Natural Language Processing,NLP)技术。二是为推动学科知识存储与推理,确保系统能够实时生成问题和回答问题的

---

① J.Michael Spector,任友群.教育技术的历史[J].电化教育研究,2016(02):118.

语义网(Semantic Network)技术。[①]

事实上,从计算机辅助教学走向智能计算机辅助教学即是推动教学过程从静态走向动态的过程。前者只能呈现事先编排的教学内容和问题答案,教学策略难以即兴发挥和随意切换。学习者也只能被动接受而无法主动发问,计算机辅助教学的资料编制和题库演示特点突出,系统功能单一固定。后者则是将学习者的学习实情与学习材料进行有效联结,在研判学习者能力现状、明晰能力水平与学习风格基础上提供自适应、精准化脚手架,实现教学自动生成、学生主动提问和系统随机作答;专家知识库也将进行错误诊断和原因解释,实现自动化提示与反馈更正。因此,智能计算机辅助教学的人机交互性已取代计算机辅助教学的程序机械性。

(三)从智能计算机辅助教学到智能导师系统的纵深确立

针对计算机辅助教学和智能计算机辅助教学的不足,1982年,布朗等人正式提出"智能导师系统"(Intelligent Tutoring System,ITS)这一术语,并将其定义为利用计算机的专家模型和学生模型进行科学决策以实现智能教学辅助指导的计算机软件系统。智能导师系统设计之初在于模仿学生和教师之间的教学互动过程,使计算机能够扮演教师角色进行知识传授和技能训练。因此,智能导师系统的设计研发是以认知科学、学习科学、计算机科学、教育学和心理学等学科为基础,并以多媒体技术、人工智能技术和计算机网络技术为支撑,以认知学习理论和建构主义学习理论为依据,以服务教育改革和促进学生成长为指向。在理论与实践的统筹协调,技术与教学的深度融合基础上,智能导师系统将基于主体式、发现式、互动式、渐进式和个性化等五种教学理念的有机整合,依托呈现样例、分析方案和实时交互等流程,提供即时有效的教学资源、灵活生动的学习测验,给予全面精准的学习反馈,凸显智能导师系统的高运算、人机交互和灵活控制等优质性能,最终产生出"1+1>2"的教学效果。

20世纪末,美国孟菲斯大学人工智能研究所历经十五年开创研发了自动导师(AutoTutor),它是继SCHOLAR之后众多智能辅导系统中最具代表性的智

[①] 张志祯,张玲玲,徐雪迎,等.人工智能的教学角色隐喻分析——以人工智能教育应用领域高影响力项目为例[J].中国远程教育,2019(11):27.

能导师系统之一。AutoTutor是以学习者为教学中心,以计算机为传送媒介,通过识别学习者面部表情和身体姿势自动跟踪认知情绪,关注如何基于自然语言交谈帮助学习者掌握物理和计算机知识。此外,AutoTutor在智能辅助过程中能够形成开放式的人机双向问答机制,计算机界面会以不同的语音、语调、面部表情、手势等来传递对话时的动作表现和情感回应,进而增强智能辅导系统的真实性和趣味性。除特殊情况外,AutoTutor不会直接给出问题答案,而是不断询问学生和鼓励学生进行思考推理,以此深化学习者的概念理解,帮助其掌握原理,而非提供简短的碎片化知识。当前,孟菲斯大学研究团队已将Auto-Tutor进行进一步创新研发,并衍生出DeepTutor、AutoMentor等多种智能教学系统。

二、智能辅助与人机共教技术的教学化构型

智能辅助与人机共教技术支持下的人机协同样态表现为机器智能与人类智能的相互融合,其中"人"指人类教师这一教育主体,"机"则意指硬、软件等相关技术和智能设备。依托"人人"交互和"人机"交互的双重环境,人工智能导师作为人类教师的"外脑"而存在,旨在为教师设计教学出谋划策,优化教学过程与教学结果。简单而言,就是使适合人工智能导师做的事让智能导师系统来做,使适合人类教师做的事让人类教师完成,而把适合人工智能导师和人类教师合作完成的事让其共同完成,实现一人一机或多人多机协同教学,而不是非此即彼的人机对立或替代关系。

(一)智能辅助与人机共教技术教学应用的整体架构

人工智能技术赋权下的双师课堂使学生和教师都成了知识的生产者、消费者和传播者。从广义上,人机共教意指人类教师与人工智能技术合作完成教学目标,推动教与学各要素间的融洽。从狭义上,人机共教在人工智能不同发展阶段意涵不一。弱人工智能阶段的人机共教是指人类教师和人工智能导师以共同"教"学生知识为主,但人类教师仍然是教学主体,智能导师只是起到助教作用。强人工智能阶段的人机共教则强调人类教师和人工智能导师双主

体教学地位,从弱人工智能的主辅之分已然转变为知识教学过程中的协同分工。超人工智能阶段的人机共教则从单纯的知识教学转变为教书育人二元并立,人工智能导师承担教书职责,而人类教师肩负育人重任。①

1.智能辅助与人机共教技术的机理样态

人类与机器之间的智能博弈使智能辅助与人机共教技术运用于教学成为必然并呈现出科学合理性。人类教师之难正好是人工智能机器之易,人类教师之易却成为人工智能机器之难。一方面,人类的基本神经元事件处理速度与电子机器相比要慢上数百万倍,继而造成了人类处理新知识的能力与知识增长指数间的不平衡。相较于人类教师,人工智能导师的逻辑思维能力和数据处理速度远胜人类,在记忆力、感知力、计算力以及时效性、正确性、可视化等方面更是人类教师难以企及,因此,人工智能导师在提高教学效率、增强教学适应性、推动构建个性化教学机制方面价值突出,对于重复性、危险性和需要考虑成本优化和时间效率方面的教学任务,人工智能导师无疑更为适合。另一方面,人工智能导师可以客观公正地对待所有学生,不会厚此薄彼,真正做到了学生话语声声入耳,智能连接无远弗届。但智能导师系统并非无所不能,一是人工智能导师对数据和算法的深度依赖,其终究只是一台冰冷的机器而已。二是人工智能导师并不具备七情六欲和情感意识,其情感关爱的欠缺和人文关怀的不足是其最大软肋。

教育作为人的事业,不可能沦为冰冷机器的专项,教育教学也不应该桎梏于知识传授的效率,甚至演变为机器式的工业生产模式。就像人工智能机器可以取代画师而做出精美绝伦的画作,但鉴赏画作的观众和评论画作的艺术家都只能够是人类自己。②教育注重学习过程体验,强调树立正确人生观、世界观和价值观,聚焦人格品质的养成和高尚情操的陶冶。在此背景下,人类教师具有诸多方面的优越性,其所独有的同情心、想象力、求知欲、社交力、洞察力以及身体感官力等方面的特质,正是人工智能导师弱于人类教师且永远不可能被模仿获得的天赋本能。只有人类教师才会关注道德、审美与情感等因

---

① 张学军,董晓辉.人机共生:人工智能时代及其教育的发展趋势[J].电化教育研究,2020(04):38.
② 项贤明.在人工智能时代如何学为人师?[J].中国教育学刊,2019(03):78.

素,也只有人类教师才能与有血有肉的学生进行情感沟通和心灵交融,对学生言传身教使其耳濡目染,以健全学生人性发展和人格成长。因此人类教师在情感、创造和交流等领域优胜于人工智能导师。

鉴于此,智能辅助和人机共教技术以优势互补、完美结合为基本原则,使人类教师在人工智能导师的协助下实现"认知外包",并呈现出各尽其职的协同共教画面。即以互联网为支撑的实时通信网络和规模化数据服务为连接介质,凸显人脑和外接智能设备双主体间的相互作用,推动内部认知网络和外部认知网络协同增强,以辅助人类教师突破个体认知局限。通过使外部存储设备承担个体知识和数据压力,使智能识别设备肩负个体对外部信息识别功能,使模式匹配设备扮演个体对策略和规律的认知角色,并基于外部设备的社交功能处理个体交互性学习反馈需求,以便帮助处理超越人类教师个体认知能力水平和思维运作速率的复杂情境和海量信息。[①]认知外包有效形塑了智能辅助与精准指导的交互体制,创新构筑教学共同体,开拓了人工智能时代教育新路径。

2.智能辅助与人机共教技术的模型架构

当前学界关于智能导师系统的基本模型架构尚未形成统一意见,但成功的智能教学系统应当拥有学科领域知识,具备学生学习进展评估能力,能够呈现个性化教学教材,进而确保学生实现知识获得和能力提升。据此而论,智能导师系统包括专家模型(Expert Model)、教师模型(Tutor Model)和学习者模型(Student Model),如图3-1所示。

一是专家模型。专家模型致力于提供领域知识,确定教的范围(What to Teach),解决教什么知识内容的问题,又可称为专家知识模型、领域知识库和认知模型等,是专家知识的权威来源。专家模型包括了说明事物概念的陈述性知识,利用这些概念解决问题的过程性知识以及如何运用知识与技能的元知识。[②]专家模型代表了专家的智能,承担着生成问题和评判学习者表现的任务,且专家模型质量的优劣直接决定了智能导师系统质量高低。二是教师模

---

① 余胜泉,王琦."AI+教师"的协作路径发展分析[J].电化教育研究,2019(04):19.
② 何克抗,李文光.教育技术学[M].北京:北京师范大学出版社,2002:246-247.

型。教师模型提供教学策略知识,聚焦教的方法(How to Teach),即基于学生模型信息,从专家模型中提取教材,并依托主客观条件对教学方法、教学手段、教学模式进行诊断决策,以便采用适应性、灵活性和针对性的教学策略。因此,教师模型又可称为教学策略和推理模块、教学策略模块或教学模块,主要代表了教师的智能。三是学习者模型。学习者模型提供学习者知识,确定教的对象(Whom to Teach),即表征学习者的知识水平、偏好需求、个性风格和认知特点等,代表了学生的智能。学习者模型建立在专家模型之上,是智能导师系统的核心,也是因材施教的前提,它主要负责存储学习者的基本信息,记录学习进程中不断更新的学习者动态变化。换言之,把学生模型化的目的就是为了指明学生已经知道什么和不知道什么,以便更好地纠正错误认知并帮助其选用最佳策略。

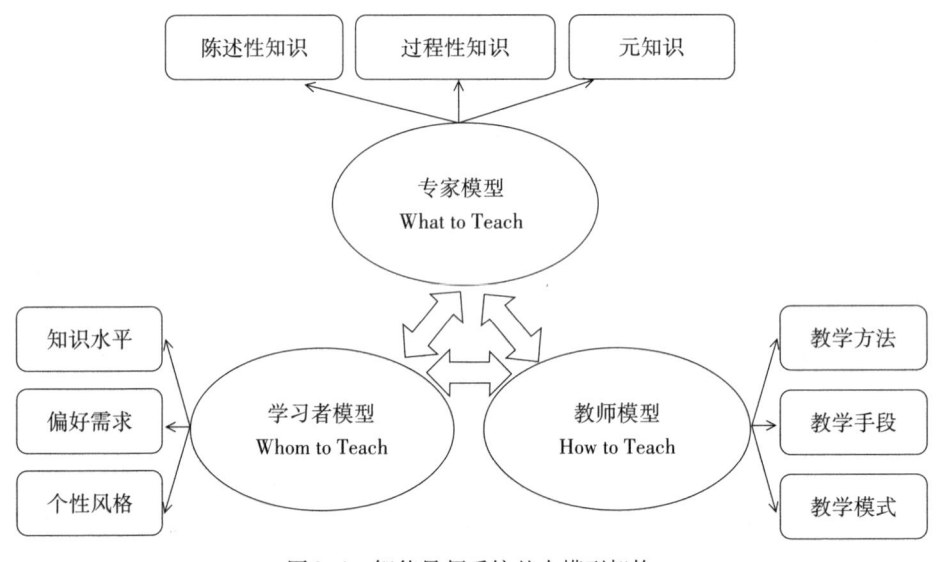

图3-1 智能导师系统基本模型架构

在人机共教体系中,人类教师和人工智能导师将肩负起自身的角色与责任,在磨合、调整与合作过程中,实现人机多重角色跨界漂移与相互成就。在课前教学设计阶段,智能导师系统基于学习者模型中的历时性教育数据信息预判学生学习进展差异,实现多源数据支持的智能预学诊断,进而帮助教师确立拟达到的教学目标和预期完成的教学任务。教师模型则在接收学生模型信息基础上依据相关教学原理,协助教师选定针对性教学策略,以及从领域知识模型中提取适合的教学内容,以便做好教学活动开展前的一切教学准备工作。

在课中教学协作阶段,人工智能导师与人类教师共同组织教学活动以实现"人机共舞"。首先,人工智能导师发挥"教书"功能,实现传道、授业、解惑。智能导师系统依托专家模型中的文献题库和课程内容,精准提供教学服务,包括呈现生成性学习资源,分析问题情境,使学生自由探索学习主题并实现自我理解建构。除知识教学外,人工智能导师也将协助教师进行课堂智能辅助管理,通过赋予教师"显微镜"式的观察力和"望远镜"式的预测力,使教师能够更加深入细致地了解学生,并对学习目标发生偏移或注意力不集中者进行引导。其次,人类教师完成"育人"工作。基于智能导师系统的支持协助,教师将走出教学舒适圈,聚焦学生人生指导、创新思维开发和师生情感交互等系列具有启发性、艺术性和创造性的教学活动,不断提升学生的思辨能力、团队协作能力、人际交往能力和审美观察能力等软技能,以便成为学生情感的呵护者、灵魂的工程师和人生发展的引路人,肩负起塑造灵魂、塑造生命和塑造人格的新时代重任。

在课后评估融合阶段,一方面,人工智能导师将替代人类教师完成作业修改、教案改进等大量烦琐性、重复性和机械性的教学劳动。另一方面,人工智能导师也将实现教师与学生双向评估。其中在教师评估方面,智能监课机制的实时记录成为评估教师自身教学行为和及时调整授课方案的可靠依据。人工智能导师的语音识别技术能够分析教师授课的音量、语速、留白等可感知维度,描绘出课堂清晰度、流畅度、授课重点等教学概况。而表情识别技术能够监测教师授课过程中的表情变化,即时评测课堂教学过程中教师的亲和力和互动性,实现课堂数据化和可视化。在学生评估方面,人工智能导师基于智能解决方案和问题解决支持功能,及时分析、反馈学生课堂表现,并根据学生的学习缺漏提供课后个性化帮扶。在这一过程中,人工智能导师也将记录人机共教的动态交互信息和实时教学事件,以不断积累生成性教与学过程资源促发教师领域知识的迭代优化,升级人机协同教学机制和教学内容序列与学生新的需求特征间的匹配度。

(二)智能辅助与人机共教技术教学应用的组织实施

智能导师系统不仅可以跨越时间和空间限制,而且运用规模较大,系统稳定性较高,教学过程可再现、可回溯。但不同级别的智能导师系统功能不一,其可承担如下十二个角色:自动出题和自动批改作业及试卷的助教;个性化智能教学的指导顾问;学习障碍自动诊断和反馈的分析师;问题解决能力测评的素质提升教练;学生个性化问题解决的智能导师;学生心理素质测评与改进的辅导员;体质健康监测与提升的保健医生;反馈综合素质评价报告的班主任;学生成长发展的生涯规划师;精准教研中的互助同伴;个性化学习内容生成与汇聚的智能代理;数据驱动的教育决策助手。①基于人机协同中智能机器的社会智能、认知智能、感知智能和计算智能由弱到强的智能性排序,智能辅助和人机共教技术的运用形式主要可分为AI代理、AI助手、AI教师和AI伙伴四大阶段。②

1.取代教师机械重复性工作的AI代理

AI代理作为智能辅助和人机共教的最低层次,是人工智能技术作为人类教师的工作代理而取代教师拟需处理的单调性、重复性、规则性、机械性工作的表现形态。AI代理通过利用人工智能机器的神经计算、进化计算和模糊计算等计算智能性,完全代替教师作业布置和批改、测验设计和安排、行为管理和分类、成绩提取和反馈等程序化教育工作。AI代理作为教学繁杂事项的管理能手,有益于避免教师分散不必要的教学精力,使其能够全身心投入教学育人设计和师生情感交流等更具创造性的教学工作当中。

目前市面上的诸多智能批改系统如句酷批改网等都是AI代理的具体运用,其旨在尝试代替教师的人工批改模式,在"发现错误—分析错误—纠正错误"的反复迭代中实现持续高效运转。比如基于语音测评的英语口语AI代理主要基于三个步骤实现智能口语学习。一是确定标准。通过构建基于语音语料的领域知识模型,以确定能够表征口语流利程度的指标变量和评价标准。二是口语测评。以语音测评数据为基础确立学生模型,使学生能够进行朗读、

---

① 余胜泉.人工智能教师的未来角色[J].开放教育研究,2018,24(01):16.
② 余胜泉,王琦."AI+教师"的协作路径发展分析[J].电化教育研究,2019(04):17.

仿读、情境对话等多种英语口语练习,并在其过程中提取学生的语音信号,自动执行语音评估,提供关于英语口语准确性和流利性方面的具体建议。三是智能推送。教学模型基于学生模型现状水平,推送适合的英语口语练习题目。在"练习—评价—反馈—再练习"的循环中逐渐提升学习者的英语口语能力。①

1947年,美国教育委员会(American Council on Education,ACE)、卡内基教学进步基金会(Carnegie Foundation for the Advancement of Teaching,CFAT)和大学入学考试局(College Entrance Examination Board,CEEB)共同创建的教育考试服务中心(Educational Testing Service,ETS),是世界上最大的非营利教育测试和评估组织,ETS所开发的"英语写作评分系统"(e-rater)基于语法、用法、结构、风格和组织五个关键类别,对学生的英语作文进行测评诊断。学生则可根据e-rater引擎的自动反馈意见掌握英语作文写作技巧,最终实现独立高效学习和自我精准修正。"希赛可"(Computer Simulation in Educational Communication,CSIEC)智能英语学习系统是一个网络英语聊天机器人,其主要由情境学习理论支持创建,能够模拟出课文对话的环境背景,学习者只需要通过键盘或语音输入英语句子,"希赛可"聊天机器人将会基于文本或语音做出反应,包括讲故事和笑话、唱英文歌曲等,并对学习者的单词拼写和语法进行检查,而不受时间、长度和内容限制。

除智能口语学习和智能修改系统外,美国高考(American College Test,ACT)也在全球首次机考中部署应用了智能化考试监考机器人。知名考试机构全美在线(Advanced Testing Authority,ATA)将人工智能技术和大数据技术引入考场,进而实现了全程智能化监考和舞弊监督。凭借全美在线长期积累的数千万计不同年龄、不同性别、不同地域、不同类型的考生行为数据信息记录,ATA智能监考机器人基于领先的深度学习物体识别技术、计算机视觉感知技术,以及覆盖考场视频监控的全感知前端,进而构建起智能考场的AI感知分析体系。它不仅可以自动检测出考场内的违规物体,还能够跟踪分析学生使用手机、交头接耳、离开座位等系列违规行径,做到三百六十度无死角比对抓取作弊行为。这种无人值守的智能监考模式,不仅切实减轻了监考人员负担,同

---

① 梁迎丽,梁英豪.基于语音评测的英语口语智能导师系统研究[J].现代教育技术,2012,22(11):83-84.

时也提升了学生考试测验的公平性和智能监考的高效性。社交机器人也越来越多地用于支持儿童身心健康发展,研究表明,社交机器人的运动演示行为有助于儿童接受教育。丹麦南部大学创建了一个儿童友好型大象机器人,由于配备的智能摄像头能够检测儿童何时靠近,并通过提供肥皂或消毒剂提醒孩子按时洗手,从而其能代替教师对学生进行重复不停的洗手教育工作。[①]

2.以问题诊断为主要任务的AI助手

AI助手是为辅助人类教师进行问题诊断的低智能形态。由于人的时间、精力的有限性,人类教师无法对海量繁杂的学生个体感知数据和行为数据进行逐一捕获和挖掘,因此在传统教学情境下的教师教学决策大多是主观经验驱使。而AI助手可借助于智能语音识别、人脸识别、体态识别等感知智能完成教育数据感知、教育数据收集和教育数据挖掘等系列教育数据处理事项,进而使学生的表情、言语、心理等以往无法监测或难以实时观察的模糊地带以更加清晰可见的方式呈现。在这一过程中,人类教师只需负责对AI助手的数据处理结果进行意义理解。

AI助手主要通过诊断学生元认知能力以提供能力需求导向的教学指导,并确保学生能够依托自我实情对感知、记忆、思维和想象等认知活动进行审思,实现自我认知、自我反省、自我控制、自我调节和自我实现。AI助手辅助教师处理教学事务的典型工作形态包括进行教学与学习日程安排、开展学习障碍诊断、进行教学工作总结,以及生成学生综合评价报告等。如在学科问题诊断方面,一是确定指标,即根据学生问题需求确定教育数据采集指标;二是生成报告,AI助手基于上述数据采集指标对能够表征学生特点的学习过程、身体状态、情感情绪和行为表现数据进行全方位捕捉,并借助教师模型和学习者模型等进行教育数据转换,生成不同状态得分,最后整合成报告呈现给教师;三是采取行动,教师审查报告以了解学生学习优势与劣势,掌握学生情感、行为和体质方面的成长变化趋势,继而在其基础上进行线索探寻,找到教育数据背

[①] OECD. Education in the Digital Age:Healthy and Happy Children[EB/OL].(2020-10-15)[2021-10-04]. https://www.oecd-ilibrary.org/sites/1209166a-en/1/3/1/3/index.html? itemId=/content/publication/1209166a-en&_csp_=228b14d29efd07beac99830808e445e5&itemIGO=oecd&itemContentType=book.

后所隐藏的教学规律、学习体征以及相关因素,确定学生学习状态不佳是因为身体欠佳抑或是感情低落等具体症结,最终实现"对症下药"。[①]

AI助手的典型运用形态可大致分为三类。第一类是评测教师教学能力的AI监课系统。2020年,华南师范大学与中讯邮电咨询设计院在广州举行的"人工智能+教师能力发展联合实验室"产学研成果发布会上,正式推出了双方联合自主研发的教师能力AI测评系统。作为国内首个运用大数据技术和人工智能技术辅助教师教学能力水平提升的智能产品,教师能力AI测评系统主要由AI+教师能力发展实验室、教师能力测评指标体系和教师能力AI测评云平台三个部分组成。该系统通过深度挖掘教师课堂教学过程中的数据信息,借助科学指标体系分析诊断,形成测评报告,确保教师及时了解自身专业发展特质和动态进展。研究显示,系统评分总体准确率基本达到了80%以上,这对提升教师队伍能力大有裨益。

第二类是致力于学生学业问题监测与诊断的AI眼镜。卡内基梅隆大学人机交互研究所的人开发的智能眼镜Lumilo,使用了Unity3D和Holo Toolkit技术,教师通过佩戴Lumilo眼镜就能够及时发现所有学生的学习状况,进而增强对学生的元认知和学习行为状态的全方位监测。实际上,Lumilo眼镜把学生的答题表现分为非常出色、错误使用、无效挣扎、挣扎和沉默等状态,并用不同图形化符号对应不同状态,例如红色问号表示学生正处于无效挣扎状态,此时学生头顶上方出现的颜色和形状符号就会清晰呈现在教师所佩戴的Lumilo眼镜界面端。[②]重庆市第二十九中学也启用AI分析评估系统Faceminded进行随堂表情分析,并以此作为学生是否真正理解所学知识的参考依据之一。杭州第十一中学在教室里安装了一款由该校和海康威视联合研发的全国首个"智慧课堂管理系统",它是由三个摄像头组成的神奇"慧眼"。该系统能够在教师喊"上课,起立"的几秒钟内快速完成全班点名,并每隔30秒进行一次扫描,记录学生起立、举手、听讲、阅读、书写、趴桌子等六种行为,以及高兴、难过、中性、愤怒、反感、惊讶等多种情绪,以此评判学生是否认真听课,并在统计数据的大

[①] 余胜泉,王琦."AI+教师"的协作路径发展分析[J].电化教育研究,2019(04):18.
[②] 张立山,冯硕,李亭亭.面向课堂教学评价的形式化建模与智能计算[J].现代远程教育研究,2021,33(01):19-20.

屏幕上显示出认真听课和开小差同学的数量。如若学生的不专注行为达到一定数值，系统便会向教师进行提示。

第三类是聚焦学生学习问题回答反馈的AI助教。美国佐治亚理工学院的AI助教吉尔·沃森是佐治亚理工学院计算机与认知科学教授阿肖克·戈尔的智能教学助手，其日常的主要工作是回复在线课程学习过程中的大量论坛帖子。2014年，英国爱丁堡大学团队研发了智能助教机器人博蒂（Botty），其旨在爱丁堡大学的慕课平台上与学生进行互动，在此期间，机器人博蒂发表了大约1500次推文，与数百名同学进行教学交流和课程问题解答。[①]

3.助力教学模式创新的AI教师

AI教师是人机结合的超级教师，它能够突破教师个体的认知局限，确保教师获得更大的教育创造性。首先，AI教师根据高阶认知智能，在提前预设的教育规则和海量教育数据背景下，不断学习和模仿人类教师思维模式，以及关于复杂教学情境中的问题处理机制。[②]其次，AI教师基于计算智能和感知智能，能够对学生的认知数据和行为数据进行大规模收集、挖掘、运算和推理，并依赖庞大知识库较为精准、稳定地判断不同情境下学生个体的学习力、思维力和创造力等内生潜能和具体需求，以此作为教育量体裁衣的坚实依托。研究显示，人生而不同，因此个性化学习发展是最好的学习模式和发展机制。98%的学生在教师精准指导下能够学得更好，个性化教学的学生成绩比集体教学模式下的学生成绩高两个标准差。[③]个性化学习模式改变了学生以往集体呼和、亦步亦趋、"浑水摸鱼"的现象，教学课堂也不再是被优秀学生承包，而默默无闻的普通学生沦为"配角"的课堂。在人机共教场域下，每个学生都是课堂"主角"，所有学生都将获得人工智能导师的特别关注。学生可自定学习节奏，获得专属"课程清单"。概言之，AI教师真正落实了因地制宜、因人而异的个性化学习目标，满足了智能辅助和人机共教技术视阈下差异化教学宗旨。智能时

---

① Chris Havergal. Ask teacherbot: are robots the answer?[EB/OL].(2015-05-21)[2021-06-21]. https://www.timeshighereducation.com/news/ask-teacherbot-are-robots-the-answer/2020326.article.
② 周琴,文欣月.智能化时代"AI+教师"协同教学的实践形态[J].远程教育杂志,2020(02):41.
③ Bom B.S. The 2 sigma problem: the search for methods of groupinstruction as effective as one-to-one[J]. Educational Research,1984(13):4-16.

代双师课堂教学也更加关注审美情趣培育和人文情怀积淀,打破整齐划一的产业技术人才培养机制,使智能人才培养目标从知识型人才向智能型人才转变,由从业型人才向创新型人才发展。①

　　AI教师在教学中的运用领域十分广泛。如"北极星AI教师"致力于打造拍照搜题、智能测评、智能错题本三大智能核心服务。其通过深度学习知识追踪模型与知识图谱等技术,帮助学生精准定位薄弱知识点,推动制定"千人千面"的个性化学习方案。为解决教师无法为学生提供解决复杂问题所需的实践反馈,美国罗德岛大学设计编写了一套智能计算机辅助教学系统,并将其命名为"化学导师"(Chem-Tutor),以帮助罗德岛大学一年级化学专业学生提高解决复杂问题的能力。"化学导师"由知识阐释系统和问题控制系统组成,知识阐释系统包含一个提供解决问题的概念和过程模式的知识库,问题控制系统则控制着1200多个问题模板库。"化学导师"能清晰表达推理技巧,直接监控学生解决问题的整个过程,精准识别学生所犯错误。据统计,罗德岛大学已有4000多名学习者使用"化学导师",解决了大约50万个化学问题。②

　　深圳市南山区西丽学校构建了"空中课堂"在线教学机制,并通过引入高木智能学习系统,创设出人机共教的AI数学课。在备课阶段,高木智能学习系统自动汇总和分析学生知识点掌握概况,并呈现给数学组教师,帮助教师确定知识习得、心智发展和行为养成等授课目标,设计针对性教学方案以实现"以学定教"。在授课阶段,教师远程播放数学专题内容并讲解教学素材,让学生自行登录高木智能学习系统学生端进行随堂数学训练。系统内部采用的大数据可视化模块能够将学生的个体学习情况进行数据化。教师再基于实时数据反馈再次对学生进行线上帮扶指导。在课后阶段,高木智能学习系统开始充当"助教"角色,依据学生课堂学习的薄弱点向学生推送定制化学习内容,并在批改学生习题的同时向学生反馈练习结果,引导学生进行错题总结和课后反思,使其了解自我学习成效和亟待优化区域。③

---

① 周洪宇,易凌云.教联网时代 一场即将来临的教育变革[M].北京:科学出版社,2018:41-43.
② U.S.Department of Education.University of Rhode Island Chem-Tutor:An Expert System For Teaching Freshman Chemistry [EB/OL]. (1993-09-01) [2020-04-19]. https://www2.ed.gov/notclamped/about/offices/list/ope/fipse/lessons2/urhodeis.html.
③ 王磊,张莹."AI数学课":人工智能与在线教学的融合探索[J].现代教育技术,2020,30(03):125.

华南师范大学经过教学设计阶段、实验室演练阶段、学校课堂试验阶段，最终研发出AI全科教师"华君"。当前"华君"已经在广东省东莞市寮步镇中心小学以及广州市黄埔区文冲小学、天河区侨乐小学、增城区凤凰实验小学、从化区太平第二中学等进行课堂教学主讲，实现了人类教师与AI全科教师联合执教。

4. 能够进行情感交互的AI伙伴

AI伙伴已从冷冰的智能机器变成了具有情感意识的智能友好陪伴者，它是智能辅助和人机共教技术教学运用的最高级形式，也是强人工智能和超人工智能阶段人机协同的具体表现。一是智能性凸显。AI伙伴具有更强的社会智能、认知智能、感知智能和计算智能，能够通过生动的面部表情进行情绪感知和表达，并基于肢体手势动作和具有感染力的话语与师生进行社会性互动。二是个体性增强。AI伙伴已不再依赖于人类教师设置的既定问题处理规则，而是具备与人类教师同等水平的创造性，能够主动习得新的规则以完善现有知识域，因此，AI伙伴的身份业已演变为与人类教师对等的具备自主意识的独立个体。三是主体性突出。AI伙伴是从弱人工智能阶段的辅助角色上升至强人工智能和超人工智能阶段的双教学主体二元并立，与人类教师共同构成了双向交互的"教学共同体"。

美国加利福尼亚州大学圣迭戈分校研发的儿童社交机器人RUBI，可以根据儿童不同的行为举动而表现出痛、哭、笑、沉默等表情，以便与儿童进行情感互动。在此背景下，儿童也将RUBI当成具有感情的好伙伴。日本软银集团和法国艾德巴兰机器人公司合作研发的Pepper是一款身高1.2米，体重28千克，胸口安装了10.1英寸触摸屏的人形机器人。Pepper不仅配备语音识别智能，同时也具有呈现优美姿态的关节技术，以及分析表情和声调的情绪识别智能技术。Pepper头部装有两个摄像头、一个麦克风和一个3D传感器，能够轻松应对学习者的表情、声调和喜怒哀乐，甚至基于周围环境条件做出积极反应。2009年，美国汉森机器人公司的大卫·汉森当时还是加利福尼亚州立大学研究员时，通过使用软体机械工程和纳米科技而成功研制出爱因斯坦机器人雏形。爱因斯坦机器人知识储备丰富，除可以谈论食物、天气等简单问题外，也是教授科学和数学知识的专业能手。爱因斯坦机器人是采用一种类似肉体的"Frubber"材料进行制作,其皮肤表面具有4~40纳米直径的毛孔,面部皱纹显得十分逼真。除与人类形似外,爱因斯坦机器人还能够正确识别人类的语音语调,敏锐洞察喜悦、悲伤、恐惧、迷茫等数以百计的面部变化,并据此做出点头、摇头、惊讶和扬眉等50多种动作变化和表情反应。当前,这款机器人在外形相似度和机器智能性方面已然成为全球智能机器人的重要典范。

(三)智能辅助与人机共教技术教学应用的保障机制

人工智能专家李开复指出,现在已是未来,我们需要做的就是做好准备迎接未来。[①]教育领域的智能辅助与人机共教技术是实现泛在教育和自适应学习的关键抓手,是提升教育包容性和优质性的重要引擎。在政策引领、数据支持、能力培训、平台保障和专业交流等运行建设下,智能辅助和人机共教技术广泛运用于教学场域,不仅拓展了教学活动边界,同时也弱化了教师刻板僵硬的知识权威,颠覆了传统教师的职业地位属性,呈现出人机共教的教学设计范式。

1.政策指南推动人机共教育人战略落实

我国始终积极推进人工智能教育发展,一是通过颁布系列政策文件,科学引领人工智能技术创新发展。2017年1月,国务院印发《国家教育事业发展"十三五"规划》,强调综合利用人工智能和虚拟现实等技术,以构建弹性学习机制,推动实现以学生为中心的启发式、合作式、参与式以及研讨式学习方式,并鼓励学校通过教育数据收集、整理、分析和反馈,探索未来教学新模式,构建智慧校园新阶段。同年7月,国务院又再次发布了《新一代人工智能发展规划》,指出应充分利用智能技术加快推进教学方法变革,构建包含智能学习和交互学习的新型教育教学体系,使人工智能技术能够运用于学校教学、学生管理和教育资源建设等方面,尤其是通过开发智能教育助理,使其能够快速、全面、准确、智能地实现教育分析,继而提供精准推送的教育服务。2018年4月,教育部在其颁发的《教育信息化2.0行动计划》中强调,我国应"以人工智能、大数据、

---

① 李开复.AI·未来[M].杭州:浙江人民出版社,2018:250-252.

物联网等新兴技术为基础,依托各类智能设备及网络,积极开展智慧教育创新研究和示范,推动新技术支持下教育的模式变革和生态重构。"2019年2月,中共中央、国务院联合发布的《中国教育现代化2035》指出,我国应利用现代技术加速推进规模化教育和个性化教育的有机融合,实现智能化教学、管理与服务平台一体化统筹建设。

二是参考国际教育组织及各国教育行政部门关于智能辅助和人机共教技术的教学运用指导规范。美国作为教育智能化发展的引领者,其在发布的《国家人工智能研发战略规划》(National Artificial Intelligence Research and Development Strategic Plan)中,重点揭示了智能导师在学生个性化学习方面的重大价值,认为其能基于学习者的个人兴趣、能力和教育需求定制个性化学习计划,进而实施适应性主动学习。美国课程再设计中心在2017年发布的《个性化学习:现状和未来发展方向》(Personalized Learning: The State of the Field & Future Directions),阐释了人工智能导师在满足学习者个性化需求方面的积极作用,揭示了当前美国许多中小学和大学都已广泛运用人工智能导师的现状。美国学校通过自然语言处理、智能游戏、深度学习等人工智能技术,实现了个性化学习目标。2020年1月,世界经济论坛发布了《未来学校:为第四次工业革命定义新的教育模式》的报告,全面绘制了"教育4.0"全球框架,提出了包括个性化学习和自定步调学习(Personalized and Self-paced Learning),以及基于问题和协作学习(Problem-based and Collaborative Learning)等在内的关于学习内容和经验的八个关键特征。该报告喻示着人类在进入以人工智能技术为代表的第四次工业革命后,在智能辅助和人机共教技术支持下的个性化学习和自适应学习是教育发展的必然走向与核心命题。

2.海量教育数据筑牢人机共教资源根基

数据是以相对一致的方式收集的任何信息。作为大数据的一个子集,教育数据种类多样(Variety)、体量爆炸(Volume)、传输便捷(Velocity)、价值巨大(Veracity)。教育数据是量化教师教学经验和学生学习经验,进而实现教与学全局可视化的重要载体,是人机协同赋能课堂教学的必要先决条件和基本资源保障。只有通过教育数据的精准采集、科学挖掘与准确分析,智能导师系统才能有效剖析学习特征规律,精确定位真实学习状态,科学推送数字学习资源,择优生成定制学习策略。

事实上,教育数据涉及整体层面的教育数据集合和个体层面的教育数据单元,既包括数字等结构性数据,也包括图片、文本、音视频等非结构性数据。从横向上看,教育数据包括教育部、地方教育行政部门,以及各级各类学校和教育组织等不同层级机构采集的教育数据。从纵向上看,教育数据涵盖了学前、小学、中学、大学以及职场等整个学习生涯过程中所累积的教育数据资源。具体而言,一是涉及师生个人基本信息和学籍档案等在内的教育管理类数据;二是以课件、媒体资料和试卷等为代表的教育资源类数据;三是以学生行为数据和教师行为数据共同组成的教育行为类数据,如学生在信息检索、信息加工和信息交流方面的数据,以及教师在课程讲解、演示、指导、答疑、发问、交流等教学流程中的数据;四是以学生学业水平测试和综合素质测评进程中所获得的教育评价类数据。[1]

早在1985年,美国特拉华州建立了全美第一个州层面的学生信息系统。《不让一个孩子掉队》(No Child Left Behind Act)法案实施后,美国各州加速教育数据库建设,以满足各州统计学业成绩数据的需要。2005年,美国教育科学研究所(IES)提议向全美各州提供资金以建立K12数据库,用于统计分析学生的学业成就情况,并将这些数据用于教师评价和教学改进。这一倡议得到了美国教育部的批准,从而正式启动州纵向数据系统(Statewide Longitudinal Data Systems,SLDS)建设。截至2019年,美国已有17个州建立了完整的P-20W (Preschool to the Workforce,P-20W)数据系统。[2]

当教育数据累积量足够大时,智能导师系统再以强大的计算智能进行纯理性数据计算处理,以实现数据驱动教育真相发现和精准刻画学生数字画像。当前的教育大数据分析亦不再拘泥于对学生过去学习概况的浅层描述,而是更侧重于预测学生未来发展。在此背景下,智能导师系统再主动识别和提炼出适应于不同课堂交互特征的教学路径,设计符合逻辑的教学辅助机制,实现

---

[1] 杨现民,张昊,郭利明,等.教育人工智能的发展难题与突破路径[J].现代远程教育研究,2018(03):31.
[2] Data Quality Campaign. Education data 101[EB/OL].(2021-03-31)[2021-04-20]. https://dataqualitycampaign.org/wp-content/uploads/2021/03/DQC-EducationData101-031821.pdf.

教学事件与教学改进策略的循环匹配,推动教学思路和教学方法的有效创新,落实人机协同模式下的全面育人目标。

3. 研究团体助力人机共教技术创生研发

智能辅助与人机共教技术研究团体,可为推动落实人机共教技术创生研发提供助力,以抢占人工智能教育发展制高点。

一是汇聚多领域人才,构建智能辅助与人机共教技术研究团队。我国首都师范大学北京语言智能协同研究院筹建的中国人工智能学会语言智能专业委员会,融合了北京大学、清华大学、哈佛大学、佛罗里达州立大学、中国科学院、科大讯飞公司等国内外20余家著名高校、科研机构和企业在内的100余位研究专家,主要聚焦模式识别与数据可视化、语言认知与计算,以及脑认知与情感分析领域,专注于设计开发自适应学习领域的系列智能产品,研究语言智能诊断引擎和学习内容个性化推送引擎、智能语言理解与自动生成等技术难题。美国高校及相关实验机构充分发挥科技研发能力优势,以激发美国人工智能教学发展活力。2016年,美国佐治亚理工学院也成立了"吉尔·沃森"(Gill Watson)人工智能教育实验室,成为当年人工智能教育领域的重要事件。斯坦福大学汇集了机器人、神经科学、教育学以及设计领域的专家,创建了"人工智能机器人和教育"(AI Robotics and Education)研究中心,旨在融合不同领域的知识与智慧,利用机器人等人工智能技术重新设计最佳教育系统。

二是成立智能辅助和人机共教研究委员会,推动人机共教专业研究。2003年,我国成立的计算机辅助教育专业委员会是中国最早的技术和教育整合的专业学术组织。计算机辅助教育专业委员来自北京大学、北京师范大学、华东师范大学、上海交通大学、华南师范大学等各大高校、学术研究机构和基础教育管理部门等近300个不同单位,当前委员会会员已有近600人。2018年,计算机辅助教育专业委员会更名为智能教育技术专业委员会,其研究领域包括智能学习环境、智能教育管理、智能教学技术、智能技术与创新教育等。2016年,中国人工智能学会又下设智能交互专业委员会,在国内40余家单位的代表的带领下,该专业委员会积极推动智能交互热点探析,研究领域涉及智能感知、人机交互、增强现实、虚拟现实和信息融合等。智能交互专业委员会旨在推动深度智能化人机交互及交互智能的研究与应用,助力我国智能交互技术革新与产业升级,确保在智能感知和人机交互基础上进一步深化智能理解。2020年,中国人工智能学会又成立了人机融合智能专业委员会,吸引了来自国内外160多家所高校、科研院所和人机融合智能领域的领头企业与投资机构人员的加入。人机认知交互与智能决策、人机协同的融合智能理论与技术、人机融合感知与行为增强技术等是其主要研究领域。

4.数智素养培训优化人机共教人力架构

在智能辅助和人机共教技术视阈下,教师的数智素养是了解智能教学环境运作方式,掌握数智化教学知识与技能,实现智能教学交互与融合的基本要求,也是人工智能技术能否成功应用于学校教育教学的重要考量。在此背景下,一是强化教师数智素养建设顶层规范设计。2016年,美国颁布了新一轮国家教育技术规划《为未来作准备的学习:重塑技术在教育中的角色》(*Future Ready Learning:Reimagining the Role of Technology in Education*),其中明确了教育工作者在技术教学与学习中须执行的角色任务和实践举措,强调美国教师应该全面认识虚拟同伴学习等相关智能技术的教育优势,深刻理解基于教育技术学习的益处。2018年,中共中央和国务院联合发布《关于全面深化新时代教师队伍建设改革的意见》,提出了大力提升教师信息素养的宏伟目标,要求教师"主动适应信息化、人工智能等新技术变革,积极有效开展教育教学"。2019年,教育部在《关于实施全国中小学教师信息技术应用能力提升工程2.0的意见》中,强调通过遴选部分校长和骨干教师开展引领性培训,打造学校信息化教学创新团队,支持有条件的学校主动应用互联网、大数据、虚拟现实、人工智能等现代信息技术,探索跨学科教学、智能化教育等教育教学新模式。2021年1月,教育部部长陈宝生在全国教育工作会议讲话中指出:"持续开展人工智能助推教师队伍建设行动,不断提升教师的信息素养和信息化教学能力。"

二是数智素养培训试点引领教师队伍建设工程。教育部在宁夏和北京外国语大学开展了人工智能助推教师队伍建设行动试点工作。以宁夏为例,通过在宁夏大学和宁夏师范学院建立教师教育创新基地,与高水平师范大学、人工智能骨干企业联合开设人工智能课程,探索培养适应人工智能等新技术挑战的教师。宁夏也基于"互联网+教育"示范省(区)建设、国培计划、全国中小学教师信息技术应用能力提升工程等项目资源,全面推动教师教学能力建设和信息化素养提升。如宁夏回族自治区2019年评定的信息化建设项目标杆校——石嘴山市第二十小学,通过在人工智能助推教师队伍建设的"名校课堂""名师课堂"和"专递课堂"实践中,实行人机使用捆绑制和授课时段制的管理,基于听课评课、论坛讲座等形式,深入探索交互式智慧课堂教学路径设计。宁夏的教师数智素养试点工作为教师把握人工智能技术最新进展,推动教师积极运用智能导师系统等人工智能技术,并营造出规范有序的双师型教学环境做出了突出贡献。

5. 专业交流促进人机共教技术推广运营

专业学术交流有助于强化人工智能教育理论体系架构,促进智能辅助和人机共教技术的推广运营。1985年,全国计算机辅助教育(Computer Based Education,CBE)学术交流会在上海华东师范大学举行,在会议上发起并成立了全国计算机辅助教育学术筹备委员会。会议先后在上海、广州、天津、南京、北京、长沙、重庆等多地举办,至2020年已共计举行了19届(如表3-1)。1987年,第二届全国计算机辅助教育学术年会在广州召开,标志着计算机辅助教育学会的正式成立,学会任命华东师范大学万嘉若教授为理事长,2008年5月在东北师范大学举行的第十三届学术年会上实行了理事换届。华东师范大学张际平教授当选新一届计算机辅助教育学会理事长,北京大学汪琼教授、浙江师范大学赵建民教授、华南师范大学谢幼如教授、天津师范大学曲建民教授、华东师范大学张琴珠教授分别任副理事长,张琴珠教授兼任理事会秘书长。2018年10月19日至21日,全国计算机辅助教育第十八届年会在河南举行,并正式更名为中国人工智能学会智能教育技术专业委员会(Artificial Intelligence Based Educational Technology,AIBET)。

表 3-1 全国计算机辅助教育学术年会概览

时间	地点	会议
1985年	上海	全国计算机辅助教育学术交流会
1987年	广州	第二届全国计算机辅助教育学术年会
1988年	上海	第三届全国计算机辅助教育学术年会
1990年	天津	第四届全国计算机辅助教育学术年会
1991年	南京	第五届全国计算机辅助教育学术年会
1993年	北京	第六届全国计算机辅助教育学术年会
1995年	湖南	第七届全国计算机辅助教育学术年会
1997年	上海	第八届全国计算机辅助教育学术年会
1999年	重庆	第九届全国计算机辅助教育学术年会
2001年	大连	第十届全国计算机辅助教育学术年会
2003年	浙江	第十一届全国计算机辅助教育学术年会
2005年	北京	第十二届全国计算机辅助教育学术年会
2008年	长春	第十三届全国计算机辅助教育学术年会
2010年	上海	第十四届全国计算机辅助教育学术年会
2012年	福建	第十五届全国计算机辅助教育学术年会
2014年	杭州	第十六届全国计算机辅助教育学术年会
2016年	浙江	第十七届全国计算机辅助教育学术年会
2018年	河南	中国人工智能学会智能教育技术专业委员会第一届学术年会
2020年	上海	中国人工智能学会智能教育技术专业委员会第二届学术年会

除全国性学术年会外,地方省市教育厅还举行了计算机辅助教育研讨会,如2009年10月31日,由计算机辅助教育专业委员会主办、山东师范大学传播学院承办的"计算机辅助教育软件开发与应用研讨会"顺利召开,全国80多位代表出席会议,并进行了关于计算机辅助教育软件开发及应用方面的主题探讨。2014年至2020年,中国高校英语写作教学联盟和北京语言智能协同研究院等共举办了5届中国语言智能大会,国内外教育专家、学者、企业及新闻媒体代表共商语言智能教育发展新路径,交流语言智能技术的教学运用和学习形态重塑等领域最新研究进展和前沿动态。

三、智能辅助与人机共教技术的教学应用案例

近年来,国内推出了众多颇具影响力和代表性的智能导师系统,包括致力于英语作文评估的句酷批改网,好未来"AI老师普通话教学"系统,阿尔法蛋大蛋2.0机器人以及希沃智能助教等,都是近年来耳熟能详的智能导师系统。智能辅助与人机共教技术旨在推动人机共教、协调配合、人机共治、各司其职,共同助力学生学习进步与健康成长。

(一)句酷批改网

句酷批改网是北京词网科技有限公司旗下核心产品,是一个运用计算机在线自动批改英语作文并实现实时评价与反馈的智能系统。句酷批改网旨在落实构建自主学习和人机协作学习的智能网络学习环境,基本运行原理是基于机器学习技术、自然语言处理技术、语言评价测量技术和语料库技术等系列技术类别的整合运用,将学生所提交的英语作文和标准语料库进行差异比较,然后再基于系统内部既定的算法支持将之映射成分数和点评。[1]简单而言,即教师运用句酷批改网自动扫描英语作文各种参数,便可诊断学生英语写作中出现的错误,即时生成英语作文得分,同时也能够记录和评价学习者的英语写作行为,分析问题产生的原因,并及时纠正和指导。

句酷批改网的具体操作程序如下。首先,教师登录批改网官方网站,点击"布置作文"按钮,依照提示填写英语写作的主题和要求,包括开始时间和截止时间等,然后再点击"布置作文"即可。其次,界面上会显示一个作文ID号,教师点击"确认",并将此号码告知学生。学生自行注册、登录句酷批改网,输入作文ID号完成英语作文答题和提交。最后,句酷批改网会依据教师提前设置好的"系统一次性批改+教师一次性批改""系统多次性批改+教师一次性批改""系统多次性批改+教师多次性批改"三种批改模式中的任意一种,从英语词汇、句子、篇章结构和内容相关性等多个维度进行自动测评,显示学生英语作文分数和评语,并进行按句点评,如图3-2所示。

---

[1] 刘清堂,黄景修,雷诗捷,等.PST视角下智能导师系统的设计与新发展——以句酷批改网为例[J].现代教育技术,2017,27(05):85.

图3-2 句酷批改网自动测评英语作文界面

图片来源：https://www.pigai.org/guest2016.html

句酷批改网在按句点评中，既有对作文中的闪光短语和经典高分短语的积极肯定，也有拼写错误、名词错误、动词错误、搭配错误、连词错误、大小写错误、形容词错误等错误提示，还会有冠词、名词、代词、介词、动词、句子、搭配等警示提醒，也有关于易混词汇的区分提示和拓展辨析解释，还能在此基础上给出优化建议。在学生提交作文之后，只要教师没有限制且尚未对学生的英语作文进行亲自批改，也未超过作文提交的截止时间，学生就可以基于句酷批改网智能评估建议无限次修改完善作文，系统也会详细记录学生作文的所有修改痕迹，以及相应的英语作文成绩起伏变化。在作文提交时间截止后，教师可以以句酷批改网智能批改结果为参考，通过点击每个作文句末的点评实现教师人工评判，这是弥补句酷批改网无法100%精准识别英语句子错误的关键环节，此时，句酷批改网会及时记录和学习教师的正确批注，并将相应的知识点添加至系统语料库。除教师和批改网对英语作文进行双向评测外，教师也可以通过随机和指定两种分配方式，使学生在既定时限内完成同伴互评，并要求学生对优秀作文进行借鉴共享以实现讨论学习、协作学习和互动学习。

尽管句酷批改网智能评测成效显著，但它并非十全十美。一是句酷批改网的逻辑理路和篇章结构识别功能有待进一步加强。有学者曾将一篇《纽约时报》上的文章节选3段交由句酷批改网进行智能评判,并分别采用原文三段式结构、两段式结构和一段式结构进行三次提交,其他各项保持不变,结果所得分数依次为84.5分、85分和84分。由此可见,句酷批改网的英语作文篇章结构识别能力具有一定局限。二是系统改进机制亟待优化。句酷批改网虽然可以对中式英语提出质疑,但无法提供适宜修改方案,具体如何修改仍然需要教师指导或学生自行斟酌。三是无法判断内容错误。即句酷批改网无法正确研判学生所提交的英语作文是否按照既定要求所写,对于语言方面没有明显问题的偏题作文,最后仍然可以获得八十多的高分,这无疑是句酷批改网亟需解决的重大问题。[1]综上所述,句酷批改网目前仍存在较大完善空间,其应进一步规避自身批改局限,实现更加智能化和便捷化的智能批改革新。

(二)好未来"AI老师普通话教学"系统

2003年,"好未来"的前身"学而思"成立,直至2013年才正式更名为"好未来",它是以智慧教育和开放平台为主体,以素质教育和课外辅导为载体,助力公办与民办教育发展运营,探索未来教育新模式的一所著名科技教育公司。2018年10月,"好未来"与四川凉山彝族自治州人民政府签订网络扶智协议,[2]自此,好未来"AI老师普通话教学"系统率先走近了四川省凉山彝族自治州国家级贫困县——大凉山昭觉县,以此推动优质基础教育资源共享,促发教育均衡与教育优质双轮驱动。对大山深处的彝族学生而言,普通话问题是他们与外界交流的最大困难。好未来"AI老师普通话教学"系统的引入为破除彝族学生的语言困境提供了便利。

"AI老师普通话教学"系统基本运行原理包括两个方面。一是依托语音测评算法,结合彝族的文化特点定制语言资料库,以"图片+双语发音"形式动态展示常用词汇,使词汇、拼音和语法等理论知识通俗易懂,实现视觉与听觉双向融合。二是"AI老师普通话教学"系统根据儿童音频特征提取、自适应中小学儿童声学模型以及发音准确度模型,进而从流畅度、完整度、发音准确度三

---

[1] 蒋艳,马武林.中国英语写作教学智能导师系统:成就与挑战——以句酷批改网为例[J].电化教育研究,2013(07):80.

[2] 董丝雨.大山深处有了"AI老师"[N].人民日报,2019-04-24(14).

方面,综合评测学生在拼音、字、词、句、篇章方面的普通话口语表现,实时纠正普通话发音错误。

在具体操作方面,首先,"AI老师普通话教学"系统显示屏左端出现教学词语的卡通形象,右端则显示与之对应的彝族语和汉语两种书写形式,如图3-3所示。其次,人工智能导师在普通话教学过程中,会先后用彝族语和普通话拼读屏幕上的词语或句子,学生跟随人工智能导师进行朗读并录音,接着AI系统会对学生的发音进行打分,同时在界面上显示分数,如图3-4所示。最后,依据分数高低提供"继续加油噢""棒极了""不错哟"等语音提示,以此增强语言教学的趣味性和生动性,达到鼓励学生再接再厉的良好教学效果。显而易见,好未来"AI老师普通话教学"系统解决了彝族片区教师发音不标准、师资力量不足以及学生开口难等重难点问题,也为彝族学校普通话普及和未来发展创造了更多可能。

图3-3 "AI老师普通话教学"系统教学屏幕

图片来源:https://ai.100tal.com/solution? name=s-mse

图3-4 "AI老师普通话教学"系统得分显示

图片来源于好未来官网:https://ai.100tal.com/solution? name=s-mse? name=s-mse

(三)阿尔法蛋大蛋2.0机器人

安徽淘云科技股份有限公司作为一家专注于"AI+儿童"的国家级高新技术企业,基于儿童人工智能核心技术和产品研发经验,推出了深受孩子喜欢的"阿尔法蛋"品牌系列智能产品。其中阿尔法蛋大蛋2.0是一款桌面型AI学习机器人,其圆润简约的科技感机身乖巧可爱。通过采用主摄500万,智能摄像头800万的前置智能双摄系统,并基于防蓝光防指纹的高清大屏,儿童可以轻松获得课本指读支持的智能学习体验。

阿尔法蛋大蛋2.0机器人采用了与国家中高考相同引擎的英语跟读评测机制,教材内容覆盖了一至六年级阶段的语文、数学和英语教材,能够快速实现中英互译和近反义词理解等多类型智能学习。一是智能指读学习内容。儿童想学哪里就用手指指哪里。只要手指着语文和英语教材,就能做到独立高效地预习或复习课文,如图3-5所示。二是专业内容分龄推进。其中3—6岁学前教育以激发孩子学习兴趣为主,学习内容主要包括儿歌故事、绘本伴读、海洋世界、科普中国等。4—6岁的幼小衔接教育在于启迪儿童智育发展,内容涉及英语绘本、数学启蒙、数学游戏、趣味识字、诗词天地、创意编程、汉语拼音、国际音标、英语微课堂等。7—12岁小学儿童教育旨在确保儿童掌握基本知识和学习技能,学习材料包含一年级至六年级的语文、数学、英语同步教材,如课文听读、课文背诵、字词听写、口语练习、诗词天地、诗词挑战、优秀作文选、数学精准学、速算天天练、算术批改、数学游戏等。三是智能语音评估。阿尔法蛋大蛋2.0机器人支持真人示范英语发音以及语文标准读音,并对学生的字词发音、课文朗读和背诵等情况进行口语测评打分。

综上所述,阿尔法蛋大蛋2.0机器人学习内容贴近生活实际且趣味性突出,教学手段灵活多样。尤其是一对一个性化学习体验有助于儿童养成自主学习和探索未知的好习惯,培养善于表达和敢于交流的自信心,真正做到寓教于乐,知行结合。

图3-5 阿尔法蛋大蛋2.0机器人教学场景

图片来源:http://www.toycloud.com/channels/198.html

(四)希沃智能助教

希沃智能助教是广州视睿电子科技有限公司2017年推出的多题型智能阅卷系统。希沃智能助教的使用门槛极低,在配备扫描仪和借助云端部署基础上,网络用户只需在其官网注册登录即可使用。希沃智能助教的智能性主要体现在以下三个方面。

一是高效完成主客观题审阅工作。教师可以选择答题卡模板,并在学生答题后通过扫描仪将班级所有试卷内容扫描到希沃智能助教后台,然后希沃智能助教将基于云计算、图像识别和人工智能等技术,即可实现主、客观题全卷智能批改,并保证批改的正确性和合理性,这是目前国内比较罕见的,如图3-6和图3-7所示。尽管早在几年前我国各级各类学校都采用了能够对选择题、填空题等客观题进行批改的阅卷工具,但对于语文作文和英语作文等主观题目仍需要人工修改,尚未帮助教师真正实现"减负增效"和"解放双手"的目标。

二是自动生成考试成绩单。希沃智能助教在完成自动阅卷任务之后,能够相继对学生的考试成绩进行数据统计和多维分析,并自动生成班级成绩单,确保教师对此次班级考试情况一目了然,而不必再花费时间进行手动抄录分数和人工统计分析。

三是制定个体考试学情报告。希沃智能助教可以就每一道题和每一位学生的各项分数输出详细的学情分析报告,方便教师准确捕捉教学重难点,这一举措有效规避了教师逐一核对与分析每位同学试卷的烦琐流程。

图3-6 希沃智能助教阅卷界面

图片来源:https://www.seewo.com/article/detail/33

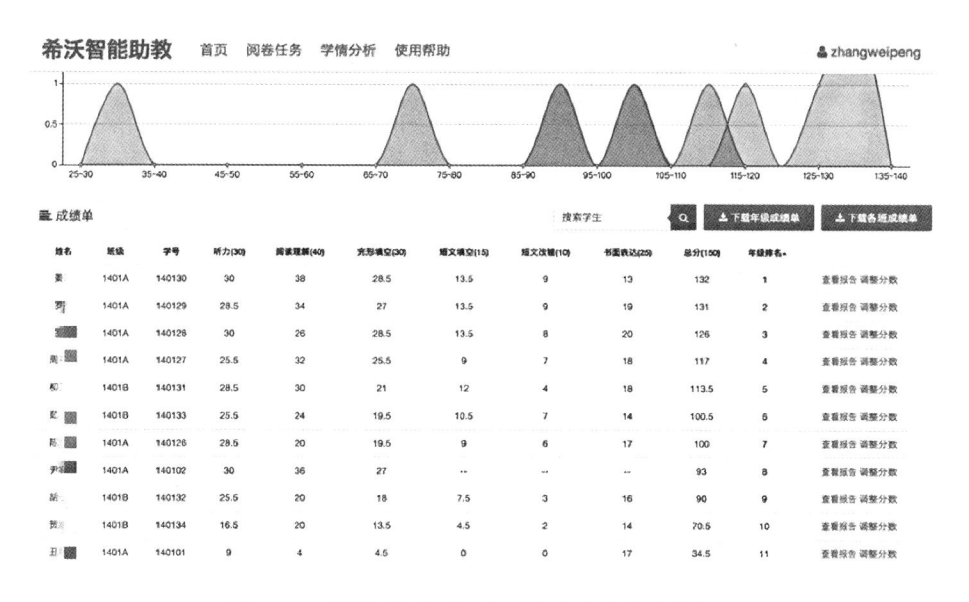

图3-7 希沃智能助教阅卷后自动生成学情分析图

图片来源:https://www.seewo.com/article/detail/33

四、结语

智能辅助和人机共教技术的出现与运用,能够为教师营造出一个智能化的教学环境,重新划分教学边界,推动学校组织样态和教学管理形态解构,实现教育教学资源再分配,使学校真正成为尊重学生个性化发展的智能培育基地。因此,智能辅助和人机共教技术价值性突出。一是实现"减负增效"。教师面临着课前备课、辅导答疑、作业批改、专业进修、学术发展以及学生管理等一系列工作压力,人机共教技术将替代教师承担教学环节中的机械性、记忆性、可重复、程序化等教学领域板块,从而解决了教师在教学经验总结、学生作业批改、考试评价分析和日常学情管理方面的繁重负担,智能化教学的高效性和便利性充分彰显。[1]二是落实"量体裁衣"。面对班级教学规模的限制以及个体精力的不足,因材施教的理想教学模式只能是望洋兴叹。然而智能导师系统根据学生全流程的学习过程记录,监测与倾听学生的真实心声,双重兼顾

---

[1] 王正青,但金凤.人工智能技术在美国学校教学中的应用领域与推进策略[J].比较教育研究,2020(06):44.

学科自身特征和学生认知水平,进而制定出符合学生个体学习风格并与其相匹配的学习机制,确保其能够在处理学习问题以及自我反思与完善中表现得更加得心应手,以解除传统一板一眼学习模式禁锢,规避预设教学目标的过度引领。可见,智能导师系统使一生一师一教已不再是望尘莫及,而成为智能教育时代的普遍现象。三是实现"自我造就"。杜威指出,教育并不是一件"告诉"和"被告诉"的事情,而是一个主动和建设性的过程。[①]智能导师系统打破固化的知识教学形态,以开放、动态的教学形式,增强学习者的知识迁移能力和自主建构能力,使学生在智能导师的辅助指导和反馈建议中自觉发现、组织与管理知识,以不断扩充知识储备,夯实学科理论基础。

然而,智能辅助和人机共教技术视阈下容易出现两个极端,一是人类教师非常排斥或过分质疑智能导师系统的智能性,同时对智能辅助和人机共教技术嗤之以鼻,无法做到与人工智能导师紧密合作;二是过分夸大智能导师作用,过度依赖智能导师而忘记它的辅助者身份,以至于对智能导师系统所推送的教学资源不假思索地完全加以利用,对智能导师系统提供的教育数据报告和评估决策深信不疑,甚至将其当作教学的唯一标准。长此以往,教师会不自觉地依照智能导师系统的逻辑思考问题和处理事务。倘若教师被智能导师系统技术完全蒙蔽双眼,甚至错误地将机器脑当作人脑,甘愿放弃自我独立思考能力而沦为一个只会依靠智能导师系统的工具人,终将丧失教师在创新性和批判性思维等方面的独有优势,甚至面临被智能导师奴役的风险。因此,把握好智能导师系统的价值定位和使用限度将是智能辅助和人机共教技术理性运用于教学实践的底线。

智能导师系统本身也具有若干局限。第一,智能导师系统教学功利性太强。人工智能是以教育数据统计计算和数据分析为依托,去"预测"学生目前可能需要的学习内容,或是较为喜欢的学习场景和学习方式,从而实现智能教育服务推送。但人工智能实际上并不能理解人的情感、知觉与梦想,所谓的智能教学模式也是根据学生过往的教育数据信息记录实现数据驱动决策,因此,智能导师系统的材料推送只是符合"需要"的功利目的。第二,智能教学导致物理环境交互性变弱。智能导师系统在实现智能教学与辅导过程中,往往是

---

① 约翰·杜威.民主主义与教育[M].王承绪,译.北京:人民教育出版社,2001:137.

基于一人一机的在线虚拟教学场景,其在一定层面上减少了人与人之间的交流频次,尤其是生生之间的协作学习和情感沟通,因此,学生在学习过程中会因为智能教学环境的在线性和虚拟性而容易孤独,失落感和挫败感必然油然而生。

综上所述,智能辅助和人机共教技术当前仍然存在诸多伦理问题,智能导师系统自身的智能性也有待进一步完善和提升,但人类教师不能以故步自封心态坚决排斥和抵制人机共教的时代潮流。有学者认为,科技虽不能取代教师,但能够使用科技的教师却可以取代那些不使用科技的教师。一方面,教师亟须掌握人工智能相关技术以适应智能时代教师能力诉求。另一方面,智能导师系统作为师生教学的好帮手,不可对其过分崇拜而忘掉自我,最终本末倒置,得不偿失。

课后思考

1. 如何构建智能辅助与人机共教技术教学应用的整体模型?
2. 举例说明AI代理、AI助手、AI教师和AI伙伴四大教学形式的特点。
3. 智能辅助和人机共教技术教学应用有什么价值?如何处理好伦理问题?
4. 未来人工智能技术如何赋能人类教师教学?

推荐阅读材料

1. 曹培杰.未来学校的兴起、挑战及发展趋势——基于"互联网+"教育的学校结构性变革[J].中国电化教育,2017(07):9-13.

2. 戴维·涅米.教育领域学习分析[M].北京:清华大学出版社,2020.

3. 黄荣怀,陈丽,田阳,等.互联网教育智能技术的发展方向与研发路径[J].电化教育研究,2020(01):10-18.

4. 蒋艳,马武林.中国英语写作教学智能导师系统:成就与挑战——以句酷批改网为例[J].电化教育研究,2013(07):76-81.

5. 刘清堂,黄景修,雷诗捷,等.PST视角下智能导师系统的设计与新发展——以句酷批改网为例[J].现代教育技术,2017,27(05):81-87.

6.唐斯斯,杨现民,单志广,等.智慧教育与大数据[M].北京:科学出版社,2015.

7.王磊,张莹."AI数学课":人工智能与在线教学的融合探索[J].现代教育技术,2020,30(03):125.

8.吴南中,黄治虎,曾靓,等.教育大数据生态圈构建:"3+3"模型的逻辑与实践[J].中国远程教育,2019(07):77-85.

9.余胜泉,王琦."AI+教师"的协作路径发展分析[J].电化教育研究,2019(04):14-22+29.

10.张学军,董晓辉.人机共生:人工智能时代及其教育的发展趋势[J].电化教育研究,2020(04):35-41.

第四章 虚拟现实与全息技术及其应用

虚拟现实与全息技术作为一种教育教学辅助手段,能够为教育教学情境设计、展示和实施提供全新平台。虚拟现实与全息技术具有激发学生学习动机、创建具身学习体验以及打破时空限制实现穿越式教学等多种优势。

☆ 学习目标

1. 了解虚拟现实教育应用的构成要素和全息教室的整体架构。
2. 掌握在教学中应用虚拟现实与全息技术的实施阶段及要点。
3. 理解虚拟现实和全息技术的发展演变。
4. 理解教育教学中常用的虚拟现实与全息技术的种类。

◉ 思维导图

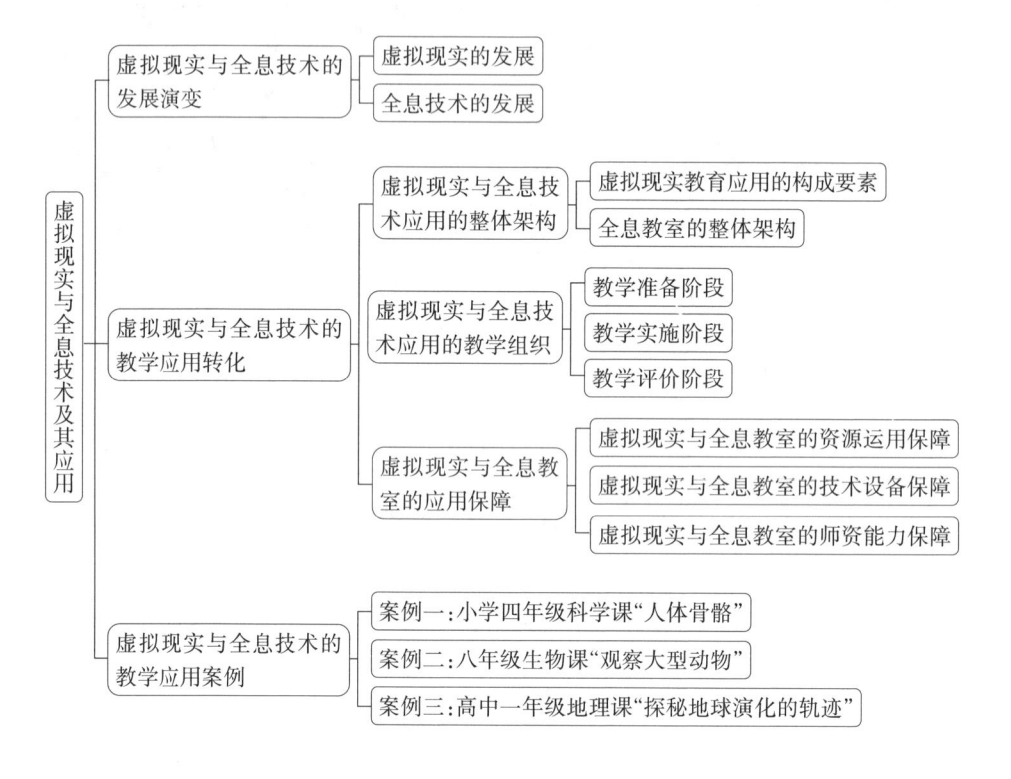

```
虚拟现实与全息技术及其应用
├── 虚拟现实与全息技术的发展演变
│   ├── 虚拟现实的发展
│   └── 全息技术的发展
├── 虚拟现实与全息技术的教学应用转化
│   ├── 虚拟现实与全息技术应用的整体架构
│   │   ├── 虚拟现实教育应用的构成要素
│   │   └── 全息教室的整体架构
│   ├── 虚拟现实与全息技术应用的教学组织
│   │   ├── 教学准备阶段
│   │   ├── 教学实施阶段
│   │   └── 教学评价阶段
│   └── 虚拟现实与全息教室的应用保障
│       ├── 虚拟现实与全息教室的资源运用保障
│       ├── 虚拟现实与全息教室的技术设备保障
│       └── 虚拟现实与全息教室的师资能力保障
└── 虚拟现实与全息技术的教学应用案例
    ├── 案例一:小学四年级科学课"人体骨骼"
    ├── 案例二:八年级生物课"观察大型动物"
    └── 案例三:高中一年级地理课"探秘地球演化的轨迹"
```

"虚拟现实"是由英文"Virtual Reality"翻译而来。其中,Virtual本意上是指在效果上存在,而在事实上并不真实存在。在计算机领域中,Virtual是由软件生成的非物理性存在,但在用户看来像是真实的存在。Reality是指实际客观存在的具有现实性或本质属性的所有事物,它既可以是在物理层面真实存在的事物与环境,也可以是客观世界难以实现或无法实现的事物与环境。二者相结合,Virtual Reality的内涵即为"真实世界的一个映像"(A Image of Real World),即由计算机生成的、存在于计算机内部的模拟客观世界的存在。全息技术是利用激光相干性原理,记录下光的振幅和相位信息,从而得到物体的全部信息,包括全息立体图像的大小、形状、亮度和对比度等。我国高度重视教育领域中的虚拟现实技术开发与应用,2017年发布的《教育部办公厅关于2017—2020年开展示范性虚拟仿真实验教学项目建设的通知》,提出综合运用虚拟现实等技术提高实验教学项目的吸引力和教学有效度。虚拟现实与全息技术作为一种教育教学辅助手段,其为教育教学情境设计、展示和实施提供了全新平台,进而实现了教学场域革新,推动构建综合化、可视化、强交互、虚实融合的学习环境。[①]

一、虚拟现实与全息技术的发展演变

虚拟现实主要依据计算机图形学理论产生,全息技术主要依据光学原理产生。虚拟现实与全息技术虽然是依据两种不同的理论产生的,但其后期都需要依托计算机技术来不断完善与发展。

(一)虚拟现实的发展

依据时间线索来看,虚拟现实的萌芽时间较早,其发展历程大致可分为四个阶段,包括思想萌芽与初步探索阶段、概念形成与技术发展阶段、技术成熟与进展突破阶段,以及市场化发展与广泛应用阶段。

---

① 万昆,李建生,李荣辉.全息技术及其教育应用前瞻——兼论未来学习环境的发展[J].现代远距离教育,2020(06):35.

1.思想萌芽与初步探索阶段

1929年,林克发明了一种竞赛乘坐器,这种乘坐器可以使用户获得一种乘坐飞机的感觉。后来该乘坐器逐渐发展成为飞行模拟器,供飞行员进行模拟飞行操作训练。例如赖特-帕特森(Wright-Patterson)空军基地的超级驾驶舱(Supercockpit)飞行模拟器就是虚拟现实的最初体现。1935年,科幻小说家温鲍姆在其发表的短篇科幻小说中,提出了与虚拟现实有关的构想。作者描述了主人公皮格马利奥在佩戴特制护目眼镜以后,进入另一世界的奇特体验,书中对于主人公的诸多感官体验进行了详细描写。1956年,美国黑里格研制成功了一个名为"体验剧场"(Sensorama)的摩托车仿真模拟器。"体验剧场"提供多种感官刺激,包括三维显示、立体声效、香气扑鼻以及振动、风吹等效果,座椅随着情节变换而摇摆和振动,风速也可随车速而变化。由此,"体验剧场"成为世界上首个具有虚拟现实思想的装置,黑里格也被视为提出并实践"沉浸式虚拟环境"概念的先驱者。

1961年,头视(Headsight)作为世界上第一款头戴显示器正式问世,它是现今头戴式显示器(Head Mounted Displays,HMD)的前身。1965年,计算机图形学奠基者、美国计算机科学家苏泽兰特发表《终极显示》(The Ultimate Display)一文,文章指出:"如果显示器的任务是作为进入计算机内存中构建的数学仙境的镜子,它应该尽可能多地服务于感官。"[1]苏泽兰特提出的这种全新图形显示技术为探索客观世界提供了新的思路与方法,这篇经典论文也被视为虚拟现实研究的开端。1966年,最早的3D头戴设备出现。1967年,由布鲁克斯指导的格罗普(Grop)计划在北卡罗莱纳大学展开,格罗普计划主要研究力的反馈作用,而这种力的反馈可以通过用户接口将物体压力导向用户,使其在虚拟环境中切实感受到力的作用。除了力的作用外,交互性也是虚拟现实技术的重要因素之一。1968年,苏泽兰特在哈佛大学组织设计并尝试开发了第一个由计算机图形驱动的头盔(Helmet Mounted Display,HMD)及配套的头部运动跟踪系统。用户可以通过头盔显示系统看到三维物体线框图,继而确定三维物体空间位置。当用户的头部发生运动时,显示系统画面也会随着用户视角的转换而发生相应变化。于当时的技术发展水平而言,头盔功能实现是虚拟现

---

[1] Sutherland I E. The Ultimate Display[J].Proceedings of the Ifip Congress,2001:2.

实领域里程碑式的重要成就,苏泽兰特也因此被称为"虚拟现实技术之父"。1972年,布什内尔开发了第一款交互式电子游戏Pong,该电子游戏允许用户在显示器上操纵弹跳的乒乓球。

2.概念形成与技术发展阶段

20世纪70年代到80年代虚拟现实发展速度加快,光学技术和其他触觉设备同步发展,用户在虚拟空间中移动和交互成为现实。[1]1975年,美国计算机专家克鲁格提出"人工现实"(Artificial Reality)思想,开创了一种称之为视频播放区(Video Place)的"非存在的概念化环境",该虚拟现实平台不使用以前的头戴式显示器,而使用投影仪和摄像机进行交互,这种交互方式对此后虚拟现实的发展具有深远影响。

20世纪80年代以后,较实用头盔显示器被陆续研制出来,能提供6个自由度的数据手套、立体声耳机以及相应的计算机硬件系统,为虚拟现实的研究奠定了良好的硬件基础。[2]1985年,美国国家航空航天局开展虚拟环境工作站(Virtual Interactive Environment Workstation,VIEW)项目,其目标是使空间站远程操作成为可能,VIEW项目中开发出的三维音频技术及头部耦合显示技术等成为后续虚拟现实研发的关键性支撑。1986年,弗内斯研制出一种能够生成3D地图,且具备先进红外及雷达图像功能的飞行模拟器,飞行员使用该飞行模拟器便能够对环境进行实时视听,甚至还可以使用手势、语音、眼部运动、头盔跟踪系统和传感器来控制飞行模拟器。1987年,美国VPA公司奠基人兰尼尔正式提出"Virtual Reality"一词,用于指代虚拟现实。自此,虚拟现实概念引发了学界及新闻媒体的极大关注。

3.技术成熟与进展突破阶段

20世纪90年代,虚拟现实逐渐成熟并取得突破性进展。1990年,美国达拉斯召开的国际计算机图形学会议对虚拟现实展开了讨论,明确指出虚拟现实的未来研究方向:涉及实时三维图形生成技术、多传感器交互技术和高分辨

---

[1] 杨青,钟书华.国外"虚拟现实技术发展及演化趋势"研究综述[J].自然辩证法通讯,2021,43(03):98-99.

[2] 李欣.虚拟现实及其教育应用[M].北京:科学出版社,2008:15.

率显示技术。此后,虚拟现实开始在游戏领域迅速发展。1992年,虚拟现实的第一次国际会议"真实世界与虚拟世界之间的接口"在法国召开。同年,克鲁兹·内拉等人构建了虚拟现实环境CAVE,成功克服了用户怀疑及观众视角这两大问题。CAVE是一个四周环绕显示屏的立方体,在限制范围内它会随观众移动路径而反馈正确透视和立体投影。[①]1993年,虚拟现实在航空航天领域得到广泛应用。例如,在经过多次仿真训练后,宇航员在第一次执行哈勃望远镜维修任务时,就成功从运输舱内取出新的望远镜面板,替换损坏的MRI面板,修复了哈勃望远镜。美国艾姆斯研究中心(NASA Ames Research Center)运用火星探测卫星拍摄的火星地面数据,开发了一种可以供研究人员进行虚拟火星探索的火星地表模拟系统,使研究人员仿佛置身于火星上。

1994年,虚拟现实的3I(Immersion,Interaction,Imagination,3I)特征被正式提出。20世纪90年代中期,一种新的计算机界面理论兴起,否定了当时盛行的以人与计算机对话为基础的人机界面系统模式,认为应将计算机作为无限探索的世界,而非与用户发生对话的人,且人机界面应着眼于拉近用户与世界的距离,在人机互动过程中,即使是经验尚浅的初学者,也可以通过简单操作探索广阔世界。在该理论支持下,人机交互模式的研究方向逐渐转向打破计算机屏幕界限,使用户直接进入虚拟空间,并在探索虚拟世界的过程中直接与其中的3D物体产生互动。1999年,美国南加州大学成立了专门的创意技术研究所(Institute for Creative Technologies),作为南加州大学的一个多学科研究机构,创意技术研究所致力于开发虚拟角色、视频游戏、模拟场景和其他人机交互形式,从而探索和扩展人机互动方式。该研究所积极推进人工智能技术在教育中的应用研究,通过开发不同的虚拟现实和人工智能技术,最终创建智能学习环境,致力于增强教学的直观性,激发学生的学习兴趣,发展学生的自主学习能力。[②]21世纪,图像处理、动作捕捉等相关技术进步和成本降低,各种软硬件产品性能大幅提升,虚拟现实进入高速发展阶段。2007年,谷歌推出地图街景服务,即将地图与街道实景相融合以显示街道上的实景图像。2010年,谷

[①] 杨青,钟书华.国外"虚拟现实技术发展及演化趋势"研究综述[J].自然辩证法通讯,2021,43(03):99.
[②] 王正青,但金凤.人工智能技术在美国学校教学中的应用领域与推进策略[J].比较教育研究,2020(06):46.

歌进一步推出3D街景地图,这为用户导航提供了莫大助益。

4. 市场化发展与广泛应用阶段

这一时期,虚拟现实的成熟使产业化应用及市场推广成为可能。美国Oculus、谷歌等大型研究团队都致力于将虚拟现实技术与更多生活领域相结合。2012年,Oculus和谷歌公司开始在虚拟现实领域展开竞争,进而掀起了虚拟现实应用研究的新一轮热潮。Oculus公司发布"Oculus Rift"头戴式虚拟现实显示器,谷歌公司则相继发布了"Google Glass"虚拟现实眼镜。2014年,Facebook公司收购Oculus公司,创始人扎克伯格认为虚拟现实将改变个人网络体验,而Oculus将会成为未来交流平台。此次收购事件标志着互联网公司开始涉足虚拟现实领域,虚拟现实作为经济驱动因素也开始引起全球关注。[①]2016年,虚拟现实发展进入关键期,虚拟现实行业竞争势头明显变热。HTC公司向市场推出HTC Vive,SONY公司推出Play Station VR。2018年,沃尔玛公司选择10家商场作为试点,尝试运用虚拟现实对员工进行培训,并计划在未来投资17000个Oculus耳机,其旨在将虚拟现实培训标准化并推广到所有单位。[②]

此时,虚拟现实不仅在军事、建筑、产品设计等方面取得了显著性发展,同时也在教育、培训和娱乐领域发挥了重要作用。在教育领域中,当前虚拟现实在教育中的研究整体处于发展上升阶段,美国、澳大利亚、英国和西班牙等国家起步较早,我国则相对较晚。[③]北京师范大学"VR/AR+教育"实验室研究团队从2009年开始致力于虚拟现实尤其是增强现实教育应用研究,其主要成果包括:基于增强现实(AR)技术的教育类App,基于Kinect和Leap Motion体感识别技术的互动教育游戏,基于LBS的信息导览设计开发,以及STEM教育等。实验研究团队聚焦未来教育发展新技术、新思维、新变革,共论VR/AR等新技术在教育领域发展新机遇,引领课堂教学新路向。具体研究方向包括三维虚拟学习环境(3D Virtual Learning Environment)、VR/AR教育应用(Virtual Reality/

---

① 杨青,钟书华.国外"虚拟现实技术发展及演化趋势"研究综述[J].自然辩证法通讯,2021,43(03):99.
② ARPost."Key News and Events in the Augmented and Virtual Reality Technology World-September 2018"[EB/OL].(2018-9-28)[2021-3-27].https://arpost.co/2018/09/28/key-news-and-eventsin-the-augmented-and-virtual-reality-technology-worldseptember-2018.
③ 赵一鸣,郝建江,王海燕,等.虚拟现实技术教育应用研究演进的可视化分析[J].电化教育研究,2016(12):32.

Augmented Reality in Education)和 STEM 教育(STEM Education)。团队协同特级教师进行案例开发,群策群力探讨符合教育规律的智能产品,并深入深圳梅山中学、天津南开外国语中学、山东莱芜区花园学校、南京外国语学校仙林分校、北京市第五十中分校等一线学校进行实证案例教学,不断循环迭代,探究 AR 学习环境如何支持教与学。此外,实验研究团队也着眼于中小学教师 VR/AR 作品制作等方面简明教学培训事项,确保教师能够将新技术与课堂教学进行深度融合,在最贴近自然的交互形式下为学生搭建自主探索学习空间。[①]

(二)全息技术的发展

全息技术是一种三维立体成像技术,能够将物体模型完整地通过光束呈现出来,其主要采用干涉和衍射的光学原理,利用干涉原理记录物体光波的相位和振幅,再经过衍射将物体的光波展示出来。[②]全息技术也称为光学全息,是光学研究领域的重要分支。全息技术的发展较虚拟现实略晚,其可以分为初步萌芽阶段、起步探索阶段和全面发展阶段。

1.初步萌芽阶段:1948—1959 年

英籍物理学家伽柏于 1948 年发明了全息术,后获得了诺贝尔物理学奖。这一时期的全息图是利用汞灯作为光源来进行光波记录,但此光源的相干性不够强,无法分开 ±1 级衍射像,因此全息图的成像未能达到较好效果。此时全息技术研究并未得到大众关注。

2.起步探索阶段:1960 年—1969 年

激光技术在 1960 年逐渐发展,全息技术也随之获得转机。激光技术的发展为全息技术成像提供了较为合适的相干光源,奠定了全息技术发展中必不可少的光源基础。1962 年,美国科学家雷斯和乌帕特尼克斯研发出了离轴全息技术,采用离轴参考光制作全息图。与此同时,苏联科学家德尼辛克也发明了反射全息,其根据驻波天然彩色照相法,进一步提出了白光反射全息图,并

---

① 北京师范大学.VR/AR+教育实验室[EB/OL].(2017-11-17)[2021-3-18].https://ar.bnu.edu.cn/index.html.
② 王跃岭.全息影像造就"立体新闻"——全息影像技术在传媒领域中的应用[J].中国记者,2014(09):127.

将白光再现思想应用到全息成像中,使全息成像有了色彩,实现了三维物体的波前再现。1969年,美国麻省理工学院的物理学家巴顿应用反射全息原理进一步发明了彩虹全息术,它具有更高衍射效果,进而解决了全息成像的色彩问题。至此形成了以白光显示为特征的全息三维显示新高潮,带来了风靡世界的模压全息产业,掀起了以防伪为宗旨的印刷包装新革命。

3. 全面发展阶段:1970年至今

全息技术以其强烈的科技感、成像的立体感以及鲜艳的色彩感开始进入大众视野,并逐渐广泛应用到诸如防伪、医疗、军事、测量、艺术等领域中。1970年,以巴顿为首的热衷于全息技术成像的科学家、艺术家和工程师逐渐增多,此时模压方式批量复制全息图像的技术和设备也越来越成熟。1979年,世界上第一条可生产模压全息图的生产线在美国加州光印公司诞生。1982年,张中汉先生在美国森林湖创办第一届国际显示全息会议(International Symposium of Display Holography,ISDH)。1984年,美国银行钞票全息(American Bank Note Holographics,ABNH)公司为美国"国家地理"(National Geographics)封面制作的三维雕刻鹰全息图,以及为信用卡防伪制作的信用卡VISA MASTER模压全息防伪标识,标志着以防伪为中心的模压全息产业的开始。此外,巴顿创建媒介实验室专门从事全息显示技术研究。

我国也于20世纪80年代逐渐关注全息技术领域。1986年,我国在北京举办第一届国际显示全息展览会,在此后的四年中,青岛琦美图像有限公司、深圳大学反光材料厂相继成立,迈出了中国模压全息产业的第一步。1993年,北京三友图像激光公司开发的用于模压全息标识生产的全封闭生产线通过鉴定。1999年,中国深圳AFC泛彩溢全息公司成立。2009年,第八届国际显示全息学术会议在深圳召开。

为进一步创新全息成像方式,专家深入融合全息技术与信息技术,进而出现了计算全息和数字全息。其中,计算全息采用计算机记录光波振幅和相位特点,并基于光信息合成出不存在物体的全息影像;数字全息是光学全息、计算机技术和电子成像的交叉领域,可以实现实时全息图像记录,并将数字信息转化为全息图像。未来,全息技术的使用性能会越来越好,其运用范围也将变得越来越广泛。

二、虚拟现实与全息技术的教学应用转化

周晟等学者指出:"虚拟现实在教育中的应用是与建构主义理论的精华相一致的。"[1]学生对于知识的建构来自学生个人的经验与体验,教学过程应是学生在充分感知环境信息后,利用环境信息与资源积极主动进行知识建构的过程。基于此,教师在利用虚拟现实与全息技术进行课堂活动设计时,应以建构主义理论为导向,依托教学平台与资源,进行课堂内容架构和教学组织实施。

(一)虚拟现实与全息技术应用的整体架构

现今,虚拟现实具备沉浸性(Immersion)、交互性(Interactivity)、构想性(Imagination)和智能性(Intelligence)四个显著特征,即4I。沉浸性是利用计算机技术生成的三维立体图像,辅之以各种感官作用,使学生进入虚拟环境,并产生置身于真实存在的客观世界之感。交互性是在计算机技术所产生的虚拟环境中,学生能够利用一些传感设备与虚拟世界发生互动,这种互动与真实客观世界具有相似性。构想性是计算机技术所生成的虚拟环境可使学生身临其境,获取新的知识,提高人的感性和理性认识,从而使学生在深切理解概念的同时启发多样化想象,以养成创造性思维。智能性即在智能时代背景下,虚拟现实与人工智能技术相结合,优化用户使用体验。虚拟现实与全息技术运用到教育教学实践中时,课堂教学原有的构成要素与整体架构将随之发生变化,教师需及时把握相关改变要素,并在其基础上进行教学策略调整与完善。

1.虚拟现实教育应用的构成要素

典型虚拟现实系统主要由用户、传感器件、作用器件、虚拟环境发生器以及虚拟环境五个要素构成,它们共同组成了虚拟现实教育应用系统的主体部分。[2]

一是用户。虚拟现实系统是一个包含着反馈与互动的闭环系统,而用户是使这个闭环形成的必要人力因素。用户在虚拟环境中既接收信息,又对所接收到的信息做出相应反馈,以实现虚拟现实的系统功能。在虚拟现实教育

---

[1] Chien Chou, Chin-Chung Tsai, Hsiu-Fei Tsai. Developing a network VRML learning system for health science education in Taiwan. International Journal of Educational Development 2001(21):293-303.

[2] 汤跃明.虚拟现实技术在教育中的应用[M].北京:科学出版社,2007:11.

系统中,用户包括学生和教师两类,不同用户之间的互动与协作是虚拟现实教育系统运作的重要一环。生生之间、师生之间的协作贯穿课堂始终,包括课程前期的学习材料收集与整理、课程中期师生合作探究进行意义建构、课程后期的学习效果评价与学习成果分享。

二是传感器件。这是用来将虚拟环境中三维模型的形状、动作、声音、力反馈等转化为用户能够获得的诸如视觉、听觉、触觉等真实感官感受,并使其在最大程度上与用户在现实环境中的切身感受相同。在虚拟现实教育系统中,整个教与学过程的最终目标是要引导学生实现知识建构,即对于相关概念、性质、规律、关系等具有深入认识,而非停留在机械、表象认识上。换言之,传感器件对于现实环境与实物的模拟,有益于学生深刻理解知识,并最终形成自我知识体系。

三是作用器件。其旨在将用户走动、转动、姿势、手势等动作转换为信息并作用到虚拟环境发生器中,使虚拟环境对用户的动作信息做出反应。趣味化操作界面能够识别和录入学生在虚拟环境中的动作,从而刺激学生产生学习兴趣与学习动力,让学生由内而外想要发现知识、获取知识、理解知识,实现自我能动学习。

四是虚拟环境发生器。虚拟现实能够创建学生具身参与课堂教与学过程的虚拟环境,并通过虚拟环境发生器对学生的操作给予相应支持。通过这种沉浸式、具身性的教育教学环境,学生的认知和情感都能够高度参与到学习过程中。

五是虚拟环境。其由虚拟环境发生器生成,能够使用户通过传感器件和作用器件与其进行互动,进而沉浸其中并产生一种身临其境之感。多感官虚拟情境沉浸更加有利于学生的知识、技能、情感、态度、个性、价值观等方面发展。

2.全息教室的整体架构

与普通照相技术只记录图片不同,全息技术能够记录光信息从而还原物体的三维图像。相比于普通摄影技术,全息技术具有立体性、可分割性和信息存储能力强的特点和优势。[①]在教育领域,全息教室是依托全息技术开展教育

---

① 张宇辉.浅谈全息技术的发展历程及应用现状[J].数字通信世界,2018(02):277.

教学的一种全新学习环境,其通过光学原理,在教室这个物理空间打造虚拟影像,强调学生的临场感,注重学生与学习环境的交互作用,进而为学生提供自主化学习环境。①全息教室将全息技术融入教育教学课堂实践中,通过电脑主机、显示器以及投影设备将教学内容生动、立体地呈现在学生面前。结合云南大学信息学院吴建平团队②对于全息围观式课堂的教学设计,全息技术支持下产生的全息教室是由全息投影、教师客户端、学生客户端、云服务中心和数据库服务器构成,如图4-1所示。

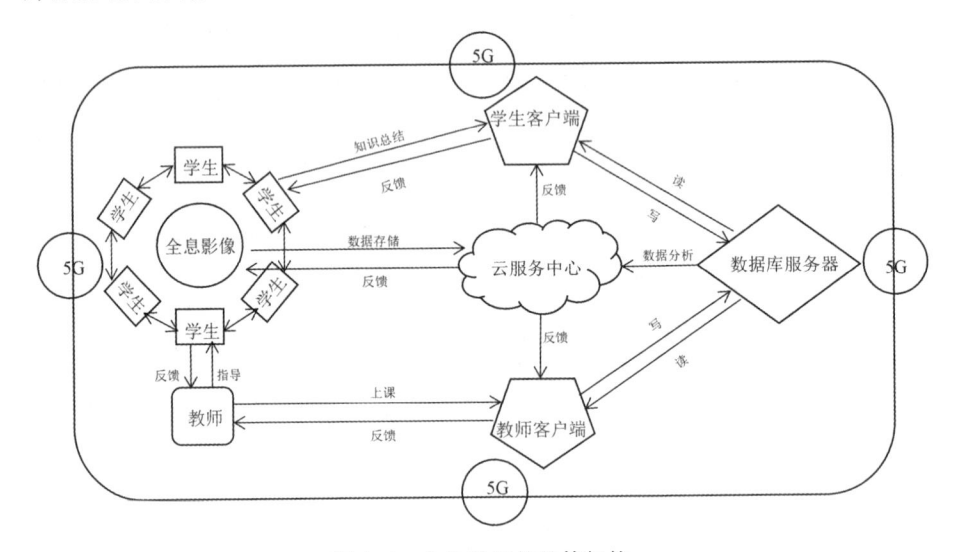

图4-1 全息教室的整体架构

全息教室以高速率、低功耗、低延时的5G通信网络技术为支撑,实现教室整体运作、教学过程顺畅、数据高质实时传输等系列需求。一是全息投影。它是全息教室中主要的教学工具与学习工具,是教师根据课堂内容和教学目标提前准备的全息教室显示器。全息教室的显示器为一个可以直接呈现立体影像的透明四面锥体。与传统虚拟现实技术不同,全息投影无需学生佩戴VR眼镜即可看到虚拟立体影像。在使用全息教室进行教育教学过程中,学生分为若干小组,每个小组围坐在透明四面锥体周围,观察全息投影的全息影像,教师则充当引导者、协助者和设计者角色,致力于调整全息设备,解答学生在观

---

① 姬永倩,吴建平.基于活动理论的全息教室设计[J].中国教育信息化,2019(13):93.
② 吴建平,姬永倩,陈培德,等.全息围观式课堂的教室与教学设计[J].中国教育技术装备,2019(01):20—23.

察全息影像过程中所遇到的问题,在教师客户端记录学生小组合作探究的学习过程,并根据学生课堂讨论情况以及问题反馈及时调整教学策略。在这个过程中,教师职能已然变成为学生营造高效、轻松、愉快的学习环境,重点关注复杂学习环境,学习过程中的学生数据分析;在技术、工具和内容支持下深化教与学设计;在孪生平行体系共同作用下,促进学生学会深度学习和问题解决。[1]

二是教师客户端与学生客户端。在整个教育教学过程中,教师操控教师客户端,记录并反馈学生课堂行为表现;学生操作学生客户端,结合对全息影像的观察与小组合作探究学习的结果,对课堂学习内容进行系统总结,并反馈学习成果。具体而言,教师客户端与学生客户端的数据信息将上传至数据库服务器,以便在数据库服务器中进行整合与计算,形成数据报表,最后将数据分析结果再上传至云服务中心,由云服务中心对教师客户端与学生客户端进行反馈。在此基础上,教师根据数据信息及时调整教学方式,促进专业成长与发展,学生则基于反馈结果在纠偏、补充与整合中构建知识体系。

三是数据库服务器和云服务中心。云服务中心旨在存储全息教室中产生的教育教学数据并提供反馈。在全息教室中,教师的教学活动、学生的学习活动以及师生在课堂中的各项交互行为,都是通过人脸识别、语音识别、行为分析等进行智能收集与分析,而后再将其上传至数据库服务器,以便进行深入分析与总结,最终明晰影响教师教学和学生学习的各种因素,实现数据驱动智能教育决策。

(二)虚拟现实与全息技术应用的教学组织

在虚拟现实与全息技术支持下的教育教学实践过程中,教师需及时转变教学思路与教学方式,在准备阶段、实施阶段和评价阶段充分发挥虚拟现实与全息技术的教育价值。

1.教学准备阶段

在教学准备阶段,教师需要完成制定教学设计、统整教学设备以及建立或

---

[1] 朱珂,张莹,李瑞丽.全息课堂:基于数字孪生的可视化三维学习空间新探[J].远程教育杂志,2020(04):42.

收集教学资源三项基本工作。

一是制定教学设计。教学设计是根据课程标准确定教学主题及教学目标,根据不同学段和不同层次教学对象在经验基础、知识储备、心理特征和学习规律等方面呈现出的不同特点,有效组织教学内容,合理选择教学方法,有序呈现教学序列,以提高教学效率和教学质量。因此,在教学设计过程中,首先,要进行学习需求分析。学习需求即为学生在现有知识能力基础上,要达到期望目标所需进行的学习。教师在准确把握学生学习需求基础上选择教学媒体,如对于能够使用非虚拟资源进行学习的知识无须使用虚拟技术,而对于一些高危险、高消耗或者现实生活中不可触及的场景则可以优先采用虚拟技术进行教学。其次,要进行学习目标分析。教师按照学生需求和教学大纲进行知识细分,并在此基础上进行教学设计,以保证学生可以借助虚拟现实实现意义建构。再次,要进行学习策略选择。在虚拟环境中确定"以学为主"的教学策略将会更加实用,学生也可以更好地发挥主观能动性,有效提升学习效率。最后,要进行学习活动设计。学习活动是虚拟现实课堂中的核心内容,其主要包含情境创设、明确问题、探究取证、总结反思和拓展延伸五个基本环节,各环节相互作用,相互依存,继而推动课堂有序发展。[①]

二是统整教学设备。教学设备是教室现有的以及教师能够有条件获取的硬件设备和软件设备,不同类型技术需要依托不同设备。以虚拟现实系统为例,非沉浸式虚拟现实系统需要桌面显示设备、声音显示设备;沉浸式虚拟现实系统需要头部显示设备、投影式立体显示设备、触觉反馈设备以及数据手套;增强虚拟现实系统需要手机、平板电脑等具有拍摄功能的移动设备;分布式虚拟现实系统除了基本的虚拟现实设备以外,还需要相应专业技术支持。教师根据教学需要及既有条件选取硬件设备,而后对设备进行调试,以确保教学实施过程能够顺畅进行。

三是建立或收集教学资源。在合理设计教学过程、恰当选取教学设备基础上,教师可以自行制作教学课件、录制教学视频,也可以在共享网络中收集需要的虚拟现实教学材料,逐步建立教学资源库。

在全息教室中,除了上述三项基本工作以外,还包括录制全息教室视频,

---

① 姬志敏,文福安,谷文忠.虚拟现实课堂五段式教学设计模型[J].数字教育,2020,6(02):55-56.

编辑视频,选择全息教室中所需要的显示器,制作透明的四面锥体以及搭建设备等工作。[①]这就要求教师进行详尽、适切的前期规划与准备,如在录制视频时,教师应注意视频的四个方位,以便在后续编辑视频时获得高质量视频;在选择全息教室中的显示器时,应选择透明玻璃或硬塑料;在搭建显示器等全息设备时,应确保显示器对角线与透明四面锥体四条边相互对应。

2. 教学实施阶段

以下六个环节再现了虚拟现实与全息技术支持下的教学实施流程。教师可以参照以下步骤进行课程活动设计,以实现技术和教育内容的无缝对接,使虚拟现实技术更好地服务于教育。

一是确定探究主题。小组合作探究是依托虚拟现实和全息技术进行教学的主要方式。课堂伊始教师根据教学内容、教学目标以及学生特点确定探究主题,帮助学生明确学习目标,有助于学生快速地进入课堂情境。在确定探究主题后,教师可以灵活分配小组任务,既可以让每组学生探究同一个主题,也可以将课堂内容分为若干分主题,每组学生可按照自我兴趣选取分主题。

二是情境创设。在明确探究主题后,教师利用虚拟现实技术进行情境创设。由于虚拟现实交互性较强,场景高度仿真,并可产生强烈的沉浸感,教师在设计虚拟现实资源时应该选择和教学目标最为贴近,且能够和学生已有知识结构产生联系的资源或知识点,同时借助虚拟现实创建逼真的问题情境,让学生能够实现感官沉浸、挑战沉浸和想象力沉浸,实现激发学生兴趣,引导其积极学习思考的双重效果。[②]

三是小组合作探究。学生在沉浸式体验后,依据在虚拟环境中形成的具身性认知对教师在课前提出的探究主题进行讨论与交流。小组内部需自主决定分工,对虚拟环境资源与传统教学资源进行学习与讨论,在探究结束后汇总、整理出小组汇报展示的内容。教师充当管理者与引导者角色,既监测小组分工时是否出现成员任务分配不均的情况,也在学生讨论期间适当给予提示,引导学生自主发现问题并解决问题。

---

① 吴建平,姬永倩,陈培德,等.全息围观式课堂的教室与教学设计[J].中国教育技术装备,2019(01):23.
② 姬志敏,文福安,谷文忠.虚拟现实课堂五段式教学设计模型[J].数字教育,2020,6(02):56.

四是汇报学习成果。教师根据教学设计确定小组汇报学习成果的形式，如报告、表演、辩论等。在每组同学对学习成果进行分享交流时，教师要鼓励各组同学进行提问与补充，营造活跃的课堂氛围。教师在这个过程中需要对每组同学的学习成果进行评价，并及时查缺补漏。

五是总结反思。在组织各组学生汇报、交流学习成果以后，教师应及时对课堂知识进行总结与巩固，引导学生进一步探究与思考重难点知识，使学生在总结与反思中养成良好学习习惯。

六是学习迁移。学生要完成高阶学习目标，取得更好学习成效，就必须能够将课堂内容迁移到其他学科，乃至日常生活中去，做到举一反三。这要求教师对课堂知识进行纵向和横向拓展，使学生从"能解决课堂问题"转向"能解决生活问题"。

为充分发挥虚拟现实的教学优势，创设一种虚实相生的空间环境，教师在实施阶段应遵循两个基本原则。一是真实性原则，即让学生通过真实的、可感知的直接经验进行学习。建构主义强调真实情境对学生学习知识的重要作用，认为学生要充分理解、掌握所学知识的性质、规律，达成意义建构并恰当迁移到日常生活中，最好的方法就是在真实情境中进行自我感受和体验，使新知识转化为学生的经验。因此，教师在利用虚拟现实进行教学过程中，应充分把握虚拟现实的特点，采取恰当教学方法，创设模拟情境，让学生更多地在真实情境中体悟知识，减少由教师描述、介绍和讲解形式下的被动知识获得。二是探索性原则，即让学生主动地探索知识、发现学习内容的结构、性质和规律。美国教育心理学家、认知心理学家布鲁纳提出的"发现学习"理论，将学生看作是主动、积极的知识探究者，主张教师应充分调动学生内在学习动机，使学生在探索与发现中获取新知识，掌握知识的基本结构，并对其进行理解和记忆。鉴于此，教师在运用虚拟现实技术进行教学活动时，应根据知识特点设计不同的虚拟学习情境，确保学生主动发现问题、思考问题、探索问题、解决问题，进而完成对新知识迁移与转化。

3.教学评价阶段

在教学评价阶段，教师须借助适当评价工具对虚拟环境中的教育教学活动进行量化。教师还可以建立学生学习档案，记录学生学习进度、学习效果、学习成果等全流程信息，进而为学生以后的知识学习与能力发展提供具有针对性、导向性的教育数据支撑。

一是对学生课堂表现进行评价。教师可利用虚拟现实对动作信息进行捕捉、采集和分析，对学生的面部表情、肢体动作等信息数据进行分析处理。教师通过学生课堂投入程度来判断所使用的教学方法、设计的教学情境是否能够有效激发学生学习兴趣和学习动机。

二是对学生知识学习效果进行评价。一方面学生可以利用数据反馈对学习成效进行自我评价。虚拟现实与人工智能识别技术，能够采集、分析学生在学习过程中的诸项数据，为学生的自我评价提供个性化参考。另一方面，教师可采用知识建构思维导图、学习动机测试问卷以及协作学习绩效量表等评价工具对学生学习成果进行评价。[1]教师在课后让学生根据本节课所学到的内容，或与前期学习内容之间的联系来建构知识思维导图，而后对其完整性与准确性进行评价，进而掌握学生课堂学习状态及知识掌握程度。

三是对学习动机进行评价。激发学生的学习动机有利于提升其学习成效，例如基于虚拟现实教育游戏的学习，其沉浸感、构想性、交互性等将共同影响虚拟学习环境中学生的学习动机。[2]因此，教师在利用虚拟现实进行课堂教学的过程中，也应对虚拟环境下学生的学习动机进行评价。国外学者凯勒提出了ARCS动力激励模型，包括注意力、关联性、自信心和满足感四项一级指标，以及十二项二级指标，教师可以参考此模型对学生的学习动机进行评价（如表4-1）。

表4-1　ARCS动力激励模型

一级指标	注意力(A)	关联性(R)	自信心(C)	满足感(S)
二级指标	唤起感知 唤起探究 变化力	目标定向 动机匹配 有熟悉感	学习需求 成功机遇 个人控制	自然结果 积极结果 公平

四是对小组合作学习效果进行评价。基于小组合作学习是运用虚拟现实

---

[1] 姬志敏,文福安,谷文忠.虚拟现实课堂五段式教学设计模型[J].数字教育,2020,6(02):57.
[2] 何聚厚,黄秀莉,韩广新,等.VR教育游戏学习动机影响因素实证研究[J].电化教育研究,2019(08):74.

与全息技术进行教育教学活动时常用的教学组织方式,故而学生合作学习效果也是教师进行教学评价的重点关注领域。浙江大学教育学院刘徽老师团队制定了一个学生课堂合作学习评价量表,该量表包括三项一级指标和二十八项二级指标,其中切合虚拟现实与全息技术支持下的课堂教育教学环境的有"别人做时该生的学习状态"和"共同做时该生的学习状态"两项一级指标以及14项二级指标。教师在使用该合作学习评价量表时采取5分制计分法,即学生在课堂合作学习过程中的行为表现与量表指标契合度越高,则计分越高,最高为5分。如果没有出现量表中的行为,则在对应位置计0分(如表4-2)。

表4-2 合作学习评价量表

一级指标	别人做时该生的学习状态						共同做时该生的学习状态						
二级指标	聆听	提问	赞同	欣赏	鼓励	批评	听从	轮流	博彩	协商	求同	存异	分享	分离
计分														

(三)虚拟现实与全息教室的应用保障

随着虚拟现实与全息技术在我国各区域广泛使用,各类教学服务平台、虚拟现实视频平台层出不穷,各学科教学资源也越来越丰富,教师可以通过这些平台与渠道获取并使用教学资源。

1.虚拟现实与全息教室的资源运用保障

教师通过注册和登录规模较大的教育公共服务平台,查找教学资源和优秀课例并与其他教师进行交流。除专门教学平台外,教师也可以通过虚拟现实应用软件查找课堂需要的教学资源。

一是网络公共服务平台。教师在使用虚拟现实与全息技术进行教育教学活动时,可以借鉴教育教学公共服务平台上面的优秀案例,并结合本班实际情况,合理运用虚拟现实,进而达到技术与教育教学实践最大化融合效果。"中教启星公共服务平台"是一个为中小学教师的备课评课与教研活动提供资源服务、为中小学家长的家庭教育提供参考、为中小学生的知识学习提供优质课程的网络平台。在岗教师、家长或在读学生三大类型用户只需注册登录便可随时随地使用该平台所有教学资源,如图4-2所示。截至2021年5月,该平台已有用户110712人。"中教启星公共服务平台"内部有学科、教师空间、协作组、资源中心、集备、课题以及科研成果等多个板块。在"学科"板块内，教师可以根据自己所教学段和学科进行选择；在"资源中心"板块内，则可以查找在教学中会用到的视频、图片资源或观看微课视频、课堂实录和示范课集等。除了"中教启星公共服务平台"之外，还有其他中小学教育教学网络服务平台，如"云浮市智慧教育云平台""方正智慧教育""北斗启星网络地理社区""华夏启星历史学科社区""北斗启星网络数学社区"等，教师可以检索这些网络平台，在其中查找相应的虚拟现实教学资源，实现自身专业成长与长远发展。

图4-2 "中教启星公共服务平台"网站

二是移动终端应用软件。随着数字网络日新月异，虚拟现实资源也日渐丰富。2010年在北京成立的"北京触角科技有限公司"是一家致力于通过虚拟现实和混合现实技术，让知识和经验实现立体可视化的高新技术企业。其与复旦大学出版社合作开发的"卓越书缘"App是"互联网+教材"模式教材的App客户端。学生利用手机、平板电脑等移动设备摄像头对教材插图进行扫描，即可看到立体模型，并可对其进行放大、缩小、拆分、旋转等操作，进而直观查看模型内部结构，实现立体化教与学。类似App还有"AR欢乐涂"。

除相关教育教学设计的虚拟现实App之外，还有专门提供VR视频资源的App。例如虚拟现实VR旅行、橘子VR、爱看VR、小米VR、橙子VR、第一视频

VR、八大星球 VR 等。在这些软件当中，教师可以在海量资源中选择课堂所需的 VR 视频资源。教师也可以到一些视频平台中寻找适合的 VR 视频，例如爱奇艺、优酷、腾讯、bilibili 等。教师可以搜寻并斟酌使用，以便在课堂教学中呈现出更为丰富的教学材料。

2. 虚拟现实与全息教室的技术设备保障

虚拟现实系统由基本组成硬件与软件构成。基本组成硬件包括专业图形处理计算机、输入设备和输出设备。基本组成软件则是由数据库、虚拟现实开发平台和应用软件系统构成。

(1)虚拟现实系统的基本组成硬件

一是专业图形处理计算机。专业图形处理计算机是虚拟现实系统的关键部分，它从输入设备中读取数据，访问与任务相关的数据库，执行任务要求的实时计算，从而更新虚拟世界状态，并把结果反馈给输出设备。由于虚拟世界场景复杂，系统很难预测所有用户的行为动作，也难以在内存中存储所有状态，因此虚拟世界需要实时绘制和删除，这极大增加了计算量，对计算机配置提出了极高要求。[1]

二是输入设备。它包括身体追踪设备、语音识别设备、物理控制设备等。

身体追踪设备。它是在虚拟现实系统中用于定位被追踪对象的实时方向、位置并识别其姿势、动作的硬件设备，由位置传感设备和人体运动传感设备组成。位置传感设备可以向计算机报告用户头部和手部的位置和方向。通常使用的追踪方法有电磁追踪、机械追踪、光学追踪、视频追踪、超声追踪、惯性追踪和神经追踪。在教育领域有许多利用位置追踪技术的尝试，例如，由韩国 Lee 等人制作的 AR 版"大富翁"教育游戏，利用 AR 虚实结合特性，将书本与虚拟现实技术有机结合。学生投掷一颗真实的骰子，由摄像头识别点数并在虚拟场景中将虚拟角色进行对应位置移动，使学生在这种游戏化活动中获取掷骰子这一事件中蕴含的数学知识。人体运动传感器可以确定用户的手势以及肢体动作，并输入相应的命令。在教育领域，当前较为便捷的人体动作追踪

---

[1] 杨欢,刘小玲.虚拟现实系统综述[J].软件导刊(教育技术导刊),2016(04):36.

设备主要有手部姿势输入设备。手是人类与外界进行物理接触和意识表达的最主要媒介,通过追踪手和手指,计算机与用户进行实时信息交流。例如数据手套,穿戴于用户的手掌和手指上,可以将用户手的形状、伸展和运动信息转换为数字信息详细记录并输入计算机。

语音识别设备。语音识别系统的日益实用化,为用户与计算机系统之间的自然通信提供了良好契机。[①]通过识别、解析用户的语音指令,虚拟现实系统可以对特定语音做出相应反应。这一技术优点在于它可以自然、无障碍地进行人机交互,且随着语音识别技术的不断提高,它可以适用于更加多元化的场合;缺点在于由用户发出的语音命令可能会干扰正在执行的任务,需要根据实际任务酌情选择。

物理控制设备。通过对传统鼠标、键盘等交互设备进行改进,由此设计出三维鼠标、力矩球等物理控制设备。三维鼠标可以完成在虚拟空间中六个自由度的操作,其具体工作原理是在鼠标内部装有超声波或电磁探测器,利用这个接收器和具有发射器的固定基座,就可以测量出鼠标离开桌面后的位置和方向。力矩球是一种可以提供六个自由度的桌面设备,它被安装在一个小型的固定平台上,通过测量手所施加的外力,将测量值转化为三个平移运动和三个旋转运动值。[②]在教育领域,对虚拟现实系统物理控制器的使用较为常见,可以实现虚拟实验的操作。例如美国教育游戏开发公司Schell Games在2018年7月发布了一款沉浸式虚拟现实实验室游戏,通过模拟化学实验室场景,引导使用者进行模拟实验,并根据学生任务完成情况进行成绩评定。目前,该游戏有两个部分的游戏内容,每部分在30分钟到40分钟之间。第一部分是玩家将正确数量和种类的液体和固体成分混合在一起,配成所需药剂;第二部分是使用有限参考资料识别各种化学物质。所有游戏过程都通过头戴式显示器与手持控制器完成,学生可以实际看到并亲自动手完成所有操作。

三是输出设备。它包括视觉显示设备、听觉显示设备和触觉显示设备。

视觉显示设备。用户主要通过三维立体视觉获取对虚拟环境的沉浸式体

---

① 威廉·R.谢尔曼,艾伦·克雷格.虚拟现实系统接口、应用与设计[M].魏迎梅,杨冰,等译.北京:电子工业出版社,2004:70.
② 杨欢,刘小玲.虚拟现实系统综述[J].软件导刊(教育技术导刊),2016(04):36.

验。虚拟现实系统中主要的视觉显示器有投影显示器、立体眼镜以及头戴式显示器。投影显示器通常需要一定的占地面积,且用户只能观察投影显示器方向的虚拟影像。在使用投影显示器时,投影机需要校准,且有多台投影机时,也应注意校准各个投影机间的位置。立体眼镜一般与投影显示器搭配使用,利用人类双眼视差原理打造立体影像,3D电影就是投影显示器与立体眼镜搭配使用的生动实例。头戴式显示器通常固定在用户头部,头与头盔之间不能有相对运动。头盔上配有三维定位跟踪设备,用于实时探测头部位置和朝向。头部运动被一个电子单元采样并发送给计算机。计算机利用跟踪设备的反馈数据计算新的观察方向和视点位置,重新绘制的虚拟场景图像并显示在头戴式显示器屏幕上。[1]在教育领域,视觉显示也得到了丰富运用,例如美国威斯康星大学麦迪逊分校研究人员开发了免费开源平台项目"交互式故事讲述"(Augmented Reality for Interactive Storytelling, ARIS),通过全球定位系统与增强现实技术的结合,在视觉上实现了虚拟交互式角色、物品以及现实物理空间的媒体混合。

听觉显示设备。它与视觉显示设备共同为用户提供沉浸式体验。在虚拟现实系统中,扬声器和耳机是两类最常见的听觉输出设备。扬声器通常搭配投影显示设备,其位置远离头部,可以使多个用户同时听到声音。耳机一般搭配头戴式显示器,只有一个用户能够听到声音,不易受外界干扰,沉浸性体验更佳。以 ARIS 开发的 Delimma 1944 教育游戏为例,加拿大克里斯兰多高中(Kitsilano High School)教师使用这款游戏教授历史课程。在游戏中,玩家扮演 1944 年该校的一名准毕业生,经历参军、投身二战等过程,学习当时历史。玩家携带具有 GPS 定位导航功能的设备,在游戏提示下前往指定地点,同时,游戏将会以文字、图片、音频或视频形式自动显示该地点在 1944 年真实发生的事件。学生在这堂穿越时空的历史课中,对二战过程及其历史有了更加深刻的认识。

触觉显示设备。在视觉沉浸与听觉沉浸的基础上,触觉沉浸可以让用户对于虚拟环境更加有实感。当前虚拟现实系统中的触觉显示应用相较于视觉显示与听觉显示较少,主要用于帮助用户识别虚拟环境中某些对象的位置和

---

[1] 杨欢,刘小玲.虚拟现实系统综述[J].软件导刊(教育技术导刊),2016(04):36.

方向并进行相应操作。但触觉显示设备目前尚未实现完全的触觉感知覆盖，主要局限于手指接触感的反馈，其基本种类包括充气式触觉反馈设备，如英国先进机器人研究中心研制的 Tele tact 充气式触觉手套；振动式触觉反馈设备，如形状记忆合金反馈设备；温度式触觉反馈设备，如日本北海道大学开发的温度反馈设备。①

（2）虚拟现实系统的基本组成软件

一是数据库。在虚拟现实系统中有大量的虚拟模型，如场景模型、运动物体模型、实验物品模型等，其中，虚拟环境中的场景模型需要实时绘制，运动物体模型的运动数据需要保存、调用和更新。数据库是用于存放虚拟世界中所有虚拟模型的相关信息和系统需要的各种数据，并对虚拟模型进行分类管理。在教育领域中，数据库则用于储存和管理虚拟教学环境中的诸多虚拟对象。

二是虚拟现实开发平台。虚拟现实开发平台是整个虚拟现实系统的核心。主要用于三维图形驱动的建立和应用功能的二次开发，同时是连接虚拟现实外设、建立数学模型和应用数据库的基础平台，负责整个虚拟现实场景的开发、运算、生成、连接和协调各子系统的工作和运转。目前主流虚拟现实开发平台有 VR-Platform、FlyVR、Unity3D、Vizard、Virtools、EON、Quest3D 和 VEStudio 等。②

三是应用软件系统。应用软件系统是实现虚拟现实技术应用的关键，提供了工具包和场景图，以降低编程任务的复杂性。虚拟现实系统使用工具包分为三维动画类、网络场景类和直接控制类。三维动画类工具包主要用于构建虚拟三维场景以及场景中的对象，这类工具包制作较为简单且效果逼真，但难以进行精确控制，主要软件有 3DS Max、Maya 和 AutoCAD 等。网络场景类工具包适用于开发在因特网上面的应用，其控制灵活性较差且网络传输信息量少，主要软件有 Java3D、World Toolkit（WTK）和 VRML 等。直接控制类工具包对编程能力要求较高，能够对场景中的对象进行灵活、精确控制，主要软件有 OpenGL、Direct3D 等。③

---

① 杨欢，刘小玲.虚拟现实系统综述[J].软件导刊（教育技术导刊），2016（04）：36.
② 杨欢，刘小玲.虚拟现实系统综述[J].软件导刊（教育技术导刊），2016（04）：37.
③ 杨欢，刘小玲.虚拟现实系统综述[J].软件导刊（教育技术导刊），2016（04）：37.

3. 虚拟现实与全息教室的师资能力保障

教师在查找虚拟现实资源时，应合理鉴别资源的科学性、适切性和时效性，确保资源能够切合教学目标、教学内容及课堂需要，避免陷入"为了使用技术而使用技术"的漩涡，或是成为"工具的工具"。为此，教师需转变角色以适应虚拟教学场域，即由传统的讲授者转变为教学的指导者与技术的支持者。在虚拟现实或全息技术支持下的教育教学中，学生多采用分组协作的方式进行学习。教师除设计与规划教学过程外，还应在教学过程中运用合理手段和方法为学生的课堂学习提供指导，及时掌握学生的课堂学习动态，并为学生提供信息化、技术化和科学化支持。

一是具备合理鉴别和选择虚拟现实教学资源的能力。首先，教师所选择的 VR 资源应与课堂内容密切相关。由于 VR 技术在教育领域中的应用尚未形成完整体系，有些 VR 视频内容更偏向大众化、娱乐化，因此并不一定适合单个学科教学，这时需要教师提取视频中与课堂教学内容联系最为紧密的片段，并进行加工处理后再将其融入课堂教学中。其次，应确保所选 VR 资源的科学性与准确性。教师在备课时，应仔细查看所选取的 VR 资源内容，重点关注其在概念、原理、规律等方面是否存在错误或漏洞，保证课堂教育教学材料的科学性与准确性，避免误导学生。在检查 VR 资源是否科学与准确后，教师还应结合整个教学过程，反思此 VR 资源运用在某教学环节中是否突兀，避免为了技术而使用技术，将技术与教育本末倒置。最后，在虚拟现实支持下的课堂教学，教师应注意将虚拟现实使用时间控制在 15 分钟以内，尤其以 5—10 分钟为宜。教师在收集 VR 资源时，尽量使用时间短且内容丰富、集中的资源，提高课堂学习效率。

二是制作与共享虚拟现实教学资源的能力。当在公共网络平台、VR 视频 App 以及各大视频资源 App 中都无法找到与教育教学内容相匹配的虚拟现实教学资源时，教师可以自行对视频进行录制、剪辑，形成自己的教学资源库。包括教师通过各大视频平台或软件查找与课堂内容相关的 VR 视频资源，并根据教学目标与教学设计对所收集的相关 VR 视频资源进行拆分、拼接、渲染等操作，使教学视频贴合课堂知识、衔接流畅自然；如若在没有相关视频资源或缺乏部分资源情况下，教师根据教学安排并利用专业设备进行场景构建，在此过程中需要进行全方位数码拍照或录制视频,并在后期通过3D扫描仪或Zbrush、Blender、Lightwave、Google Sketchup、Maya和3D Studio Max等第三方软件,将虚拟场景或虚拟物体统整到虚拟现实中,以此形成立体虚拟影像。对于非人工智能专业教师来说,要完成一个教学视频的剪辑或录制往往需要耗费许多时间与精力,教师在开发VR资源时也需进行开发与合作、交流与共享,即同学科、同学段教师之间可以合作制作VR资源,并对资源进行共享,形成教师之间共通共享的丰富资源库。

三、虚拟现实与全息技术的教学应用案例

虚拟现实与全息技术的教学运用能够创新教育体系,实现传统教育进程中所难以实现的沉浸式、具身化学习体验,从而在教学领域得以广泛推广。以下基于三个具体教学案例对虚拟现实与全息技术的教学应用进行全面阐释。

(一)案例一:小学四年级科学课"人体骨骼"

"人体骨骼"是科教版小学四年级科学课程的知识,该课程有助于提升学生生物学习兴趣。在本课开始之前,学生已经通过平面图学习过人体骨骼的大致结构,但还没有掌握人体骨骼的组成部分、类别、各部分数量及相互作用。在此背景下,本课将利用zSpace的VR/AR技术重点进行以上方面的教学。学生共分为7组。

1.技术类型

zSpace是一款基于VR/AR技术的桌面式虚拟现实与增强现实设备,能够让使用者在高度沉浸感和交互感体验下,更加有效地进行学习。[1]在使用过程中,单击与zSpace配套的触控笔主按键,即可获得屏幕对应选项,将笔端发出的射线对准屏幕中的物体并长按主按键,即可将该物体拾起并进行仔细观察;按住缩放键,并前后移动笔身,即可对该物体进行相应放大或缩小操作;将笔端发出的射线对准屏幕上的物体并长按旋转键,将笔身在空间中左右移动,即可

---

[1] 刘鑫.基于zSpace的VR/AR技术在中小学课堂教学中的应用探究[J].中国教育信息化,2018(14):93.

对该物体进行翻转。

2.案例设计

在本节课中,学生对zSpace的操作将贯穿课堂始终,包括观看zSpace中的VR/AR影像、与其进行交互、巩固练习等。一是准备阶段。教师向学生介绍如何使用zSpace软件,确保每个学生都能够熟练操作,并在课前对3D眼镜、触控笔等硬件设备进行检查调试,并启动zSpace软件。二是实施阶段。教师在情境导入后,提出问题:"人体共有多少块骨头？一侧上肢骨、一侧肋骨以及一侧腿骨分别共有多少块？"之后学生在zSpace上运用触控笔放大屏幕上的3D人体骨骼虚拟图形,按类别进行拆分和拖拽,并360°翻转影像进行计数。每个学生都头戴3D眼镜,小组内一名同学手持触控笔进行操作,其他小组成员在旁辅助。为了提高每位学生的参与度,小组内其他成员可以轮流进行计数、操作。在完成全部统计以后,各小组给出问题答案,若结果出现差异,则由教师继续引导。在明确人体骨骼各部分数量及总数量后,教师向学生介绍人体骨骼各部分形状。学生在掌握人体骨骼各部分形状、特征及其基本概念以后,运用zSpace连线匹配屏幕上的骨骼形状及骨骼名称,在这一过程中,学生依然可以使用触控笔对屏幕上的骨骼形状进行放大、缩小、翻转以及拖拽,以便更加全面、立体地观察骨骼的形状及特点,最后以小组为单位呈现答案。三是巩固复习阶段。学生对本节课所学的新知识已经有了初步认识与掌握,教师继续鼓励学生通过操作zSpace将抽象知识具体化,即让每个小组合作运用zSpace拼出一副完整的人体骨骼。学生通过小组合作,运用zSpace将屏幕上杂乱的人体骨骼拼成一幅完整的骨骼图,并在完成后与标准骨骼立体影像对比,及时进行相应修正。

3.教学分析

本案例以问题为导向,采用小组合作的教学方式对人体骨骼的组成进行探究学习。在教学过程中,趣味化虚拟操作化抽象为具体,提升了学生学习的自发性,确保学生在知识掌握方面实现融会贯通。

(二)案例二:八年级生物课"观察大型动物"

本课为北师大版八年级生物教材内容中的一部分,以往教师多通过图片、视频、动画等方式对大型动物进行介绍,在本节课中,教师可运用全息教室,将大型动物切实带到学生眼前,为学生提供直观感受。

1. 技术类型:全息教室

本堂课设置在全息教室内,全息投影的作用在于立体、生动、形象地展现鲨鱼、北极熊、海象等大型动物,让学生能够近距离真实地感受大型动物的外表、特征及习性等。

2. 案例设计

一是准备阶段。教师提前准备有关鲨鱼、北极熊、海象等大型动物的全息视频,在课前模拟上课并调试全息设备,尤其是在播放全息视频时,为了达到全息视频最佳成像效果,应注意检查显示器与透明四面锥体之间的位置。

二是实施阶段。教师导入课程内容,引导学生观看鲨鱼、北极熊及海象的全息视频,并就视频内容进行小组合作学习。学生先通过立体的全息视频,观察三种大型动物的影像,然后进行小组讨论,描述三类动物身体形态及生活习性。在观察、讨论结束后,教师引导学生就该全息视频中所呈现出的鲨鱼、北极熊和海象的身体形态及生活习性进行归纳总结。最后教师结合学生的讨论,总结出关于大型动物的知识点,加深知识记忆。(如图4-3)

图4-3 全息投影视频中的鲨鱼

图片来源:https://v.qq.com/x/page/e07103rypdx.html?url_from=share&second_share=0&share_from=copy

3. 教学分析

学生对于知识的建构来自学生个人的经验与体验，教学过程应使学生在充分感知环境信息后，积极主动进行知识建构。本课采用全息技术，让学生足不出户即可看到立体的大型动物，加深了学生对于鲨鱼、北极熊及海象这三种日常生活中不易见到的大型动物的认识，做到寓教于乐。该课也可作为生物教学的导入课，用于激发学生的兴趣与动机。

(三)案例三：高中一年级地理课"探秘地球演化的轨迹"

本课是高中地理的学习内容之一，属于"地球知识"模块，主要在于让学生对地球所处的宇宙环境、与宇宙之间的相互关系、地球自身发展演变的过程及其整体结构具备初步认识，进而为学生奠定基本地理知识基础。班级共有三十名同学，分为六组，每组五人。学生在课前已经通过教师发放的预习资料对课程内容有了初步认识。

1. 技术类型：zSpace一体机

zSpace虚拟现实交互式学习一体机，主要由带有头部追踪的全彩色、高清、沉浸式立体感显示器，追踪眼镜及虚拟交互笔组成，在一体机的左右两端安装有红外感应装置，能够对追踪眼镜进行追踪，从而根据眼镜的位置调整电脑内部场景的观察位置。教师通过虚拟交互笔能够控制操作界面，完成整个实验的操作和观察。[①]

2. 案例设计

在本案例中，zSpace一体机贯穿课堂始终，学生分组完成教师所布置的任务，并以演示汇报的形式巩固课程内容。一是准备阶段，教师在课前对教室环境及VR设备、电子白板进行检查和调试，并提前培训学生使用zSpace一体机及触控笔。二是实施阶段，教师根据课堂所要完成的任务及困难程度，将班级学生分为五组，要求每组学生在规定时间内完成给定任务，并上台对小组合作学习讨论的成果进行演示。每个小组中的一名学生佩戴3D眼镜并手持触控

[①] 孙佩雄,刘通.例谈STEM教育理念下虚拟现实技术zSpace在中学物理教学中的应用[J].物理教师,2018,39(09):68-69.

笔,对屏幕内容进行操作,一位学生负责填写、记录学习任务单,其余学生则佩戴3D眼镜对屏幕内容进行观察。任务一要求第一小组学生在电子白板屏幕上取出不同地点的岩层剖面图,通过放大、缩小、翻转岩层剖面图,从各个角度对岩层形态及特征进行观察与对比,而后在教师提供的参考资料中提取出有用信息,结合这些信息对屏幕中大小岩层剖面的岩层内容及岩层顺序进行总结、归纳和记录。任务二为探索、归纳地球发展各个历史时期的特征。该任务共分为三步,第一步由第二组学生完成,第二步由第三组学生完成,第三步由第四、五组两组学生完成。在第一步中,学生利用zSpace扮演古生物学家挖掘恐龙化石,并转换不同场景,分别对恐龙化石进行挖掘、清理、装箱与组装。而后小组讨论这些恐龙化石是如何形成的。在第二步中,小组成员根据教师所提供的地质年代表,在zSpace上,点击对应场景中的时间轴,共同观看不同时期地球的大陆形态,描述前寒武纪、古生代、中生代和新生代四个不同时期大陆形态的特征。在此基础上,小组同学就魏格纳的大陆漂移学说是否正确展开讨论,并说明赞成或反对的理由和依据。在第三步中,学生通过zSpace进入"时空隧道",依次漫游、观察在三叠纪、侏罗纪、白垩纪、及其早期、古近纪时代中地球大陆上的样貌及出现的动、植物,在观察以后,小组讨论、归纳处在不同时代的生物特征。任务三为探究人类在地球上的演化过程,该任务由第六小组同学合作完成。学生依托zSpace对屏幕呈现内容进行操作和匹配,观察并描述人类演化的进程,而后观看人类走向世界的VR视频,在小组内进行讨论、交流。在六组同学全部完成以上三个任务后,各组同学在班级中对本次小组合作完成的成果进行演示及汇报,教师针对各组汇报情况予以补充。

3.教学分析

创设情境是教师教学设计不可缺少的内容。教师应重视情境在学生知识建构过程中的作用,意识到为学生创设与课堂知识相关的真实情境是完成课堂知识建构的必要前提。在本案例中,教师通过虚拟现实创设的教学情境,形象、生动、直观地将地球演化过程展现在学生面前,而其中设置的三个具体任务都导向了学生对于"地球演化"的意义建构,确保学生对于地球演化相关概念、性质、规律、关系等形成全面认识,而非仅仅停留在机械表象认识上。学生则通过意义建构,达到对于知识的深刻理解,进而形成自己的知识体系。

四、结语

中国工程院院士赵沁平认为,虚拟现实是"终极性的教育技术"。[①]其在教育领域具有激发学习动机、创建学习情境、增强学习体验以及打破时空限制等多种优势,能够有效促进学生的自主学习。一是激发学习动机。相较于传统教学模式,虚拟现实增强了学习过程中的趣味性,能够快速吸引学生的注意力,激发学习动机。二是创建学习情境。虚拟现实可以为学生搭建多元的学习情境,既可以事件重构、情境模拟,又可以进行科学实验、模型建构,创建与教学内容相契合的学习情境,使学生充分感知,形成稳定清晰的表象。三是增强学习体验。虚拟现实可以呈现逼真的现实场景,构建教学与学习的高沉浸式和有机交互,打造学习的全新体验和构想空间。在虚拟现实技术创建的虚拟学习情境中,学生由知识的接受者转变为参与者,并在视觉、听觉、触觉等多维度感官作用影响下,与学习内容零距离接触并沉浸其中。四是打破时空限制。虚拟现实可以真正实现穿越式教学,并最大程度地减少成本、降低风险。

教师在清楚了解虚拟现实与全息技术所具有的教育价值的同时,也应注意到其所带来的诸多挑战。

一是教学环境更加复杂。利用虚拟现实创设虚拟教学情境的同时,也与教育教学所处的物理环境发生交互,相互连接,使教学环境趋于复杂化。教师依托虚拟现实进行教育教学实践,创建虚拟空间,使学生从物理空间进入虚拟空间,再由虚拟空间返回物理空间,在两种教学环境相互转化的过程中形成对课堂知识的深入理解。虚拟教学环境的优势在于能够为学生提供直接经验,使学生在直接经验中加强具身认知;物理教学环境的优势在于传达间接经验的时效性较高,且教师可以根据学生现场表现对教学进度进行灵活调整。

二是学生容易沉迷于虚拟情境。VR技术所呈现的虚拟空间,是一个极具新鲜感与游戏感的世界。青少年学生乐于探索新鲜事物,但自我控制能力较弱,一旦沉浸其中,就会难以自拔,甚至导致虚拟成瘾。而虚拟教学与现实教学之间的强烈反差,也容易引起青少年学生对现实教学的厌倦心理。[②]

---

① 沈阳,逯行,曾海军.虚拟现实:教育技术发展的新篇章——访中国工程院院士赵沁平教授[J].电化教育研究,2020(01):7.
② 李勋祥,游立雪.VR时代开展实践教学的机遇、挑战及对策[J].现代教育技术,2017,27(07):118.

三是虚拟环境模糊"危险"认知。虚拟世界将师生带入一个图像声效时代,所有的突发事件、各种灾难与极致体验等,经过VR技术传递,均成为一次安全的、不在场的体验。学生通过虚拟环境中的虚拟实验可以反复多次地进行实验操作,尝试和观察不同操作下所产生的不同实验结果,其中不乏具有危险性的操作。在虚拟实验中,这些危险性都被抹去了,在降低实际物理风险的同时,也使学生降低了心理防线。学生对于实验操作的危险性认识缺乏实际感知,会减弱对危险的警惕,从而可能会在未来接触到真实实验时增加危险发生的可能性。基于此,教师应充分把握虚拟教学环境与物理教学环境特点,充分发挥两种教学环境的优势,规避虚拟教学环境弊端。

四是课堂交互关系复杂化。教师与学生之间的互动是一个行为交互与情感交互的过程。教师与学生在课堂上运用语言进行表达,就是一个行为互动的过程;在语言中双方找寻情感的共鸣,并获得愉悦感受,就是情感互动。虚拟现实与全息技术深入教育教学实践,传统的师生之间面对面的交互关系逐渐转变为师生之间、生生之间,教师与虚拟影像之间、学生与虚拟影像之间等较为复杂的、多线的关系。教师需要处理这些多元、复杂的关系,并使这些关系能够始终服务于学生所需的知识、技能、情感等教学目标。

因此,虚拟现实与全息技术支持下的学习体验,离不开教师的积极引导。教师作为教育工作者,应首先意识到,虚拟现实与全息技术作为计算机蓬勃发展带来的产物,其背后都蕴含着某些独属于这些技术的价值取向。全息技术由于多角度、立体成像特点而更加支持多人合作学习,而非个体独立学习;虚拟现实的可重复性以及可逆性可能使学生出现不负责任的倾向。教师在引导学生操作这些技术的过程中,也应使学生充分认识到技术的工具属性,发挥虚拟现实与全息技术的积极作用,避免过犹不及。

课后思考

1. 虚拟现实在教育中的应用与建构主义理论有什么异同?
2. 虚拟现实具有的"4I"特征,对推动课堂教学会产生哪些新的变革?
3. 要将虚拟现实与全息技术良好应用于课堂教学中,教师需要具备哪些素质?

4.谈谈不同学科在课堂中应用虚拟现实与全息技术的教学组织是否具有特殊性?

推荐阅读材料

1.何聚厚,黄秀莉,韩广新,等.VR教育游戏学习动机影响因素实证研究[J].电化教育研究,2019(08):70-77.

2.姜强,赵蔚,李勇帆,等.基于大数据的学习分析仪表盘研究[J].中国电化教育,2017(01):112-120.

3.刘革平,王星.虚拟现实重塑在线教育:学习资源、教学组织与系统平台[J].中国电化教育,2020(11):87-96.

4.李佩佩,陈琳,冯熳.全息技术在智慧教育中的应用研究[J].现代教育技术,2017,27(06):12-17.

5.李勋祥,游立雪.VR时代开展实践教学的机遇、挑战及对策[J].现代教育技术,2017,27(07):116-120.

6.李欣.虚拟现实及其教育应用[M].北京:科学出版社,2008.

7.沈阳,逯行,曾海军.虚拟现实:教育技术发展的新篇章——访中国工程院院士赵沁平教授[J].电化教育研究,2020(01):5-9.

8.万昆,李建生,李荣辉.全息技术及其教育应用前瞻——兼论未来学习环境的发展[J].现代远距离教育,2020(06):35-40.

9.汤跃明.虚拟现实技术在教育中的应用[M].北京:科学出版社,2007.

10.赵一鸣,郝建江,王海燕,等.虚拟现实技术教育应用研究演进的可视化分析[J].电化教育研究,2016(12):26-33.

第五章 区块链与存储技术及其应用

区块链作为一项新兴信息技术,将引领教育理念、教育方法、教育形式、教育空间以及教育载体等发生巨大转变。区块链共识机制、智能合约、加密算法等核心技术赋能教育应用,推动建设优良的学习环境,构建智慧学习空间,促进学生个性化学习,提高学生学习自主性,提高教学质量。

☆ 学习目标

1. 理解区块链与存储技术的基本特征。
2. 理解区块链与存储技术的应用原理与核心要素。
3. 了解区块链与存储技术的发展演变。
4. 掌握区块链与存储技术在教育领域的典型运用。

◐ 思维导图

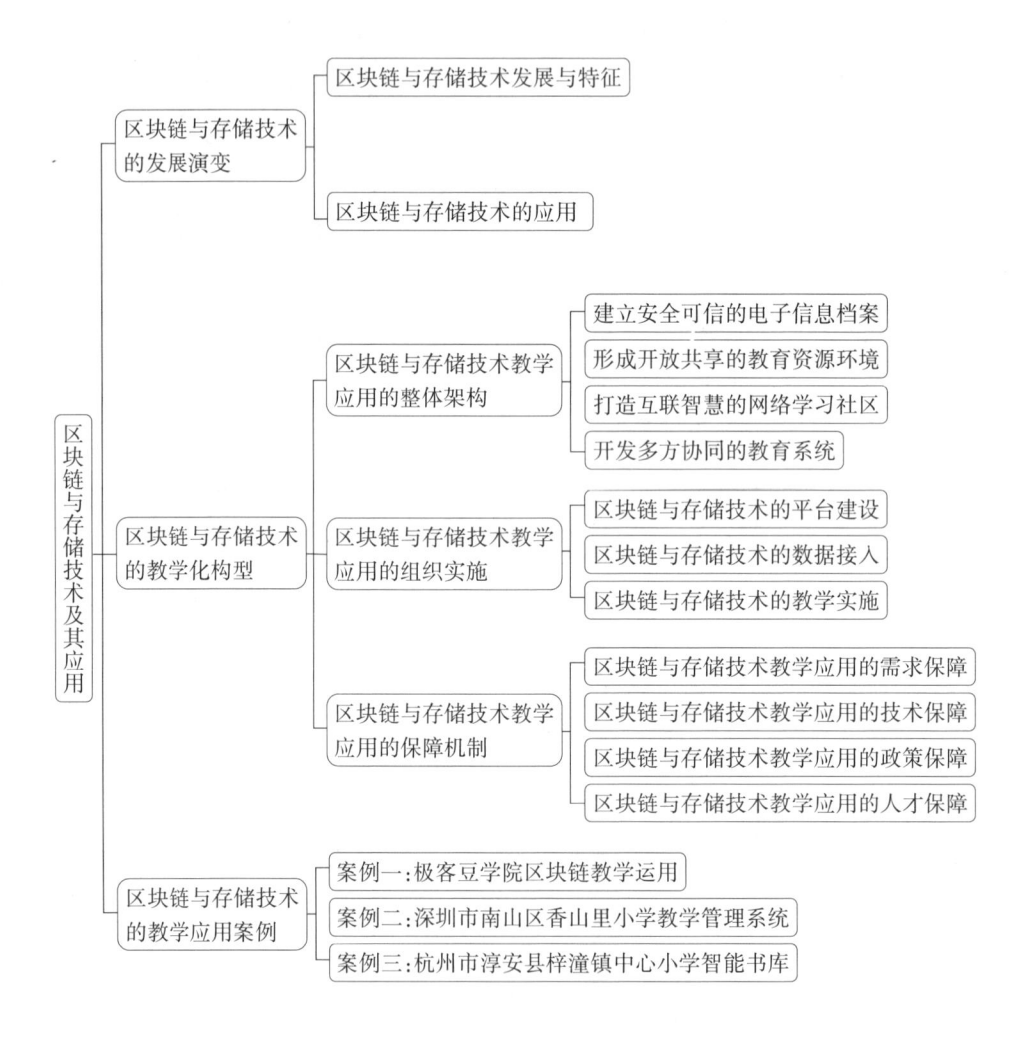

```
区块链与存储技术及其应用
├── 区块链与存储技术的发展演变
│   ├── 区块链与存储技术发展与特征
│   └── 区块链与存储技术的应用
├── 区块链与存储技术的教学化构型
│   ├── 区块链与存储技术教学应用的整体架构
│   │   ├── 建立安全可信的电子信息档案
│   │   ├── 形成开放共享的教育资源环境
│   │   ├── 打造互联智慧的网络学习社区
│   │   └── 开发多方协同的教育系统
│   ├── 区块链与存储技术教学应用的组织实施
│   │   ├── 区块链与存储技术的平台建设
│   │   ├── 区块链与存储技术的数据接入
│   │   └── 区块链与存储技术的教学实施
│   └── 区块链与存储技术教学应用的保障机制
│       ├── 区块链与存储技术教学应用的需求保障
│       ├── 区块链与存储技术教学应用的技术保障
│       ├── 区块链与存储技术教学应用的政策保障
│       └── 区块链与存储技术教学应用的人才保障
└── 区块链与存储技术的教学应用案例
    ├── 案例一:极客豆学院区块链教学运用
    ├── 案例二:深圳市南山区香山里小学教学管理系统
    └── 案例三:杭州市淳安县梓潼镇中心小学智能书库
```

技术形态变化促进了社会全领域变革,使人类社会从石器时代、农业时代、工业时代、电气化时代、信息化时代逐渐过渡到数字智能时代。当前,互联网、大数据、区块链等新技术手段的广泛运用,实现了前所未有的互联互通,并极大提升了人类的社会感知力和生产建设力。其中,区块链与存储技术被认为是智能时代最具发展潜力的信息技术,并被期许在不久的未来能推动社会生产关系及社会形态革新。区块链是分布式存储、共识机制、点对点通信、加密算法等计算机技术在互联网时代的创新应用模式,具有公开化、去中心化、难以篡改、可追溯等特点,能保障系统内数据公开透明并可轻松溯源,进而实现在弱中心化环境下建立主体之间的信任关系。[1]区块链与存储技术正逐渐被引入教育教学活动中,助力构建多样化、个性化、精简化、智能化的教育体系,实现用"区块链+"手段创新教育教学模式。

一、区块链与存储技术的发展演变

区块链与储存技术的发展演变历程相对较短,尽管其只经历了十几年的建设之路,但当前区块链与存储技术已迅速发展为产业升级和领域变革的核心力量,通过不断集聚创新资源与动力要素,区块链与存储技术引发诸多新业务形态和新商业机制产生,并为加快数字经济发展速度及实体经济质量效度提供了重要支撑,同时也成为当下探索教育教学创新发展新模式的热点话题。

(一)区块链与存储技术发展与特征

区块链与存储技术是从区块链的应用实践——比特币的产生开始的。2008年11月1日,中本聪发表了《比特币:一种点对点电子现金系统》一文,阐述了基于P2P(Peer-to-Peer)网络技术、加密技术、时间戳技术、区块链技术等电子现金系统的构架理念,标志着比特币的诞生。[2]该文认为,区块链是一种基于电子现金的点对点交易概念和模型,即两者之间的现金交易程序不需要类似于支付宝、微信及银行等第三方参与,而是两者之间点对点完成交易,进而

---

[1] 刘权.区块链与人工智能构建智能化数字经济世界[M].北京:人民邮电出版社,2019:1-2.
[2] 叶蓁蓁,罗华.中国区块链应用发展研究报告(2019)[M].北京:社会科学文献出版社,2019:29-30.

避免故障或重复扣款等问题。2009年1月3日,中本聪搭建了以其论文描述的交易概念和模型的比特币客户端程序,中本聪本人也首次"挖矿"获得50个比特币,取名"创世纪区块"。①可以说,区块链就是比特币背后的技术基础,是一种基础设施。从区块链设计的思路看,区块链是一种多方共同维护,通过密码学保证传输安全,实现一致、难以篡改、防止抵赖的记账技术。

区块链与教育的结合出现在2013年,塞浦路斯的尼科西亚大学正式宣布接受电子货币支付大学学费。2014年,美国麻省理工学院、宾夕法尼亚州立大学、斯坦福大学等一批著名高校学生自发在脸书上成立了"大学加密货币群组"(College Cryptocurrency Network),进而在社交媒体上全力推广区块链技术。2016年,该群组正式更名为"区块链教育网络"(Blockchain Educaiton Network),主要负责举办高校区块链知识竞赛和技术创新创业。同年,麻省理工媒体实验室和尼科西亚大学在区块链上颁发学位证书,我国中国人民大学、中央财经大学也先后成立了区块链实验室。英国政府在2016年1月发布的《区块链:分布式账本技术》认为,区块链是数据库的一种,包含了很多数据记录,这些记录不是存放在一页纸或一个表内而是存储在区块内,每个区块通过数字签名链接到上一个区块,人们可以像使用账本一样使用区块链,实现数据共享和授权查阅。②2018年,清华大学宣布成立"青藤链",以建立我国高校区块链联盟。这一时期,世界上第一所区块链大学——英国伍尔夫大学正式成立。③

因此,狭义层面上的区块链是一种按照时间顺序将数据区块以链条的方式组合成特定数据结构,并通过密码学方式保证数据安全,使其成为难以篡改和伪造的、去中心化的互联网公开账本。④从广义层面来看,区块链是利用链式数据区块结构验证和存储数据,利用分布式的共识机制和数学算法集体生成和更新数据,利用密码学保证数据的传输和使用安全,利用自动化脚本代码即智能合约来编程和操作数据的一种全新的去中心化基础架构与分布式计算范式。从区块链的技术构架看,最核心的技术主要包括分布式账本技术、共识机制、非对称加密算法、智能合约等,其具有去中心化、可追溯、可信任、安全

---

① 王佑强,涂晶.区块链改变未来:区块链应用与数字产业革命[M].北京:人民日报出版社,2019:4.
② 金义富.区块链+教育的需求分析与技术框架[J].中国电化教育,2017(09):63.
③ 庄园.区块链变革教育的动因、经验和路径[J].高教探索,2021(02):47.
④ 刘权.区块链与人工智能构建智能化数字经济世界[M].北京:人民邮电出版社,2019:25-26.

性、共维护、准匿名等显性特点。

一是去中心化。区块链在结构上是由多节点组成的点对点网状结构,每个节点地位平等,各节点既服务请求者也服务响应者。区块链没有传统账本技术的中心化组织,而是以P2P网络为支撑,不依赖中心服务器和机构,通过点对点、分布式记录和存储形式,各个节点之间直接对接,彼此信任,进行"面对面"交换数据资源,系统不会因为任一节点的损坏或异常而影响正常运行。

二是可追溯。区块链是以密码学原理和时间戳技术构建的一种分布式共享技术,区块链中的所有数据信息记录和传输都以时间戳技术标记,且经过密码学加密处理,数据不可逆转,不可修改和撤销。区块链中具有链式结构的时间序列确保了全网更新数据的顺序一致,参与分布式记账的所有节点对录入的信息达成共识,系统赋予时间戳,这种技术具有不可逆性,因此记录在区块中的所有数据都是可以追溯的。

三是可信任。区块链信任机制是基于现代密码学、共识机制建立的分布式共享系统。在具体应用中,每一个人或组织登录链上的计算机都是一个节点,每一次信息传递可以达成共识(产生大家的信任)的基础就是区块链上没有借助任何一个中心或第三方信用的背书,而是通过互相的点对点认证机制获得链上全部节点,从而达成信任共识。[1]这种共识机制能够使系统中各参与节点自动安全交换数据而无需人为干预,且区块链系统任意节点间的数据交换通过数字签名技术进行验证,以按照系统既定规则运行,保证数据信息具有较高可信度。

四是安全性。区块链的安全性是基于加密算法、共识机制建立的安全结构体系,进而保证区块链上的数据不能更改和撤销。其主要体现在两个方面,首先,从技术层面上看,区块链利用了大量关于密码学和信息安全的技术,包括哈希(Hash)算法、非对称加密、数字签名和证书、梅克尔树(Merkle trees)等,保证了数据信息安全;其次,从整个网络系统来看,区块链不再依靠中央机构背书,它依靠去中心化的共识机制将信任转移到各个网络节点上。[2]

---

[1] 王佑强,涂晶.区块链改变未来:区块链应用与数字产业革命[M].北京:人民日报出版社,2019:7.
[2] 梁青青,张刚要.融入课程质量的在线学习成果认证区块链模型及实现机理研究[J].电气化教育,2020(04):50.

五是共维护。由于区块链系统多采用去中心化的分布式设计,节点分散在各处,所有的节点都是一个全副本,维护着全部账本数据。这种特点使得账本数据很难丢失,如果其中某一个节点发生故障,并不影响其他节点数据的完整性。每一个数据记录在区块上,都必须通过共识机制,得到其他节点的记录和认可,只有超过51%的节点成员达成共识,数据交易才能发生。具体而言,每个区块都有一个与之对应的、不重复的哈希作为指纹标记,下一个区块会指向上一个区块的哈希,篡改其中一个区块的任何数据,都会导致哈希发生变化,从而导致链关系错误,错误的交易无法通过其他节点的验证,会被其他所有节点拒绝。①因此,区块中所有节点共同参与系统数据的验证、存储、维护,保证了区块系统中数据的不可篡改和伪造,有利于保证每份副本信息的一致性和真实性。

六是准匿名。区块链是通过共识机制、非对称加密算法、智能合约等核心技术建立的信任系统,其系统交易均建立在非对称密码机制下,智能合约预先设定的条件自动达成交易,无需第三方参与数据交换,也不会被其他节点欺骗,每个节点匿名参与,不公开身份,只需要用户的公钥即可实现节点之间的信息传递,从而进一步保障了参与方的个人信息隐私安全。

区块链是按照一定的加密算法生成的一系列包含关于网络交易特定记录的数据块序列,在区块链结构中,每一个区块由区块头和区块体两部分构成。其中,区块头主要包括前一区块哈希地址、梅克尔树、哈希值等主要技术数据,这些数据是按照特定算法维护交易数据和生成新区块的基础。在区块链系统中,新区块是基于区块链的加密算法、共识机制及智能合约对数据交易、记录、传输后生成的。每个区块中都包括了数据交易完成的整个过程,都参与了数据维护,均可获得一个真实账本副本,保证了区块链系统的可靠性和可用性。此外,每间隔一定时间,各个参与节点的交易数据会被打包成新的数据区块,并按照时间顺序形成数据区块链条,链条中的数据区块只能增加不可删除,②并呈现链式结构特征。

当下,区块链被广泛应用于各行各业,因此区块中包含的信息可以是金融

---

① 蒋海.区块链:从信息传递到价值传递[J].当代金融家,2016(Z):47-48.
② 金义富.区块链+教育的需求分析与技术框架[J].中国电化教育,2017(09):2.

交易数据,也可以是教育领域数据,这种数据传递是以点对点去中心化方式实现的,其交易程序一般需要以下几个步骤:第一,A创建了一个面向B的交易信息,并使用加密和私钥签名这个交易信息;第二,在线交易记录形成新的区块;第三,A将所创建的交易信息在P2P网络上进行全网广播,使全网络知晓这次交易;第四,区块链网络上所有节点都会收到广播,并进行验证,同意交易有效;第五,完成的新区块加入区块链中,成为公开的、不可改动的交易记录;第六,各个节点将共识验证后的交易信息写入自我账本,最后形成新的数据交易区块,并加入区块系统之中,如图5-1所示。

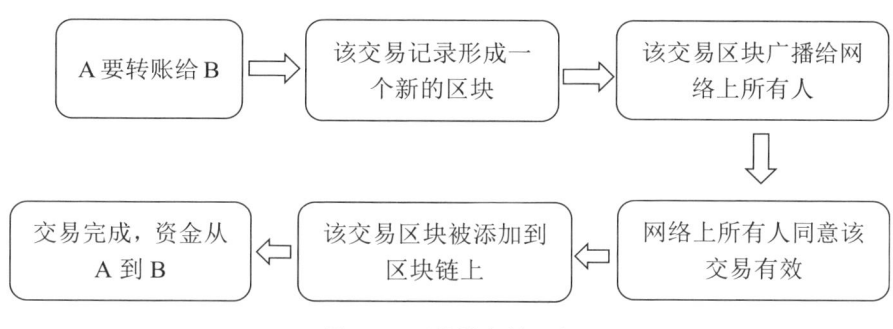

图5-1 区块链交易程序

(二)区块链与存储技术的应用

区块链当前还处于不断更新发展阶段。美国区块链科学家梅兰妮·斯万将区块链技术的发展和应用分为三个层次(如图5-2所示)。

一是以比特币为代表,解决货币和支付去中心化问题的区块链1.0。区块链1.0主要以其去中心化的特点实现数字货币交易,其基于P2P网络技术构建点对点的去中心化支付方式,能够便捷、安全地应用到跨国、跨境的货币支付中,无需第三方权威机构参与协调,凸显了其在数字支付金融领域的安全性和高效性。

二是以以太坊为代表,将区块链拓展到股票、债券、期货等金融领域,以智能合约解决市场去中心化问题的区块链2.0。区块链2.0时代,智能合约成为显著特征,区块链技术通过算法实现了"交易"自动化,改进了传统社会契约的使用规则,实现了更加快捷高效的交易行为。此外,这一时期也出现了基于智能合约建立的去中心化的、符合大众利益的、应用于物联网和共享经济的结合应用DAPP。

三是以企业操作系统(Enterprise Operating System,EOS)为代表,支持广义资产和广义交换,继而实现行业应用的区块链3.0。[①]区块链3.0时代,人机交互和人机互联成为常态,区块链在社会多个领域中得到广泛而高效运用,如智能化物联网应用、政府智慧服务管理、医疗健康服务、文化和教育领域等,人们将生活在区块链赋能的共享经济社会。

作为颠覆性技术的杰出代表,区块链为解决各行各业的信任问题与价值交易的安全问题提供了新研究思路,并被认为具有变革生产关系的巨大潜力,继而受到了教育学者的广泛关注。在区块链3.0技术体系下,教育形式和教育载体发生了巨大变化,区块链赋能教育向智慧化转变,尤其是区块链的技术优势将在现代信息化教育体系中得以充分体现,包括建立安全的学生电子信息档案,建设公开透明的教育资源平台和网络学习空间,实施高效率教育管理规范机制等。

区块链 1.0	区块链 2.0	区块链 3.0
比特币及其他虚拟货币、分布式账本、链式数据、工作量证明、去中心化数字支付	智能合约、物联网、共享经济、去中心化DAPP	政府智慧服务管理、医疗健康服务、文化和教育领域

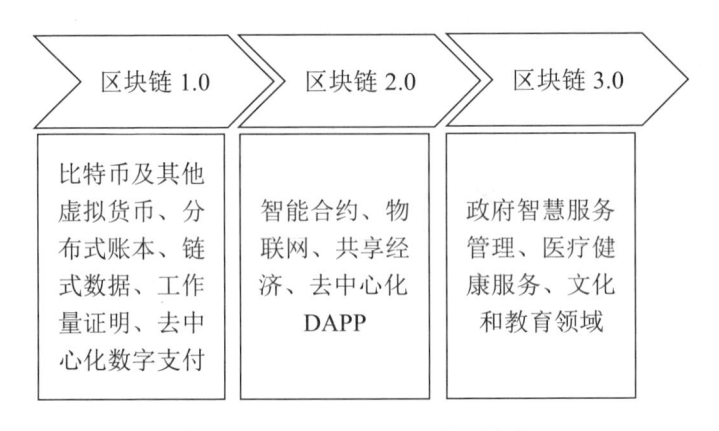

图5-2　区块链1.0至3.0发展演变

二、区块链与存储技术的教学化构型

区块链与存储技术正逐渐引入社会生产生活领域。作为新一代崛起的智能技术,区块链与存储技术为构建面向未来的智慧教育体系带来了新发展机遇。"区块链+教育"包含两层含义:一是对区块链理论、技术、应用等的教育,比如开设区块链专业、设置区块链课程、举办区块链技术比赛等;二是推动区块链与存储技术与教育教学全过程间的深度融合,通过应用区块链技术解决目

---

① 付凯,倪平,曹元.区块链面临六大安全问题　安全测试方案研究迫在眉睫[J].通信世界,2018(28):45.

前教育教学实践中的具体问题,为优化教育资源配置方式,打造更加开放、更具公信力和更为透明的教育信息资源平台,推动构建多样化、个性化、精简化、智能化的教育体系。

(一)区块链与存储技术教学应用的整体架构

区块链与存储技术在当下的教育环境中,发挥着越来越重要的作用。将区块链中分布式记账技术、智能合约、共识机制、非对称加密算法等核心技术运用到教育领域,可以建立安全可信的电子信息档案、形成开放共享的教育资源环境、打造互联智慧的网络学习社区、开发多方协同的教育系统,如图5-3所示。

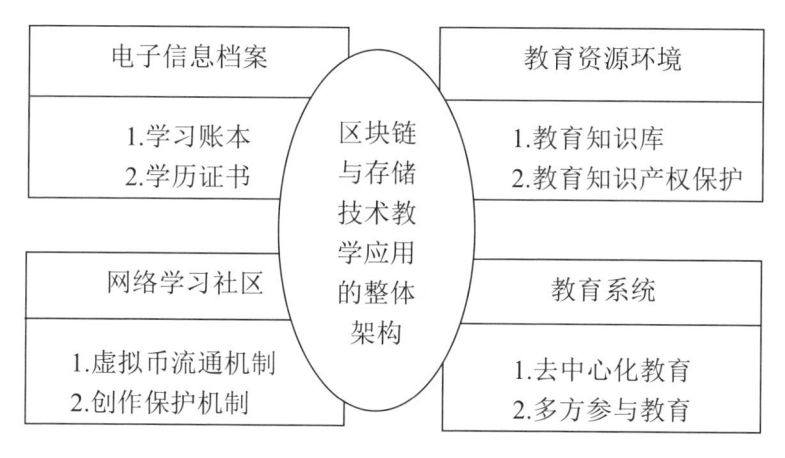

图5-3 区块链与存储技术教学应用的整体架构

1.建立安全可信的电子信息档案

随着学习资源的不断增加,学生个人学习经历愈发丰富,并取得了众多教育纸质证书。但在漫长的学习经历中,也存在个人学习经历记录和资质证书不易保存等问题,学生也难以将个人经历、兴趣爱好、知识体系、技能特点等情况完整呈现。区块链与存储技术的数据存储功能则有益于帮助学习者详细记载自身学习历程,完整保存学习证书等个人档案。

(1)提供可追溯的学习账本记录

区块链技术的特点之一是数据的可追溯性,建立学生区块链学习账本,系统记录并存储个人正式的或非正式的、网络在线学习或离线学习等各种学习经历和过程。各培养单位可以随时登录区块平台记录学习者信息，继而简化对学习者的培养记录程序，提高信息记录工作效率。学习记录和学分信息的系统保存，有助于学习者在求职过程中向用人单位直观展示个人真实经历，从而降低企业公司在信息筛选和学历甄别方面的人力物力成本。

美国两大著名智库机构未来教育研究所和美国大学入学考试基金会联合提出了基于区块链的"学习账本"和"教育区块链"（Edublock）概念。在学习账本方面，其旨在让学生理解"学习就是收入"（Learning is Earning）这一核心观点，这类似于当前用来记录和评估学生学习成效的"学分"思想初衷，即"学到即是赚到"。[1]学习经历越丰富，赚取的学分越多，学习者所获得的学习收益也就越多。而学习者所有的学习经历和学习成果都会被学习账本如实记载，进而形成个人基本简历，为学生求职和职后晋升存储人力资本。此外，学习账本能够追踪存储在教育区块链中所有学过的知识和掌握的技能，每一教育区块链都代表学习者在一个小时内取得的正式学习或非正式学习成效。

教育区块链则可以测量和记录非正式学习，比如培训活动、学校比赛、研究演示、实习经历、社区服务等。一连串的教育区块形成一个分布式账本或电子公文包，让学生在任何时间、任何地点都能获得学习信用。[2]在学生学习期间，学术顾问将专注于帮助学生获取更多的教育区块，同时记录在学习账本中，当学生毕业时，个人形成的区块链学习账本就包含"赚取"的各类学分、知识技能、兴趣爱好等基本教育数据信息。

（2）生成安全可信的学历证书

随着以慕课为代表的数字教育资源学习平台增加，学习者更偏向于以数字证书验证学习成果。一些教育机构已经尝试将学习证书记录在区块链上，以便为个人和用人单位提供安全、可信的数字证书。具体而言，就是通过区块链智能合约、加密算法等核心技术，按照区块链生成的原理，创建一个区块链证书存储和认证系统，将数字证书保存在公共数据库中。学习者用私钥对证书内容和证书本身进行签名，学校等教育机构也通过私钥再签署一份有完整信息记录的数字证书，拥有登录区块权限的单位可通过之前加密私钥对应的

---

[1] 许涛.区块链技术在教育教学中的应用与挑战[J].现代教育技术,2017,27(01):111.
[2] 杨现民,李新,吴焕庆,等.区块链技术在教育领域的应用模式与现实挑战[J].现代远程教育研究,2017(02):34-35.

公钥进行查询,在确保证书不会被恶意查询的同时也可辨明真伪。

区块链可以把学习者多项学分或学习结果储存在一起,申请专业机构认证以获得相应毕业证书或学位证。位于美国旧金山的软件培训机构——霍伯顿软件工程学院是世界上第一个使用区块链记录学历的学校。2015年10月,霍伯顿软件工程学院宣布利用区块链技术认证学历证书。霍伯顿软件工程学院在官方博客上介绍,每个学生的毕业证都是在安全的数字环境中颁发。学生通过发送公钥,加入学校学历认证模块,然后学校把学生证书信息编辑完善后插入区块链,就形成电子证书。在证书密封好之后,霍伯顿软件工程学院学生就能获得证书以及私钥,同时证书也将被储存在区块链上,方便雇主随时验证。每位霍伯顿软件工程学院毕业生也将获得纸质证书和存储于区块链的数字证书编号(Digital Certificate Number,DCN)。把数字证书编号附在简历里,雇主可以通过任何元区块链浏览器在几秒钟之内检索查验证书。与其他验证学术证书的方法相比,区块链更高效、安全、成本更低、易于使用。

英国开放大学知识媒体研究所(Knowledge Media Institute)开发的"微认证"(Micro-credentials)和"开放徽章"(Open Badges)也是学历信息认证的代表。[①]区块链的学历记录信息及学历认证技术,保障了学习者学习信息的真实性、安全性和可靠性,助力解决了当前学生学历信用缺失等问题。通过这种方式,学习者能够自主拥有其学习过程和结果的记录证据,有效提高了学习认证效率,实现了对学习者教育资产与智力成果的版权保护,从源头上保障了个人的知识产权隐私。

2.形成开放共享的教育资源环境

随着网络信息化技术被广泛应用到教育资源开发和使用中,教育资源载体形态及其传播方式也随之发生颠覆性变化。最常见的便是开放数字化教育资源的网络传播与共享。开放教育资源(Open Educational Resources,OER)的出现与蓬勃发展,改变了学习者资源获取方式,这些开放教育资源内容多样,数量宏大,为线上线下学习提供了优良环境和大量免费资源,进而为学习者节省了寻找教育资源的时间成本。

---

① 鲁昱璇.区块链技术在教育领域的应用:回顾与展望——基于《教育中的区块链》报告的分析[J].世界教育信息,2019(19):14.

从开放教育资源的开放程度来看,已建资源尚未达到理想开放状态。首先,对受教育者来说,很多开放教育资源并不是完全免费的,需要使用的教育资源收费较高,不需要的教育资源质量又过低,用途不大,且不能共享。其次,对于开放教育资源管理方而言,为追求开放教育资源利益最大化,势必要进行诸多挖掘和维护工作,这使得运营成本过高,经营难度变大。最后,对于创作者,辛苦的知识输出,劳动与经费报酬间的不匹配矛盾凸显,且知识版权保护力度较弱。区块链的去中心化、可追溯、安全性、共维护等技术特点,为解决上述难题提供了思路,推动开放教育资源建设向开放、共享、安全、可靠方向发展。

(1)构建开放共享的教育知识库

互联网+、云存储及大数据技术手段已成为人类知识生产、储存和传递的最佳选择,网络技术的联通作用有助于方便快捷分享和传递知识文化。作为知识分享和智力交汇的主要聚集地,维基百科、学堂在线、网易公开课、慕课、Sharecourse等互联网资源平台,为学习者提供了便捷学习机会。但从现有开放教育资源的运营管理来看,很多开放教育资源并没有达到智慧管理和高效利用资源服务广大学习者的应然效果。开放教育资源内容基于订阅模式,学习方式仍然与传统课堂类似,教师从线下集中讲解演化为线上集体传授,这种授课方式创新性显然不够,无法完全发挥学生学习的积极性和能动性。此外,在当前的开放教育资源中,教育管理部门与其他教育机构很少参与其中,部门间协作力度不够,导致开放教育行业数据不透明、资源分散、头部渠道话语权过大等问题,这些缺点都将在一定程度上阻碍未来开放教育资源开发。

区块链与存储技术运用到教育资源获取上,可以构建一个更为灵活、开放的教育资源系统,并通过去中心化和维护技术,实现教育资源价值流转和不断完善。具体来说,区块链技术中的智能合约技术,可使开放教育资源系统中的行为按照既定规则运行,系统中数据交换和数据传递都将难以随意更改和删除,数据可信度因此将大幅提升,同时也降低了系统参与者的信任危机感。在构建开放教育资源系统中,通过分布式账本设计,教育管理部门、科研院所、教育机构、教育研究者等都可以参与其中,这不仅扩大了主体合作参与维度,增加了教学资源获得渠道,同时也促进了跨机构间教育数据流动、共享及定价,进而共同建设资源丰富、种类繁多的开放教育资源系统。

(2)建设教育资源版权保护中心

从开放教育资源的使用情况和版权保护来看,正是因开放教育资源的"开放"特性,使资源服务提供方和资源使用者缺乏约束,进而导致开放教育资源被滥用,版权保护机制匮乏,数字化教育资源迅速被低成本复制等系列困境。对于法理意义上的侵权行为进行界定将会变得越来越困难,并将造成知识产权保护出现"举证难、周期长、成本高、赔偿低、效果差"等问题。[①]实际上。开放教育资源中的"开放"是指人们在教育、学习和研究中使用教育资源时需遵守知识共享许可协议的开放,并不意味着教育资源著作权或知识产权可以不加节制无限制使用。

区块链与存储技术能有效保护开放教育资源的版权信息,即以区块链的加密算法、智能合约、共识机制为底层技术,将作者所有资源创建信息的原始记录都安全保存在"账本"中。其中,加密算法等技术避免了版权信息的无故泄漏和恶意篡改;分布式记录账本将作者创作的所有开放教育资源,以及在系统中上传、下载痕迹都可被查询和证明,使其具有极强的可追溯性和可验证性,防止版权信息丢失。此外,在开放教育资源管理和监督方面,区块链的去中心化特点,能够保障版权信息在系统节点中传递,让系统中的所有用户都能够知晓开放教育资源版权的原始来源,实现公众对版权信息的协同维护与实时监管,进而有效解决版权欺诈和产权被盗问题,这对于激发创作者信心和创造动力大有裨益。

3.打造互联智慧的网络学习社区

数字信息化时代,各种数字化学习方式蓬勃发展,网络学习社区也应运而生,并呈现出参与性、互动性、开放性和个性化特点。在网络学习社区环境中,社区成员主动参与其中,与其他成员共同学习、交流和分享。但在网络社区的发展过程中也存在社区成员活跃度不够、创作积极性不强、教育资源质量不高、创作资源产权保护手段少等问题。区块链的应用有益于优化网络学习社区的运行方式,促进社区成员交流,提高教育资源创作积极性,推动网络学习社区良性发展。

---

① 李明德.国家知识产权战略与知识产权法制建设[J].西北大学学报(哲学社会科学版),2018,48(05):40.

(1)建立虚拟币流通机制,提高社区成员参与积极性

社区成员的活跃度往往是衡量社区发展的重要指标之一,其发言、交流、创作行为共同构成了一个高质量网络社区。为保障社区成员的积极性,激励手段便必不可少。运用区块链共识机制,产生类似于比特币的虚拟币,社区成员只要完成既定工作量,并通过全网社区成员认可,便可得到一定数量的虚拟币,其可利用获得的虚拟币购买社区学习资料与服务。社区虚拟币的产生与流通,可以提高社区成员的参与度,激发社区成员的归属感和学习兴趣。实质上,虚拟币的获得过程,遵循了区块链共识机制工作原理,学习者可通过在学习社区中上传作品、发帖、提问、回答等任务,然后经社区审核通过后得到虚拟币。这一策略体现了对资源创作者的认可以及对创作内容的支持。

(2)保护社区成员创作版权,促进教育资源正常传递与分享

网络学习社区需要具备良好学习氛围,学习者在课堂之外,利用课余或闲暇时间进行额外学习"充电"时,总会第一时间登录社区寻找自己想要的知识,那么这个网络学习社区便被视为具有吸引力。吸引学习者前往社区学习的关键因素除了活跃宽松的学习氛围外,最根本的是社区拥有优质学习资源。当前大部分网络学习社区的运营方式主要是鼓励社区成员上传资料、发帖、回答、提问等,以此构建网络学习社区教育资源库。但这种模式主要存在两方面问题:一方面是教育资源的收集和管理问题,由于网络学习社区的教育资源审核要求不严,社区成员上传资料和发帖等内容质量良莠不齐,最终导致社区成员流量减少;另一方面是教育资源版权问题,不少社区成员将精心创作的优质教育资源上传到网络社区中,却时常发生资源被盗或是被恶意篡改的现象,长此以往便降低了网络社区成员创作热情,间接造成学习资源相继减少。

区块链的加密算法、智能合约、共识机制技术,能够保证社区成员创作资源的原始记录都安全记录在"账本"中,进而实现对社区成员发表的帖子和观点进行自动追踪、查询、获取,从源头上保护社区成员的原生性创造观点等重要智力成果。

4.开发多方协同的教育系统

我国一贯以来的办学模式是遵循以政府为主导,社会其他教育机构辅助办学的既定体制。办学资源分配、教育学历认证等事项都是由政府全面统筹

执行。随着生活水平不断提升,人们对优质教育的需求也会有所增加,而由政府主导的学校教育资源是有限的,并不能完全满足师生日益增长的优质教育渴求。因此,强化除政府以外的其他社会力量协同支持力度,将成为未来教育系统发展趋势。

区块链与存储技术为多方参与教育服务提供了可能性。在提高教学质量以打造优质教育,继而服务广大学生的教育宗旨驱动下,社会教育机构通过区块链的去中心化技术以构建去中心化教育系统,进而使更多的社会机构在取得教育行政部门资质认可后可参与到教育服务中。而基于区块链的可追溯等特性保证其教育过程与结果的真实可信。且区块链技术支持构建的多方协同教育系统也可提供学习认证,其颁发的证书与学校证书具有同等价值。在此背景下,学生将获得更多教育选择机会,他们可选择个人喜欢或感兴趣的教育机构进行学习。此外,随着区块链技术的深入发展,未来学生在区块链技术支持构建的多方协同教育系统中获得多门课程证书以及学分积累后,也将有可能申请获得国家组织认定的学历学位证书。

(二)区块链与存储技术教学应用的组织实施

区块链与存储技术在教育领域中发挥着越来越重要的作用,教育者在区块链的教育转化应用方面做出了有益尝试。究其实质,区块链与存储技术的教学应用,是利用区块链整合教育资源以实现知识传递,并完成优质学习资源平台建设等工作。从区块链与存储技术的教学实践经验来看,区块链与存储技术教学应用的教学组织应包含平台建设、数据接入以及教学实施等三个环节。

1.区块链与存储技术的平台建设

区块链与存储技术平台建设是通过区块链核心技术搭建教学应用骨架,并生成智能教学参数,进而为教学活动开展奠定底层基础。具体而言,以区块链分布式账本、智能合约、共识机制等核心技术为架构,遵循个性化、高效率和自动化原则,建设分布式的、去中心化的、开放的智能网络教学平台,旨在打造良好教育环境,使教育者、学习者基于区块链平台处于同一个网络系统中,实现全场景、全过程、全渠道的连接与融合。①因此,区块链与存储技术平台将学校物理空间和数字空间有机衔接起来,打破了时空限制,体现了人与环境的协同共生。②在这一过程中,区块链中的智能合约技术,旨在对区块链教育平台上的运行逻辑和访问规则进行定义。智能合约技术的运用代替了传统教育管理,学生入学、选课、学习等都将通过具体参数编码写入智能合约,确保按照预先设定规则和程序开展教学,而无需人为进行第三方管理,从而节省了大量人力物力,提高教学效率。而区块链中的非对称加密算法能安全记录和保存学生所有学习经历,对提交的学业内容进行数字签名,以保证学历信息的真实性。教育管理者、学生以及教师也可以通过创建登录账号,随时登录和查看教学计划和作业任务。概言之,区块链技术支持下的智能教学平台,有助于重构教学、教研、管理和服务等过程,提升教育教学质量和教学管理水平。

2.区块链与存储技术的数据接入

大数据时代,教育数据资源成为教育领域系统变革的重要支撑。③公共教育数据库的出现为区块链与存储技术创造了基础,使教育数据挖掘具有可行性。区块链与存储技术平台致力于探索来自教育领域的海量教育数据信息,以便更好地把握教学发展现状及学业成长进展,这也是区块链与存储技术教学运用的前提条件。在具体教学实践中,区块链教学平台需接入教育资源类数据和教育管理类数据。

在教师数据方面,需要将任课教师的资格证书、任教经历、教学特点、职业荣誉等教育管理类数据信息全都导入平台,学生和教师可以互相查阅对方信息。教师可根据学生教育数据制订个性化教学方案及学习计划;学生也可在自主查阅教师信息后进行教师选择。在学生数据方面,学生教育数据类型多样,如美国各学区学生电子数据系统类型主要包括:学生信息系统(Student Information Systems,SIS),主要致力于提供实时的基本学生数据信息,涉及人口记录、学科课程记录、成绩评估记录以及行为信息记录等统计数据;数据仓库

---

① 岳瑞凤."智能+"时代高等教育新范式探究[J].高等教育管理,2021,15(01):94.
② 李鸿章.教育信息化2.0视域下中小学智慧校园建设困境与智能化校园构想[J].中国教育信息化,2020(23):76.
③ 王正青,但金凤.如何构建教育数据治理体系:美国肯塔基州的成功经验[J].现代远程教育研究,2021(01):77.

（Data Warehouses），它是一种数据收集和存储的电子系统，关乎学生、人事、财务等当前的和历史的统计数据；评估系统（Assessment Systems），旨在获得基准评估数据。自1969年以来，被称为美国"国家成绩单"（Nation's Report Card）的国家教育进展评估（National Assessment of Educational Progress，NAEP）提供了关于学生学业表现的统计数据。[1]在此背景下，通过智能合约技术以及网络学习资源认证标准进行筛选，以便为学生提供全面、优质的课程资源。此外，通过区块链技术分布式记账和智能合约原理，实现学习者与学习资源的特定联系和点对点服务。同时依据学生学习过程数据记录，并基于加密算法、数字签名、共识机制及智能合约制度实现教育资源的自动载入、下载与更新，以提高资源的使用效率，减少教育资源浪费。之后，学生登录到区块链教学平台后便可根据需求学习和分享相关教育资源。

3. 区块链与存储技术的教学实施

教学实施是教师和学生在区块链教学平台开展教学活动，完成教学任务，促进学生身心发展的过程。一是完成教育管理。教育管理是基于区块链智能合约自动化执行的管理，代替了大量机构和管理人员工作，但这个过程并不是去除所有管理人员，它还需要教育系统上层管理人员参与服务。管理服务人员根据教育部门及学校教学标准设计学制、专业、课程、实践等智能合约参数，教师再根据智能合约的既定规则进行教学，以完成教育教学工作。学生也按照智能合约既定学习参数完成学习任务，并进行学业测试考核。

二是确定教学形式。基于区块链建立的教学平台是未来智慧教学的一种必然形态，其将跨越传统学校课堂界限进而拓展学习空间，满足知识社会和信息时代"时时可学、处处能学"的教育需求，实现线上与线下、校内与校外、学校与企业等多元教育形式发展。[2]但无论是线上还是线下教学，在教学开始之前，教师和学生首先需要登录区块链平台进行签到。智能合约开始按照事先设定好的规则执行并记录教师教学和学生学习情况。教师上课的时间、内容、方法、特点等都得以被记录保存，并以此作为教师教学工作完成的可视化依

---

[1] 但金凤,王正青.数据驱动教学变革：美国教师运用教育数据的教学实践与支持机制[J].电化教育研究,2020(10):123.

[2] 曲一帆,秦冠英,孔坤,等.区块链技术对教育变革探究[J].中国电化教育,2020(07):53.

据。此外,学生的学习讨论和作业完成等情况也将被如实记录,以便为学生升学录取等提供参考。

三是实施教学评价。区块链中的分布记账技术和共识机制将上级部门及学校教育质量监管标准,事先编码到区块链智能合约参数中,由此对教师基础信息、教学过程以及学业进展等内容进行采集和评价。包括对教师教学过程中的细节、特点、专长、辅导方式甚至遗漏点等内容进行记录,并作为学习者自动评测教师教学绩效和教师选拔考核的依据,也作为学生选择和了解教师的重要参考标准。一般而言,自动评测效果好的教师,其所授课程会获得更多学生的支持和选择,这也为学生完成学业起到了间接推动作用。

(三)区块链与存储技术教学应用的保障机制

建设合理的区块链与存储技术教学运用保障机制是确保教学工作顺利开展的必要考量。从区块链教育运用模式来看,教育需求、技术支持、制度引领、人才队伍是关键,通过制定区块链政策制度标准,着力培养区块链技术人才,创新研发区块链教学技术,进而推动区块链与存储技术教学运用实践落地。

1.区块链与存储技术教学应用的需求保障

当前,教育数据泄露和篡改等安全风险时而发生,需要更有效的技术手段解决此类问题,区块链与存储技术成为教育数据安全的牢固屏障。当前教育数据加密技术多采用传统公钥加密,这导致教育数据信息泄漏事件层出不穷。

一是数据存储或管理不当致使数据信息泄露。Edmodo是一家世界知名的学习网站,致力于基础教育社会性学习教育,其运作的方式是为学习者提供优质的师资及教育资源,以充分发挥学习者潜力。学习者需要在网站上注册用户信息,才能获得教育资源学习权限。2017年5月,由于对用户信息管理不当,Edmodo教育平台上有超过7000万名教师、学生以及家长的部分信息被泄露,引起了社会的广泛关注。[①]EduCBA是一个在线学习平台,平台教育资源丰富,在40多个国家拥有超50万名会员,能够为学习者提供5000多门由业内顶尖专业人士研发的课程,帮助学员成功实现学习目标。2020年5月,EduCBA发生数据泄露事件,事件发生后该公司通过邮件方式提醒用户,他们的电子邮件、

---

① 李青,李莹莹.大数据时代学习者隐私保护问题及策略[J].中国远程教育,2018(01):32.

姓名、密码、访问的课程等信息可能已被泄露。EduCBA虽然及时采取了措施,使所有用户的密码登录失效,并要求学员自行找回密码,但该信息泄露事件已严重损害用户隐私。

二是数据使用方在未获得合法授权时使用数据。随着大数据时代的到来,个人信息也存在被非法获取的风险。近年来,我国一些企业、机构甚至个人,在商业利益的驱使下,非法获取个人信息,对公民个人生活及学习产生极大负面影响。2020年6月,江苏省丹阳市通报了丹阳崇文教育、丹阳远方教育、丹阳梦想培训等6家公司为了推广业务,非法获取公民个人信息4万多条。这些机构将获取的信息交给员工逐条拨打电话进行营销活动,对公民的生活、工作造成了骚扰。丹阳警方对该6家教育机构负责人进行了处罚,并责令销毁非法获取的公民个人信息。此外,随着智能手机的普及,各种教育App被学习者所青睐,个人数据被侵犯的风险也随之而来,根据工信部公开通报的侵害用户权益App名单显示,很多教育类App频繁侵害用户数据权益。2021年7月,工信部公开通报的侵害用户权益App名单中,包含作业精灵、恒企网校、悦读家园、格灵同步培优、七巧国、天天背单词等App被通报下架。此外,国家计算机病毒应急处理中心发现18款移动应用存在隐私保护不合规行为,其中5款涉及学习类App,包括好爸妈点读、开心学汉字、迈斯通英语、一只船教育、麦田思维等。

三是网络黑客恶意攻击和泄露个人信息。在信息共享与私人信息并存的网络虚拟世界,黑客的恶意攻击与盗取信息行为无所不在,俨然已成为全球普遍问题。但现有技术还不能完全阻止黑客入侵,全球每年都有黑客盗取信息事件发生。2019年3月,黑客入侵了佐治亚理工学院的一个中央数据库,该数据库包含了该校现任和前任学生、教师和职员的姓名、地址、社会安全号码和出生日期,130万人的信息被盗取。2021年3月,Cl0p勒索软件组织声称掌握了叶史瓦大学、斯坦福大学、迈阿密大学、马里兰大学、科罗拉多大学博尔德分校、加州大学默塞德分校等6所美国顶尖高校学生和教职员工的财务文件和护照信息,这些信息包括相片、出生日期、住家地址、护照号码、个人名字、社会安全号码等敏感信息。网络黑客攻击和数据信息盗取是当下亟需解决的重要问题。

通过区块链能很好地构建相互信任教育数据安全共享网络体系,区块链的去中心、弱中心和多中心架构以及共识机制、加密算法等基本上杜绝了攻击区块链操控链上数据的可能性,从而确保教育数据不被否认和更改。同时,区块链技术也可实现教育数据访问身份认证、依据教育数据用户身份权限分层分级实现教育数据开放共享,并对教育数据开放过程进行监督与追责,从而消除各级教育行政部门有关教育数据安全风险顾虑。

2.区块链与存储技术教学应用的技术保障

区块链的核心技术主要包括分布式账本技术、共识机制、非对称加密算法、智能合约等,这些技术都在教育各领域得到广泛应用。

一是分布式账本技术。分布式账本技术是由多个节点、不同物理地址或多个成员共同维护的账目数据,以实现数据分享、同步和复制的资产信息库。基于分布式存储技术,区块链将数据分散存储在多个独立节点上,而不再由中央管理员统一记录与存储,而是每一个节点都参与了数据安全维护工作,并均可获得一个真实账本副本,进而有效削弱或去除中心节点的数据管理权限,保证了区块链系统的可靠性和可用性。同时,因每一个节点都参与了区块链的记账与存储,避免了数据集中存储模式下存在的丢失、崩溃等巨大数据风险问题。从技术层面来看,分布式账本技术是以P2P网络技术为基础的,与以往中心化服务器加客户端结构有所差异,P2P是一种分布式去中心化的网络结构,在P2P网络中,各个节点的地位平等,没有中心化控制机制,这体现了区块链账本的分布式特点。

二是共识机制。共识机制的工作原理简单来说就是不同个体和不同群体所追求的某种价值或者利益而达成的共识。区块链中的共识机制是区块信息达成一致认可的机制,以便保证区块链中每一笔交易都能正确记录在所有记账节点上。当前的共识机制主要有4类,即工作量证明(PoW)机制、股份授权证明(DPoS)机制、权益证明(PoS)机制以及验证池(Pool)机制。共识机制有益于保证最新区块被准确添加至区块链,并使不同节点储存的区块信息具有高度一致性,在可抵御外部恶意攻击的同时也成为一个难以攻破和难以篡改数据记录的去中心化系统。

三是非对称加密算法。即用公钥和私钥对数据存储和传输进行加密和解密。在区块链中传输信息时,点对点之间都会生成加密和解密的公钥和私钥。公钥为区块链网络上的所有人可知,处于区块链系统中的任何用户都可以使用公钥来加密信息,以保证信息的真实性和透明性;而私钥严格保密,只有信息拥有者才能使用对应私钥解密信息,以保证信息的安全性和隐私性。一般情况下,用公钥加密数据则用私钥解密,用私钥加密则用公钥验证签名,旨在避免钥匙被截取的风险,且就现有算力而言,难以通过公有密钥破译私有密钥,这可高度保证区块链数据存储和传输中的安全指数。另外,区块链上每一次数据信息的录入与存储,都会形成对应的时间戳,支持对数据信息的溯源验证,以确保数据泄漏事件中的问责追究。[①]

四是智能合约。智能合约是一种与制定业务规则相似的数字化合约,是一种以数字化方式传播、验证、自动执行的由区块链内多个用户共同参与制定的计算机协议。智能合约会定期检查区块链中是否存在相关安全事件及其触发条件,一旦察觉则将在验证并达成共识以后,立即通知用户。[②]事实上,智能合约是对区块链上的交易逻辑和访问规则进行了定义,其执行逻辑就是按照预先定义的规则和程序开展和直接完成交易,无需任何第三方机构支持。交易被录入到区块链上以后,外力无法更改、删除或逆转,因此,智能合约具有实时更新、精确执行、去中心化、低运营成本等优点。此外,在区块链上进行的所有交易操作,都需要用户进行数字签名,只要没有掌握51%的算力对其进行合力"攻击",也就无法操控和修改区块链上的数据信息。

世界第一所区块链大学伍尔夫大学创新了学生学费支付方式,进而实现了"现上现结"的交易方式。如果学生上课缺勤,智能合约会发起向教师支付的协议;如果教师缺岗,则相应会退回学生的学费,并从教师账户自动扣除钱款作为罚金。这种实时动态的合约处理,让学生觉得必须学有所得,才能"对得起自己的钱包"。虽然在传统教育中,学生也需要支付学费,但二者的消费心理是不同的。教师也会认真备课,因为只有课上得越好,口碑越好,才可能挣得越多。此外,伍尔夫大学的线上教学必须依托专门的应用程序完成,师生双方只有都按下"登录"键,才会默认智能合约签订成功,之后,课程才将正式

[①] 郑旭东,杨现民.基于区块链技术的学生综合素质评价系统设计[J].现代远程教育研究,2020(01):25.
[②] 黎孟雄,李杨.基于区块链的教育资源智能分发平台研究[J].长沙大学学报,2020,34(02):49-50.

开始。在这一过程中,师生所产生的所有课程数据都将储存在区块链上,包括课堂交流、课程时间、实时通话和课堂作业。

3. 区块链与存储技术教学应用的政策保障

制定区块链与存储技术教学应用相关标准和规范,是区块链教学应用的前提条件。随着区块链技术的发展,我国政府、教育行政机构、高校、中小学都认识到区块链在推动教育发展方面的巨大潜力,并高度重视区块链与存储技术的应用。

一是国家层面的"区块链+教育"政策报告。近年来,国家层面政策强调信息安全管理,这为推动区块链与教育的融合应用指引了科学发展方向。2016年10月,我国工信部发布的《中国区块链技术和应用发展白皮书》指出:"区块链系统的透明化、数据不可篡改等特征,完全适用于学生征信管理、升学就业、学术、资质证明、产学合作等方面,对教育就业的健康发展具有重要的价值。"2017年7月,国务院印发《新一代人工智能发展规划的通知》,要求促进区块链技术与人工智能的融合,利用智能技术加快推动人才培养模式、教学方法改革,构建包含智能学习、交互式学习的新型教育体系,开展智能校园建设,推动人工智能在教学、管理、资源建设等全流程应用。《中国教育现代化2035》也明确指出,信息化时代的教育变革,需要人才培养模式、规模化教育与个性化培养相结合,从数字教育资源的共建共享、利益分配与知识产权保护、新型教育服务监管与教育治理方式等方面进行改革。2019年10月24日,习近平总书记在中央政治局第十八次集体学习时强调:"要构建区块链产业生态,加快区块链和人工智能、大数据、物联网等前沿信息技术的深度融合,推动集成创新和融合应用。"

二是省(自治区、直辖市)层面的"区块链+教育"政策报告。我国各省市也先后发布区块链技术教学应用相关政策,以促进区块链技术在教育领域大力发展。据不完全统计,我国已有22个省、自治区、直辖市将区块链写入2020年政府工作报告,并将区块链教育作为重点布局方向之一。[1]但从当前区块链相关的政策制度来看,大多是从宏观层面阐述区块链赋能教育的相关事项,对于具体的区块链与教育的融合实践方面,仍然缺乏政策的规范指导,这也导致了

---

[1] 庄园.区块链变革教育的动因、经验和路径[J].高教探索,2021(02):47.

各教育机构在区块链教学应用上还处于单打独斗状态,不成规模和体系。

三是国际层面的"区块链+教育"政策报告。随着区块链与存储技术的不断发展,世界各国都在加紧出台相关政策及制度,以便为区块链与存储技术在教育中的应用保驾护航,而这些国际政策也为我国区块链教育发展建设提供了有益参考。2016年9月,经济合作与发展组织科技政策委员会(Committee for Scientific and Technological Policy,CSTP)提交了《2016科技创新展望报告》,将区块链列入十大未来技术发展趋势之一。欧盟、美国等也相继出台有关政策制度,将区块链作为国家或组织发展核心技术。如2017年欧盟发布的《教育中的区块链》报告,描绘了区块链在教育中的应用情境,即利用区块链永久保护和认证证书、教育付费和资金资助及凭证,实现信用自动识别和转移(如学分转移),并将其作为终身学习护照,跟踪知识产权并奖励知识的使用和再利用,实现以代币券形式资助学生。[①]

4.区块链与存储技术教学应用的人才保障

区块链专业技术人才是区块链教学应用的人力资源保障。培养区块链专业人才,需要建立区块链与存储技术教学应用的人才培养体系。一方面,区块链是生产关系的变革,基于区块链技术的人才培养体系构建,能够促进"专业"与"职业"的对口发展,对解决行业人才供需失衡具有重要意义。另一方面,区块链被认为是继蒸汽机、电力、信息和互联网科技之后,最有潜力的第五次技术革命核心,是国家未来发展的战略性技术。而区块链技术的创新研发需要大量专业人才,其既要掌握区块链专业技术,又要能够管理并适应新业态发展。因此,建立并完善区块链人才培养体系,打造多形式高层次区块链人才培养平台,培育一批区块链技术领军队伍和高水平区块链教育创新团队已然势在必行。

在区块链人才培养方面,高校具有得天独厚的优势。国家应从政策制度上支持和引领高校开设区块链相关专业或设置区块链相关课程,并深入开展校企合作,鼓励推出区块链产业应用孵化项目,进而加快区块链实验室、人才实训基地、公共服务平台建设,加快培养区块链系统架构师、技术开发师、测试

---

① 鲁昱璇.区块链技术在教育领域的应用:回顾与展望——基于《教育中的区块链》报告的分析[J].世界教育信息,2019(19):12.

工程师等实用型区块链技术人才。2016—2019年，我国已有33所高校开设区块链课程及相关专业。2020年，国内首个"区块链工程"专业正式设立。同年5月，教育部在其印发的《高等学校区块链技术创新行动计划》中，明确提出到2025年之际，我国要在高校布局建设一批区块链技术创新基地，培养汇聚一批区块链技术攻关团队，以有力支撑我国区块链技术发展、应用和管理。[①]

三、区块链与存储技术的教学应用案例

区块链与存储技术在教学领域中的应用是多方面的，推动了教育方式、教育载体及教育管理方面深刻变革，同时也拓展和创新了教育资源和教育平台利用，并对学生学习经历管理，激发学生学习兴趣等起到了重要促进作用。我国区块链与存储技术在教育领域中的应用尚处于探索发展阶段，但在这一过程中也涌现了系列具有代表性的教学实施案例。

（一）案例一：极客豆学院区块链教学运用

上海喵爪网络科技有限公司在2015年开始尝试将区块链技术运用到教学中，并依托区块链分布式账本技术、智能合约、共识机制等核心技术建立了极客豆学院，以区块链为底层技术建立了在线教育社区"喵爪星球"。极客豆学院在教学方式、教学管理以及教育资源的建设等方面进行了创新，包括精简层级管理方式。极客豆学院立足学生学习兴趣培养，鼓励学生以项目为导向的自适应学习和实践，旨在培养学生编程与设计思维，以及运用科学技能进行创造与发明的能力。

极客豆学院采取线上线下相互结合的双重教学方式，打破了传统教育体制下的学校"围墙"弊端，不再局限于固定教学场所，而是构成了一种网状教学结构。每所学校都是不同的个体、不同的节点，它们相互连接并相互分享，让学生、家长以及教师都能够参与到个性化教育内容定制进程当中，从而提高学校教学效率和促进教育公平指数。

当前，极客豆学院正在推出自己的个性化学校管理系统，通过与公立及私

---

① 陈丽,梁秀波,杨小虎.基于多方协同的区块链技术人才培养体系的构建[J].高等工程教育研究,2021(04):55.

立学校进行合作,帮助公立及私立学校建立个性化班级或个性化学校。在具体教育实践中,极客豆学院在其所属的"喵爪星球"社区中的教学实施步骤如下。

首先,教师及学生在"喵爪星球"社区申请账号,用于学习时登录签到、完成教学任务以及保存教学数据。在创建账号之后,系统将会获得一个"喵爪钱包",用来管理虚拟币——"喵爪币"。喵爪币的获得方式有三种:一是用人民币购买;二是通过为极客豆学院创造课程内容获得;三是在学习过程中受到奖励之后获取。在获得具体账号之后,学生及老师需要通过手机、iPad或者笔记本电脑安装极客豆学院电子平台,之后课前签到、教师教学、学生作业、考试、测验等全部都将在平台上进行,如图5-4所示。

实践端	虚拟币交易		资源创作	
	喵爪币获取		回答问题	
	喵爪币兑换		发帖子、文章	
学习端	线上教学	自主学习		学习任务
	教师在线一对多	项目游戏学习		课后作业
	教师在线一对一	资源平台学习		课程考试
客户端	用户管理中心			
	教师:用户登录 信息查询 教学计划			
	学生:用户登录 信息查询 学习记录			
技术端	分布式账本技术 非对称加密算法 共识机制 智能合约			

↑

喵爪星球社区平台

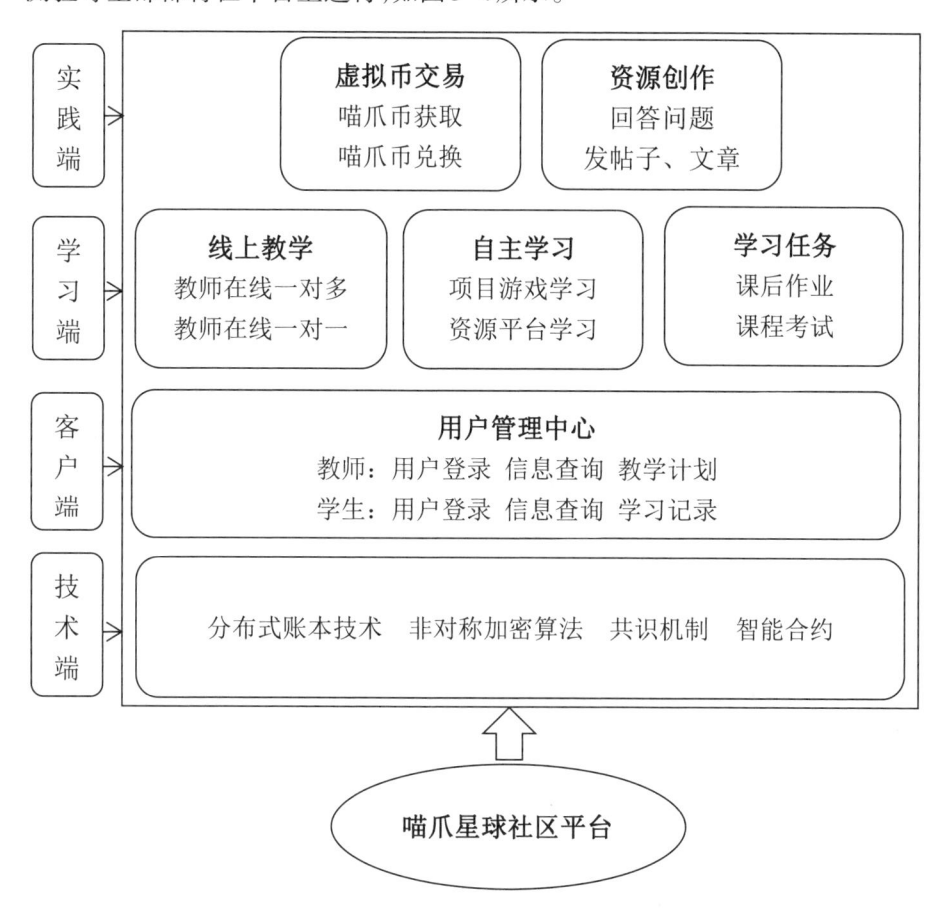

图5-4 喵爪星球社区界面

然后，教师在"喵爪星球"社区制定和实施教学任务。教师根据学校开放、共享、互助的教学理念和教育方向，利用喵爪个性化学习系统制定和实施教学任务。一是制订学习计划。在教学任务制定前，教师通常会利用特定时间和学生聊天，了解学生的学习兴趣、特点以及学习强弱项，并在其基础上在学生个人账号中制订学习计划。二是针对性实施教学任务。"喵爪星球"的教学并不需要严格意义的分班，它在教学过程中会把学习兴趣相似，且教学进度相同的学生聚集在一起进行教学。同时新任务列表会清晰写明完成每项任务的具体操作指南。学生在个人账号中查看任务和具体作业，并在完成后在线提交文档或照片至极客豆学院电子平台的线上数据库。三是精准强化学生薄弱点。教师根据在线平台的教育数据信息了解学生作业完成情况，并对底子薄弱、学习进度较慢的学生进行一对一在线辅导，且在下次制定任务列表时对学生个人的薄弱项加以强化。教师也可以借鉴"喵爪星球"中公共特色定制化教育项目，辅助学生更好地完成学业。在这个过程中，教师从知识的传授者已然变成学习项目的设计师。

最后，学生可以在"喵爪星球"社区进行自主学习。"喵爪星球"社区的教学平台模式除帮助教师完成教学任务外，也能够提升学生自主学习兴趣，提高学生课外学习能力，"喵爪星球"社区接入了很多优质资源，学生可以根据自己的时间安排随时学习。包括为学生构建了"西游Go""玩课表"等自适应定制化学习项目。如在"喵爪星球"社区课表项目列表中，"李守白剪纸艺术+Scratch编程创意课""无动力帆船环球航海：地理＋AR／VR＋项目式学习""Field trip游学项目：自然博物馆探寻之旅"等学习项目都深受学生喜欢。学生可以运用平台提供的智能可穿戴设备、AR/VR技术与生成体感游戏硬件产品等，将游戏内容与相关项目学习内容相结合，进而增强游戏化学习体验。"喵爪星球"社区平台在学习过程中增加游戏化元素，将学习过程转换为"玩"的过程，不仅可以消除学习过程中的单调枯燥情绪，让学习者更加乐于参与其中，同时也容易激发学生创新思维产生和个人才智发挥。"喵爪星球"社区成员在社区创作学习资源过程中，通过社区评估后便可获得一定数量的"喵爪币"，其可用来购买平台教育资源及其他在售物品。与此同时，由于"喵爪星球"是基于区块链的分布式账本技术、加密算法等核心技术建设而成,因此,学生的个人基本信息、学习成绩记录等教育数据资源都能够安全储存。

(二)案例二:深圳市南山区香山里小学教学管理系统

深圳市南山区香山里小学是国内较早运用区块链技术进行教学及管理的公立学校之一。香山里小学秉承创新未来的办学理念,把培养学生创新创造力作为学校核心育人目标,运用区块链分布式账本、加密算法及智能合约等技术对学生进行教学管理。香山里小学通过构建学生安全可靠的"学习成长记录账本"和多功能"学分银行",打造智慧化学校管理账本,形成高品质、定制式、趣味性的"探究型"学校,落实"具备中国文化基因、有非凡创造力的未来世界公民"的伟大愿景。

一是运用区块链分布式账本和加密算法,为学生建立一个学习成长的记录账本。学生在校期间的所有行为,如迟到早退、作业完成情况、社会实践锻炼、考试成绩等,都将记录在"学习成长记录账本"中,区块链提供的不可更改的分布式数据存储,能够为学生建立过程性评价档案,以便对学生成长进行动态管理。该校学生每人都有一个智能手环,并接入学校系统之中,学生可在区块链上查询本人学习记录、教师过往评价等内容,以便提升自我成长认知。简言之,学校通过区块链技术记录学生学习信息,旨在建设学生成长信息档案,为学生呈现真实、完整的学习经历,为学生今后升学、转学、就业、晋升提供真实可靠的依据。

二是学分银行。香山里小学通过区块链智能合约和共识机制,建设学生多功能"学分银行"。该校根据区块链技术原理,开发了学校的虚拟币——"香山币"。"香山币"可以通过不同的数字币,如诚信币、好人好事币、合作币及自主学习币的积累来合成香山币,学生可以通过香山币在学校购买商品。这种学分奖励形式有助于激发学生之间的合作交流,见义勇为,争做好事等优良行为表现。

三是将相关学习内容供应商引入学校,并为优质资源供应商或个人提供教育资源推广和展示平台,以充分吸引学生、教师及家长的兴趣。香山里小学通过组织虚拟社区,在校园内举行创意商品慈善买卖会,倡导学生将自己的创意变成商品并进行拍卖,赚取的虚拟币可以交换物资,然后自行寻找捐助对象进行捐助;也通过设立关卡类学习游戏任务等,确保学生做得越多、越难,得到的积分和奖励就越多,身份晋级就越快,以此锻炼学生的实践能力,达到培养学生德智体美劳全面发展的教育效果。香山里小学区块链教学管理如图5-5所示。

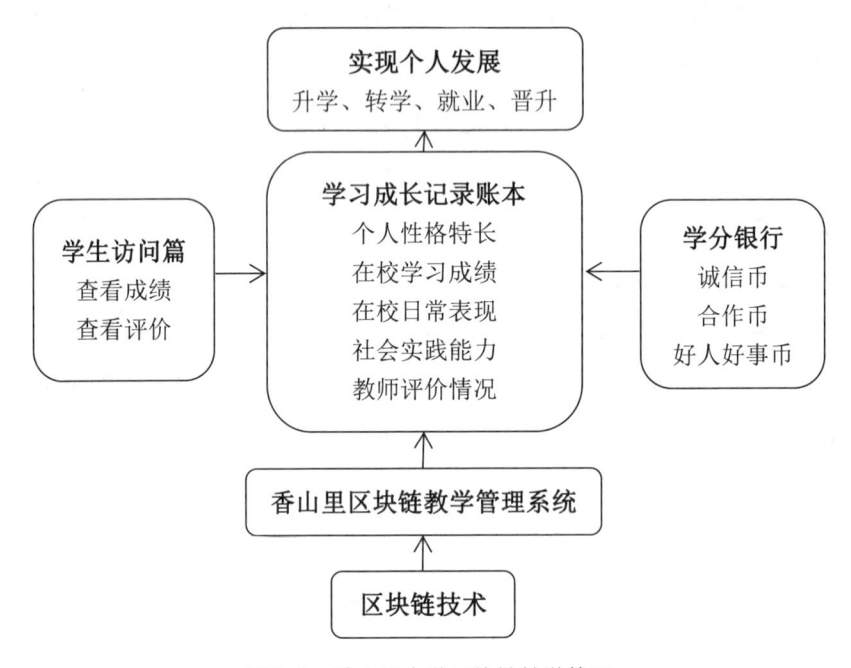

图5-5 香山里小学区块链教学管理

(三)案例三:杭州市淳安县梓潼镇中心小学智能书库

区块链分布式数据存储、点对点传输、共识机制、加密算法等核心技术已经逐渐应用到学校教学及教育管理,其分布式、安全性、可靠性与数据完整性等特征有助于构建学校智能教育体系。近年来,杭州市淳安县基于区块链对数据的不可篡改和可追溯性特点,将区块链智能书柜运用到小学教育中,及时收集学生的阅读习惯和喜好数据,进而为学生及时送达适应学生阅读需求的书籍。

2019年11月5日,杭州市淳安县梓潼镇中心小学安装了3个区块链公益智能书柜。书柜搭建刷脸系统,学生只要对着屏幕刷脸,就可以打开智能图书柜选书。学生每次借阅图书需在智能图书柜上扫描书本后面的条形码,智能图书柜便会记录学生借书与还书的频率和时间,以此了解不同学生的阅读兴趣,明晰其最想看什么,最爱看什么,最终确保把更多更贴合兴趣点的图书输送到学生手中。

实际上,智能书柜是依靠蚂蚁金服区块链技术和支付宝公益项目支持实施,书柜里面的书来自全国各地捐赠,书籍种类多样且未有重复。学生通过刷脸打开书柜门借还图书,不受场地限制,也无需专员管理。区块链技术对数据的不可篡改和可追溯性特点,使社会捐赠图书与学生需求之间能够更加契合。这种方式为解决偏远薄弱地区学校的学生阅读问题做出了巨大贡献。

四、结语

自20世纪90年代始,互联网的诞生带来了人类历史上史无前例的通信和信息革命,及时通信和共享信息成为现实。而作为第二代互联网内容的区块链技术正在全球金融领域引发颠覆性变革,而这一变革也将像互联网革命一样深刻影响其他所有行业。[1]区块链作为一项新兴信息技术,将引领着教育领域的变革,促使教育理念、教育方法、教育形式、教育空间以及教育载体等发生巨大转变,通过区块链共识机制、智能合约、加密算法等核心技术赋能教育应用,对建设优良的学习环境,构建智慧学习空间,促进学生个性化学习,提高学生自主学习性,培养学生学习兴趣,提高教学质量等有着极大的推动作用。

由于区块链在教育中的应用仍处于探索阶段,因此其也存在一些问题。

一是区块链数据库建设与现有数据库的兼容性冲突。区块链在教育领域的应用方面,主要体现在建立教育信息化中的安全数据库,以打破数据壁垒。但是,区块链目前要与现有数据信息库实现兼容和共通,或者完全代替原有的成熟数据库,还存在很大的距离。人们在思想、技术、成本方面都还没有达到兼容并包,难以实现以新替旧。比如我国已有的学信网、教师管理系统、教育管理系统等都是比较成熟的数据信息库,而要建设一个全新区块链数据库,如

---

[1] 许涛."区块链+"教育的发展现状及其应用价值研究[J].远程教育杂志,2017(02):20.

何使成本更低,程序更快捷,数据储存更安全等都是未能解决的障碍。

二是教育去中心化与监管主体冲突。区块链分布式账本、非对称加密算法等技术运用于教育领域,旨在建立去中心化教育系统,去除不必要的管理层级,以便节约成本,提高管理效率,这是未来教育发展的方向之一。但是当前,教育主权、教育安全、教育公平是国家意志的重要体现,要实现以上目标需要强化国家教育行政部门的监管责任及学校主体的办学责任,然而这与区块链去中心化的特点相冲突。

三是区块链数据透明性与隐私权保护的冲突问题。区块链分布式账本中的每个节点都是对等和开放的,虽然利用加密算法保证了教育数据的安全可靠,但区块链技术并非构建了万无一失的"铜墙铁壁",在区块链分布式存储的架构下,对每个节点的开放也会存在一定数据安全风险,这无疑对区块链的数据管理系统提出了更高技术要求和挑战。简言之,区块链技术在教育应用上并不是万能的,区块链技术虽然突破了传统教育领域的固化局限,但在实际教学应用中,国家层面仍需要加强对技术风险的监管,出台相应政策制度,才能有效纾解区块链技术所带来的技术隐忧与教育挑战,从而确保区块链与存储技术能够在法制轨道上规范运行,并科学赋能教学体系创新实践。

课后思考

1. 区块链与存储技术相比其他形式存储有哪些优势?
2. 区块链与存储技术可以应用到教育领域中的哪些方面?
3. 区块链与存储技术应用到教学中有哪些注意事项,如何规避其弊端?

推荐阅读材料

1. 陈丽,梁秀波,杨小虎.基于多方协同的区块链技术人才培养体系的构建[J].高等工程教育研究,2021(04):54-58.

2. 付凯,倪平,曹元.区块链面临六大安全问题 安全测试方案研究迫在眉睫[J].通信世界,2018(28):45-46.

3. 金义富.区块链+教育的需求分析与技术框架[J].中国电化教育,2017(09):62-68.

4.刘光星."区块链+教育":耦合机理、风险挑战及法律规制[J].电化教育研究,2021(03):27-33+41.

5.鲁昱璇.区块链技术在教育领域的应用:回顾与展望——基于《教育中的区块链》报告的分析[J].世界教育信息,2019(19):12-16.

6.曲一帆,秦冠英,孔坤,等.区块链技术对教育变革探究[J].中国电化教育,2020(07):51-57.

7.王佑强,涂晶.区块链改变未来——区块链应用与数字产业革命[M].北京:人民日报出版社,2019.

8.许涛.区块链技术在教育教学中的应用与挑战[J].现代教育技术,2017,27(01):108-114.

9.杨现民,李新,吴焕庆,等.区块链技术在教育领域的应用模式与现实挑战[J].现代远程教育研究,2017(02):34-45.

10.郑旭东,杨现民.基于区块链技术的学生综合素质评价系统设计[J].现代远程教育研究,2020(01):23-32.

第六章 教育数据挖掘与分析技术及其应用

大数据技术融入了现代社会生活的方方面面，促进了管理与决策的精准化。在教育领域，运用大数据技术进行教育数据的挖掘与分析能够有效帮助教师实现对学生的个性化管理与教学，促进学生的个性化学习，从而更加科学地提升教育质量、提高学习效率。随着教育数据的重要性日益突显，如何基于教育数据进行教育教学活动，更加有针对性地促进学生的成长与发展，逐渐成为教师在提升自身教学水平的过程中需要解决的重要问题。

☆ 学习目标

1. 了解数据挖掘与分析技术的发展演变。
2. 理解教育数据挖掘与分析技术的特征和异同。
3. 了解教学中应用数据挖掘与分析技术的实施阶段及要点。
4. 掌握教育数据挖掘与分析技术的教学应用架构与领域。

◐ 思维导图

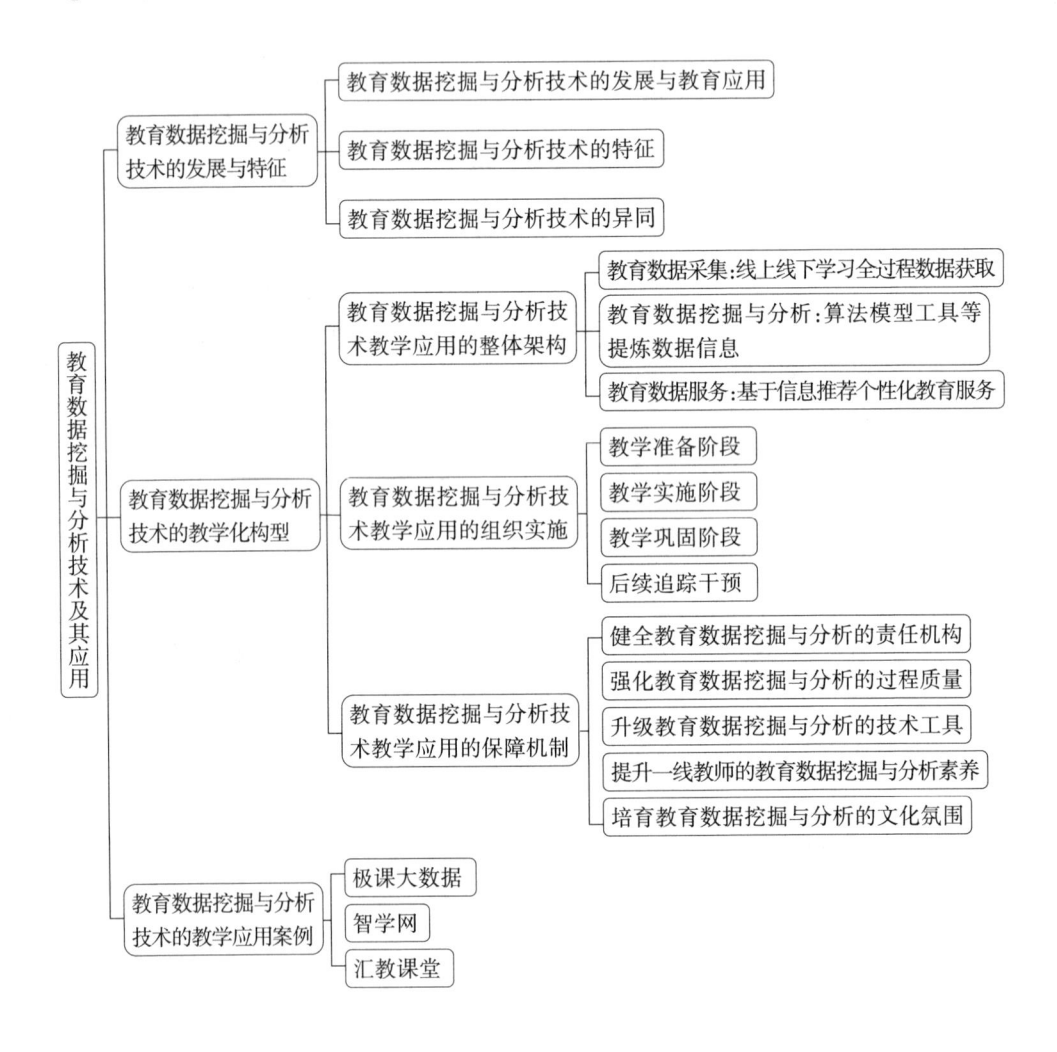

- 教育数据挖掘与分析技术及其应用
  - 教育数据挖掘与分析技术的发展与特征
    - 教育数据挖掘与分析技术的发展与教育应用
    - 教育数据挖掘与分析技术的特征
    - 教育数据挖掘与分析技术的异同
  - 教育数据挖掘与分析技术的教学化构型
    - 教育数据挖掘与分析技术教学应用的整体架构
      - 教育数据采集：线上线下学习全过程数据获取
      - 教育数据挖掘与分析：算法模型工具等提炼数据信息
      - 教育数据服务：基于信息推荐个性化教育服务
    - 教育数据挖掘与分析技术教学应用的组织实施
      - 教学准备阶段
      - 教学实施阶段
      - 教学巩固阶段
      - 后续追踪干预
    - 教育数据挖掘与分析技术教学应用的保障机制
      - 健全教育数据挖掘与分析的责任机构
      - 强化教育数据挖掘与分析的过程质量
      - 升级教育数据挖掘与分析的技术工具
      - 提升一线教师的教育数据挖掘与分析素养
      - 培育教育数据挖掘与分析的文化氛围
  - 教育数据挖掘与分析技术的教学应用案例
    - 极课大数据
    - 智学网
    - 汇教课堂

伴随着移动通信、云计算、传感器、可穿戴技术、物联网等现代信息技术的快速发展,当前人类正从IT(Information Technology)时代迈向DT(Data Technology)时代。据"国际数据公司"(International Data Corporation,IDC)统计,2013年全球共产生了4.4ZB有用数据(1ZB等于1万亿GB),每年产生的数据量也将以40%的速度进行增长。预计到2025年,全球数据量将比2016年的16.1ZB增加十倍,达到约163ZB。大数据时代的来临随之引发了社会数据化现象,万事万物被数据量化和赋值。[1]教育大数据作为大数据的一个子集,对提升教育质量、优化资源配置、实现个性化学习、推动科学决策提供了巨大机遇。[2]近年来,我国始终坚持教育数据资源开发建设,提倡利用大数据技术推进人才培养模式转换和教学方法革新。教育工作者以及相关研究人员通过对学生学习过程数据的收集、挖掘与分析,实现了从"用经验说话"转向用数据说话、用数据决策、用数据管理、用数据创新。

一、教育数据挖掘与分析技术的发展与特征

教育数据资产是一笔难以估量的潜在巨额财富,而数据挖掘与分析技术的发展将实现这笔财富的无限增值。[3]在此背景下,教育数据挖掘与分析技术开始成为各国研究焦点。

(一)教育数据挖掘与分析技术的发展与教育应用

数据挖掘是基于数据库技术的发展演变而产生的,20世纪80年代末90年代初,随着数据库技术应用的普及,海量规模的数据如何发挥实际价值成为亟待解决的问题。因此,为满足从数据库中提取隐含知识,并实现将数据转换为有用信息的需要,人们开始关注数据挖掘技术的研发与运用。1989年8月,美国底特律召开的第11届国际人工智能联合会议"数据库中的知识发现"(Knowledge Discovery in Database,KDD)专题讨论会上,首次提出"数据库中的知识发现"这一概念,但直到1995年举行的计算机年会中"数据挖掘"(Data Min-

---

[1] 柳亦博.人工智能阴影下:政府大数据治理中的伦理困境[J].行政论坛,2018(03):97.
[2] 王正青,徐辉.大数据时代美国的教育大数据战略与实施[J].教育研究,2018(02):120.
[3] 杨现民,唐斯斯,李冀红.发展教育大数据:内涵、价值和挑战[J].现代远程教育研究,2016(01):58.

ing,DM)一词才被正式提出。在1990年举行的国际模糊逻辑与神经网络大会上,提出了在教育数据集中发现和提取知识的倡议。

21世纪,数据挖掘技术在应用的深度和广度上获得进一步拓展,除了应用于金融、生物、医药、商业等领域外,也开始在教育领域发挥作用。学者们积极聚焦智能学习中基于神经网络的学生模糊建模,使用网络挖掘技术评估在线教学环境中的内容交互,以及在数据挖掘技术支持下的学生学业成绩、入学率和辍学率等领域探析,旨在解决数据挖掘如何应用于个性化学习系统、教育决策支持系统以及网络教育资源库等问题。2000年,第一个与教育数据挖掘相关的工作组成立后,各国开始积极推动教育数据挖掘研究进程。2004年,智能导师系统国际会议(ITS2004)举办了关于分析学生与教师互动日志以改善教育结果的研讨会。

2005—2007年,美国人工智能协会、国际人工智能教育大会、智能辅导系统国际会议、国际用户建模大会及人工智能教育应用等国际会议开展了多次有关"教育数据挖掘"的主题研讨会。2007年,欧洲技术促进学习协会(European Association of Technology Enhanced Learning)在希腊克里特岛举办了第二届欧洲技术促进学习会议,以及"将数据挖掘应用于电子学习"(Applying Data Mining in E-Learning)研讨会。2008年,加拿大召开了第一届国际教育数据挖掘会议,此后每年召开一届。2009年,在北京师范大学举行的第五届高级数据挖掘与应用国际会议中也首次加入了"数据挖掘在教育中的应用"主题,这为进一步探索教育数据挖掘技术提供了平台保障。

2010年,克里斯托巴尔·罗米欧等人联合美国、英国、西班牙等国学者,出版了《教育数据挖掘手册》(*The Handbook of Educational Data Mining*),对教育数据挖掘的技术、方法和应用进行了全面论述,内容涉及教育数据可视化、学习环境交互数据挖掘、教育数据分类、教育数据聚类、教学管理信息系统的关联规则挖掘、学习行为序列模型分析、教育数据过程挖掘、教育数据挖掘的层次与依赖关系模型等具体理论和实际问题,并对25个数据挖掘案例进行了剖析。

2011年2月,第一届国际学习分析技术与知识会议(International Conference on Learning Analytics & Knowledge)在加拿大召开,此后每年召开一届。同

年,学习分析研究协会(Society for Learning Analytics Research,SoLAR)成立,并正式创办《学习分析杂志》(Journal of Learning Analytics)。该协会致力于从事研究议程制定、会议监督以及探索学习分析在教学、学习、培训和发展中的作用和影响,并向各级政府提供咨询等系列工作。同年7月,国际教育数据挖掘工作组在美国马萨诸塞州成立了第一个关于教育数据挖掘的国际学术组织——国际教育数据挖掘学会(International Educational Data Mining Society,IEDMS),并创刊《教育数据挖掘》(Journal of Educational Data Mining)在线学术杂志。

体量巨大的教育数据资源已然超出人类自身的教育数据分析能力,而教育数据挖掘与数据分析技术的发展兴起为海量教育数据处理提供了可能。2012年10月,美国联邦教育部发布蓝皮书《通过教育数据挖掘和学习分析促进教与学》(Enhancing Teaching and Learning Through Educational Data Mining and Learning Analytics)指出教育数据挖掘是通过利用数理统计、机器学习和数据挖掘等方法和技术,分析和处理所收集到教育大数据,进而预测未来的学习趋势并指导教育实践。其中,趋势分析、用户知识建模、行为建模以及经验建模等是教育数据挖掘的主要运用领域。[①]2014年,《学习分析:从研究到实践》(Learning Analytics:From Research to Practice)出版。2017年,第一版《学习分析手册》(The Handbook of Learning Analytics)问世,该手册由基础概念、技术与方法、应用领域和机构战略四部分组成,内容涉及学习分析以及教育数据挖掘,旨在介绍学习分析领域的研究现状。

(二)教育数据挖掘与分析技术的特征

教育数据挖掘与分析技术正深刻改变着人类社会发展方向,通过利用教育数据挖掘与教育数据分析结果,教师能够更加全面地了解学生,正确理解和系统观测不同学生学习过程,从而显著提升教学效率和教育质量。由于教育数据挖掘与教育数据分析技术使用差异,因而二者也表现出不同的技术特征。

1.教育数据挖掘技术的特征

数据挖掘也可称为数据库中的知识发现,具体而言,就是从大量的、不完

---

① 王正青,但金凤.大数据时代美国教育数据质量管理流程与保障[J].现代远程教育研究,2019,31(05):99.

全的、模糊的、随机的实际应用数据中,提取隐含在其中的、人们事先不知道的、但又是潜在有用的信息和知识的过程。[①]数据挖掘是一个多学科交叉领域,涉及数据库技术、人工智能、机器学习、神经网络、统计学、模式识别、知识库系统、知识获取、信息检索、高性能计算和数据可视化等领域。[②]在数据挖掘过程中,常用的方法和技术有数据关系模型、结构化查询语言、相似度测量、分层聚类、贝叶斯理论、回归分析、决策树等。数据人员通过陈述问题,制定假设,收集数据,数据预处理,构建评估模型,解释模型并得出结论,进而实现数据处理与分析。

教育数据挖掘技术的成熟得益于科贝特和安德森于1995年提出的贝叶斯知识追踪(Bayesian Knowledge Tracing)模型。从数据挖掘的角度来看,教育数据挖掘工作流程与数据挖掘均包含数据预处理、数据挖掘以及解释与评估这三个阶段。从教育的角度来看,教育数据挖掘是一个从教育环境产生的数据中发现知识以便用于改善教育环境的循环,教育环境既是教育数据挖掘的起点(数据来源),也是教育数据挖掘的终点(优化改进的对象),同时还是教育数据挖掘不同于数据挖掘的要素。

教育数据挖掘主要包括以下五类技术方法[③]。一是预测,建立一个能够从整合多个预测变量推断单一被预测变量的模式。例如,研究者通过在线学习环境中学习者参与在线讨论的情况、测试情况等,预测学习者在该门课程学习中是否有失败的风险。二是聚类分析,根据数据特性,将一个完整的数据集分为不同的子集。例如,研究者根据学习者在在线学习环境中的学习困难、交互模式等将学习者分为不同群组,进而为其提供合适的学习资源和组织合适的学习活动。三是关系挖掘,探索数据集中各变量之间的相关关系,并将相关关系作为一条规则进行编码。例如,研究者利用关系挖掘,探索在线学习环境中学习者学习活动和学习成绩的相关关系,进而用于改进学习内容呈现方式、序列和在线教学方法。四是人类判断过程简化,用一种便于人类理解的方式描述数据,以便人们能够快速地判断和区分数据特征。该方法以可视化数据分

---

① 杨录强.基于数据挖掘的计算机审计方法研究文献述评[J].中外企业家,2012(10):54.
② 夏春艳.数据挖掘技术与应用[M].北京:冶金工业出版社,2014:1.
③ 方海光.教育大数据:迈向共建、共享、开放、个性的未来教育[M].北京:机械工业出版社,2016:85.

析技术为主,用以改善机器学习模型。五是模型构建,通过数据集聚类分析、相关关系挖掘等过程,构建有效现象解释模型。

2.教育数据分析技术的特征

教育数据分析是关于学习者及学习者环境数据的测量、收集、分析和报告,目的是理解和优化学习及学习发生的环境,其主要任务是学生学习数据分析。学习数据分析可以支持学生终身学习技能和策略的发展;向学生提供个性化反馈;推动团队协作、批判性思维、沟通和创造力等技能发展。如通过支持自我反思来培养学生的意识,或者提供教学创新成功经验实现高质量的学与教。

围绕学习状况开展的教育数据分析在国际上被称为是"自从学习管理系统(Learning Management System,LMS)问世以来,教育技术大规模发展的第三次浪潮"。教育数据分析包括描述性分析、诊断分析、预测分析以及规范性分析。一是描述性分析。描述性分析是使用数据聚合和数据挖掘来了解一段时间内的趋势和评估指标,以便对过去进行教育洞察。大多数统计数据都属于此类别,描述性分析仅限于过去的数据,包括学生入学、教学、考试等各学习阶段,以及从学生满意度和毕业生调查中收集学生反馈数据进行分析。

二是诊断分析。诊断分析是通过数据分析、告知和提升整个教学过程中的关键绩效指标,以及获取学生学习报告并分析支持学生学习的有效策略。因此,诊断分析在于数据发现、数据挖掘以及相关性考察,进而回答"为什么会发生"等问题。

三是预测分析。预测分析是结合历史数据,并综合应用统计模型和算法来捕获各种数据集之间的相互关系以预测教育发展趋势。

四是规范性分析。规范性分析是结合机器学习、算法、业务规则和计算模型来推荐一个或多个选择,并就可能的结果提供建议。规范性分析主要侧重于学生感兴趣的,并因此对学生学习成绩产生重要影响的学科或课程。规范性分析通过特定工具进行数据可视化,以提供有关学生入学、课程学习、考试评价等相关信息,从而为教职员工提供直观的学习情况简介。

(三)教育数据挖掘与分析技术的异同

一是内涵差异。地平线报告指出,围绕学习状况的数据分析是利用松散耦合的数据收集工具与分析技术,研究学生学习参与、学习表现、学习过程的相关数据,并运用不同的分析方法和数据模型来解释这些数据,然后根据解释结果探究过程与情境,进而为其提供相应反馈以实现有效学习。[1]相比较而言,教育数据挖掘是针对学生进行行为建模与学习趋势预测,而数据分析则是将分析结果直接作用于判别与决策,以用于优化学生学习体系架构。

二是技术差异。教育数据挖掘与学习数据分析工具种类繁多,大致可分为关系数据库、统计分析软件、数据挖掘软件三类,但数据分析常用的统计分析软件是Excel和SPSS。其中,Excel数据挖掘可以通过加载宏提高数据挖掘和统计分析功能,进而实现数据统计分析与可视化。SPSS是世界上应用最广泛的专业统计软件之一,具有兼容性良好、易用性强大的特点,能够实现统计分析与可视化、聚类分析以及预测。

常用的数据挖掘软件包括Weka、Rapid miner、Orange以及Tableau。Weka全名为怀卡托智能分析环境(Waikato Environment for Knowledge Analysis),是基于Java环境开发的机器学习和数据挖掘软件,提供了各种学习算法和各式各样的数据集转换工具,便于用户对数据集进行转换和处理。Rapid miner是进行数据挖掘分析和模型创建的软件包,可用于从现有特征中开发新特征和进行特征选择。相比其他大多数数据挖掘工具来说,Rapid miner的图形化编程语言更加强大,它具有相当多的用户规范功能。Orange是一款数据可视化和分析软件包,操作界面易于理解,它用颜色编码窗口小部件区分数据输入和清理、可视化、回归和聚类分析等功能。Orange提供了许多常用算法,还具有可定制的可视化模块,用于展示文档模型结果。Tableau是一系列交互式数据分析和可视化产品,虽然Tableau工具集主要支持商业智能,但它也在教育环境中广泛用于分析学生数据、提供可操作性知识、加强教学实践和精简教育报告。

三是学科差异。教育数据挖掘和学习数据分析均为跨学科领域,涵盖了

---

[1] 殷丙山.学习分析技术将成未来关注重点——2012年和2013年《新媒体联盟地平线报告(高等教育版)》比较解读[J].中国教育网络,2013(10):35-36.

信息检索、数据可视化、数据挖掘、社会网络分析、认知心理学、心理计量学等。其主要的三个领域为计算机科学、教育学和统计学,如图6-1所示。[①]这三个领域的交叉也形成了与教育数据挖掘和学习数据分析密切相关的其他子领域,如基于计算机的教育、数据挖掘与机器学习、教育统计学等。

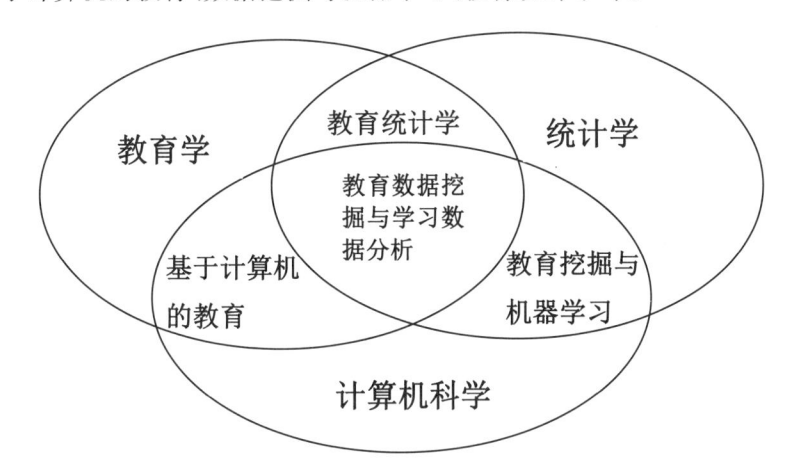

图6-1 教育数据挖掘和学习数据分析涉及的主要学科

四是运用场域差异。教育数据挖掘更侧重于技术,通常致力于寻找新的数据模式,以及开发新的算法和模型,主要回答"如何从大量相关数据集中提取价值"。数据挖掘可以对教育数据进行从微观到宏观的统计、分析、综合和推理,指导教育教学实际问题,发现教育现象之间的相互关联和规则,从而更好地做出教育预测和实施教育决策。而学习数据分析更侧重于教育本身,解决"如何优化在线学习机会"等问题。学习数据分析专注于数据驱动决策,并通过已知预测模型将技术与教学进行整合。其既能为学生提供高质量、个性化的学习体验,又能改进教育工作者的教学方式,完善和优化教学过程,真正使教学实践活动转向关注微观个体,实现真正意义上的个性化学习和教育个性化支持服务,从而促进教育公平。[②]教育数据挖掘和学习数据分析在起源、系统性、技术与方法、适应与个性化,以及数据解释方式上的区别详见表6-1。

[①] Romero C, Ventura S. Data mining in education[J]. Wiley Interdisciplinary Reviews: Data Mining and Knowledge Discovery, 2013, 3(01):12–13.
[②] 胡水星.大数据及其关键技术的教育应用实证分析[J].远程教育杂志,2015(05):53.

表6-1 教育数据挖掘与学习数据分析简要比较

类别	学习分析	教育数据挖掘
起源	学习分析与知识在语义网、智能课程、结果干预和系统干预方面有着更强的渊源	教育数据挖掘在教育软件和学生建模方面具有很强的渊源,并且在预测课程结果方面有诸多研究成果
适应与个性化	更加注重向教育者和学习者提供信息并为其赋权	更加专注于自动适应(例:在无人参与的情况下通过计算机)
技术与方法	社会网络分析、情感分析、影响分析、话语分析、学习者成功预测、概念分析、感官模型	分类、聚类分析、贝叶斯建模、关系挖掘、模型发现、可视化
系统性	全面强调系统的整体复杂性	更加强调简化为组件并分析各个组件及其之间的关系
数据解释方式	利用人类的判断是关键,自动发现是实现这一目标的工具	自动发现是关键,利用人类判断是实现这一目标的工具

二、教育数据挖掘与分析技术的教学化构型

教育数据挖掘与分析技术的教学运用,旨在挖掘与分析课前、课中、课后教学全过程数据,以便帮助教师开展数据驱动学情分析和教学过程诊断,进而更加科学合理地制定教育决策,理性优化教育资源配置,全面推动教育系统创新发展。

(一)教育数据挖掘与分析技术教学应用的整体架构

教育数据挖掘与分析技术可以实现对各类教育数据的采集、处理和分析,将教学数据转化为可供教师、学生、家长等使用的信息,以便为个性化教学提供证据支撑。《教育信息化"十三五"规划》强调,应积极推进对学生日常学习情况的大数据采集和分析,优化教学模式。教育数据挖掘与分析在教学中的主要应用分为教育科学决策以及个性化教育服务两个部分。在教育科学决策方面,教育数据挖掘与分析助力教学管理过程精细化、教学分析及时化以及教育评价多元化。在个性化教育服务方面,教育数据挖掘与分析能够助力教师精

准教、学生个性学以及资源有效推。

教育数据挖掘与分析技术的教学应用主客体,主要涉及教育者、学习者以及所处的教学系统、学习管理系统、数据挖掘与分析以及教学资源。教育数据挖掘与分析技术在教学中的应用始于师生在教学活动中产生的教育数据,通过对采集到的教育数据进行挖掘与分析,进而发现教师教学中存在的不足、学生对知识的掌握情况等,并根据实际情况向学生推荐个性化学习资源。下面将从教育数据采集、教育数据挖掘与分析以及教育数据服务三个主要环节详细阐述教育数据挖掘与分析技术的教学应用整体框架。

1.教育数据采集:线上线下学习全过程数据获取

在教学中产生的教育数据主要涉及两类,即教学活动过程中直接产生的教学行动数据和教学环境数据,包括用户的行为数据——课堂教学、考试测评、课程作业、在线学习、师生交互行为等,教学过程中运用或生成的各种形态的教学资源——课件、微课、教学视频、图片、试卷等。教育数据并不等同于"标准化考试成绩",教师需要基于每天的课堂观察来补充和完善学生的教育数据信息,并对数据进行解释和定义,包括考试分数以及学生日常行为表现记录等。

教学系统由教育者、学习者、各种软硬件以及教学材料等构成,主要包括传统教室、电子学习系统以及基于网络的自适应智能教育系统。教育数据采集技术主要有物联感知类、视频录制类、图像识别类以及平台采集类四类。[1]根据不同的教学系统以及数据挖掘与分析目的,教育数据采集途径包括线上与线下。

线上教育数据采集应用平台采集类技术,主要途径有学校自主开发的学习平台,平台内可上传各类在线学习资源,如教学视频、课件以及题库等,学生使用平板电脑、学习机或其他移动智能终端进行学习,在学习过程中产生的学习数据由平台记录与储存,如成都七中开发的泛在学习平台;校企合作开发学习管理系统或学习平台、移动App,对学生学习过程产生的数据进行采集,如科大讯飞旗下的讯飞智慧教育平台、"智学网"智能化分析平台等。

---

[1] 邢蓓蓓,杨现民,李勤生.教育大数据的来源与采集技术[J].现代教育技术,2016,26(08):14.

线下教育数据采集主要应用图像识别采集技术,包括使用照相机、扫描仪及具有拍照功能的移动智能终端等设备进行数据采集。线下数据采集模式包括"手阅模式"和"网阅模式"。"手阅模式"是将学生日常学习中完成的作业、练习题在教师进行批阅后拍照或扫描上传至平台,系统生成相应的数据。"网阅模式"则是将学校或年级举行的大型考试的学生试卷扫描上传到平台,系统对客观题进行自动批阅,主观题则由教师通过电脑或手机上的系统终端进行在线批阅,系统自动生成相应数据。[①]此外,线下教育数据采集还包括运用传感器等技术,对佩戴有可穿戴设备的学生的课堂动作、不同教学环节的生理状态等进行采集;运用智能录播系统对教师及学生在课堂中所发生的行为进行采集;通过情感识别技术对学生的面部状态及文本等输入信息进行采集并自动编码形成教育数据。

2.教育数据挖掘与分析:算法模型工具等提炼数据信息

教育数据挖掘与分析一般包括数据预处理、数据挖掘以及解释与评估。即通过分类、聚类分析、关联分析、描述性分析、诊断分析、预测分析以及规范性分析等方法完成教育数据挖掘与分析。在对教育数据进行处理前,需要专业技术人员对采集到的数据进行筛选,去除重复、虚假以及错误数据,保障数据的真实有效。在此阶段,需要教师以及平台或系统开发者在教学开展前设定教育数据挖掘与分析目标,以便开发者在系统中嵌入合适的算法以及模型,进而对采集到的教育数据进行筛选、挖掘与分析,最终实现教育数据信息的针对性提取。

教育数据挖掘与分析工作一般由平台或系统根据内置算法自动完成,算法是数据挖掘的推动力,平台和系统内通常包含数据加工算法和过程管理工具,根据数据类型自动采取不同的数据处理方法,如通过离线开发组件计算分析一定规模的数据,实现非实时的、批量教育数据挖掘;通过实时开发对实时流数据进行"跟踪式"处理以挖掘数据价值。[②]例如"IS智慧平台"App可对学生考试试卷进行在线批阅,并对学生的考试成绩进行分析,呈现出总体情况报告

---

① 张明新,张爱兰.基于中学生学习行为大数据的精准教学[J].教学与管理,2021(04):31-32.
② 李爱霞,舒杭,顾小清.打造教育人工智能大脑:教育数据中台技术实现路径[J].开放教育研究,2021,27(03):101.

和每个学生的个人报告。Tableau分析平台是数据挖掘分析工具之一,Tableau Online创建仪表板可以以统一的、易处理的格式呈现学生行为数据以及各学科测评成绩数据等,并由此形成学生个性化学习档案,生成学生学习报告。通过使用回归分析、关联规则挖掘等方法对教师教学行为数据等进行挖掘,教师便可更客观清晰地认识自己的教学行为。

除借助技术公司开发的相关系统或平台,学校也应与技术人员合作自主构建相关模型对教学数据进行挖掘分析,最常见的模型有课堂教学行为智能分析模型,它是利用学习分析和大数据方法揭示课堂教学的一般规律。图6-2是课堂教学行为分析模型中对课堂教学数据进行挖掘与分析的部分,该部分为提升课堂教学行为分析的科学性和教学质量奠定了基础。特征提取和选择是从已采集到的数据中获取能够表征行为类别的相关特征信息,在进行特征选择时可以利用皮尔逊统计量、信息增益等方法来度量和评估特征与类别之间的相关度,以及特征之间的相关度。行为识别与计算利用相关算法,并根据输入的特征信息进行教学行为类别的判断和计算,内容包括决策层融合、情感识别、教学行为分类、师生行为比例计算、教学模式判断等。[①]

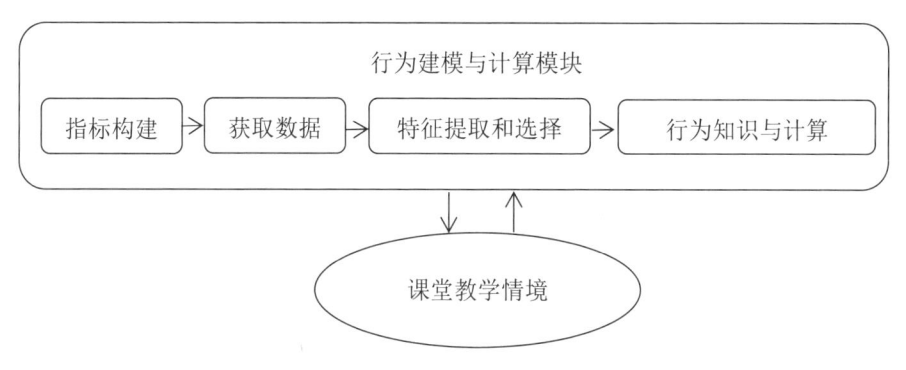

图6-2 课堂教学行为分析模型的数据挖掘与分析

由于技术自身限制,人工教育数据处理工作仍然不可或缺。如对传统教学环境和教学行为根据自定义框架以及标准进行处理,包括借助Nvivo以及其他同类软件进行编码与分析。或者依托已有研究设定分析框架,总结出课堂教学中的优势与不足,并就教学提出意见与建议。教师线下批阅试卷时,通常

---

① 刘清堂,何皓怡,吴林静,等.基于人工智能的课堂教学行为分析方法及其应用[J].中国电化教育,2019(09):16.

也会使用Excel软件录入学生成绩,并通过Excel软件图表功能对学生的成绩进行整理归类。

3.教育数据服务:基于信息推荐个性化教育服务

教育数据挖掘与分析技术能够结合具体改进目标,依托学生学习评价模型、学习者模型等提供准确诊断结果,并通过运用可视化技术对结果进行呈现,以统计图表的方式形成数据报告。在学习管理平台中,教师端与学生端均可对报告进行查询,以便学生得到及时有效的学习反馈,并能根据自己的学习情况以及平台给出的学习建议及时进行相应调整,教师也可全面了解学生的总体学习情况和个体学习进展。此外,教育数据挖掘与分析技术也可以根据预测模型估算学生下次考试成绩,并智能推送合适的学习资源,教师及学校管理者也可在学习管理平台中上传学习资源,包括多媒体课件、音视频资料、作业与题库、微课、拓展阅读文本、相关知识点的推荐书目列表等,以便帮助学生在学习过程中及时调整学习策略以顺利完成学业。如著名的教育服务公司Desire2Learn利用分析平台"学生成功系统"(Student Success System,S3)对学生成绩进行预测,在对学习数据进行挖掘分析的基础上,帮助学生阅读课程材料、提交家庭作业等,确保学生掌握具体知识点以夯实不足,教师也可据此优化教学方案以帮助每一个学生走向成功。[1]

教育数据挖掘与分析的教学应用架构可以根据具体需求进行相应调整细化。以教学评价为例,教育数据挖掘与分析的教学应用架构可细化为教育数据挖掘与分析教学评价。对于学生学习过程中产生的各类数据,选择合适的模型以及算法进行数据挖掘与分析,在此阶段形成基于元评价的诊断性评价、形成性评价以及终结性评价,并根据主体最终形成学生评价、教师评价以及课程评价。[2]如"上海市中小学学业质量绿色指标"体系,该体系主要收集学生学业水平数据用来引导教育管理、教学指导和教学行为,系统也会自动生成各种数据统计图表,从而让学生隐形的状态和需求得以显性化,让教师更直接地看到学生的点滴进步或潜在问题,进而推动学生学业评价体系变得更加多元化和动态化。

---

[1] 杨现民,唐斯斯,李冀红.发展教育大数据:内涵、价值和挑战[J].现代远程教育研究,2016(01):56.
[2] 唐斯斯,杨现民,单志广,等.智慧教育与大数据[M].北京:科学出版社,2015:48.

(二)教育数据挖掘与分析技术教学应用的组织实施

在教育数据挖掘与分析技术应用于教学过程中,教育数据平台开发者、教育工作者、教育数据技术人员等教育数据主体都发挥了重要作用。在教育数据挖掘与分析技术支持下,教师可以在教学准备阶段、教学实施阶段、教学巩固阶段以及后续追踪干预等工作中,将数据挖掘与分析结果应用到教学实践中。

1. 教学准备阶段

教师可以根据不同课型运用相应教育数据了解学生的学习掌握情况,进而对教学设计进行针对性完善,基于教育数据分析进行教学决策。教育科学研究所认为,教育数据变革教学决策是指教师、校长和行政人员系统地收集和分析各类教育数据,包括人口统计数据、行政数据、过程数据、感知数据和成就数据等,以指导一系列教育决策,并为教学规划、资源分配、学生安置、课程调整等提供信息。[①]2019年调查数据显示,美国81%的教师会将学生数据应用于教学计划和教学改进实践。基于数据的教学实践改进,教师必须了解他们的学生是谁,衡量其作为学习者的需求,设计符合学生实际情况的教学,并对教学结果做出适当的反应。马里兰州2012年度最佳教师(Teacher of the Year)乔希·帕克(Josh Parker)提出了"正确的数据,丰富的图片,最好的解决方案"这一理念,即强调正确的教育数据能够帮助教师获得有关教学与学习的完整图式,从而协助教师制定最佳的教学改进方案。[②]

在新课授课前,教师在学习管理平台上传与教学内容配套的资源——包括学习任务单、导学微课以及课前测试等,学生对微课进行自主学习并完成课前测试。平台将学生学习情况转化为数据,并对学生测试进行批阅同时转化为成绩数据,然后对以上数据进行可视化分析后推送至教师端。教师再根据学生课前学习情况以及测试结果反映出的问题调整教学方案。在复习课前,

---

① Institute of Education Sciences. Using student achievement data to support instructional decision making [EB/OL]. (2009-09-29) [2019-12-12]. https://ies.ed.gov/ncee/wwc/Docs/PracticeGuide/dddm_pg_092909.pdf.

② Data Quality Campaign. Josh Parker: right data, rich picture, best solutions [EB/OL]. (2016-07-18) [2019-12-12]. https://dataqualitycampaign.org/josh-parker-right-data-rich-picture-best-solutions/.

教师通过分析学生作业情况了解学生对已学知识的掌握情况,进而针对学生的薄弱点对教学进行优化设计。在试卷或作业讲评课前,教师根据作业情况以及测试成绩数据分析,对重难点以及易错点进行梳理,完成讲评课的教学设计。

2. 教学实施阶段

在新课授课教学中,教师可通过数据挖掘中的分类技术对学生进行分组,让具有相同特征的同学组成学习小组,以便向学生开展分层教学。教师对课前测试中错误率较高的题目进行集中讲解;在难点讲解时,通过学习管理系统向不同小组的学生推送不同难度的学习材料,帮助学生更好地理解学习内容。在教学过程中通过学习管理系统关注学生在学习材料上的停留时间以及课堂练习的正确率,及时调整教学速度以及教学进度,尽可能保证班级大多数学生能够在课堂学习中掌握目标内容。

在讲评课中,教师可根据学习管理系统中的成绩分析报告对试题进行讲解。包括对错误率较高的试题以及学习共性问题进行统一讲解,并通过学习管理系统向学生推送个性化习题;对学生的知识点掌握情况进行摸底测验,并对得分率良好的试题进行分组讨论,对得分率高的试题鼓励学生充当"小老师",完成对试题的讲解并分享解题思路。

3. 教学巩固阶段

由于每个学生在课堂上对学习内容的掌握程度不同,因此,在作业布置环节,教师应考虑到学生对所学知识与能力的掌握情况,并以此布置符合学生学习需求的作业,以便发挥作业真正的作用。教师可在学习管理系统中上传各知识点的习题以及习题讲解视频,学习管理系统将根据每个学生的课堂学习数据分析报告智能组合习题并推送至学生端。学生在完成作业后,系统会自动批阅并生成学生作业成绩,学生也可点击查看习题讲解,在得到及时反馈的同时查缺补漏。此外,系统也将向教师端推送学生作业情况报告,包括完成率、正确率等基本信息,并自动与课前测试进行比对,进而生成图表呈现给教师,在其基础上,教师便可对该节课的教学目标完成情况进行相应评估,并对课堂教学实践不足进行深刻反思。

教育数据挖掘与分析技术广泛应用于教学巩固阶段的学业测评中。2020年10月,中共中央、国务院印发的《深化新时代教育评价改革总体方案》指出,要"改进结果评价,强化过程评价,探索增值评价,健全综合评价,充分利用信息技术,提高教育评价的科学性、专业性、客观性。"其中,过程评价、增值评价和综合评价涉及学生日常学业表现,是课堂教学后续巩固环节的常用方式,这与国际上广泛采用的学生成长百分数(Student Growth Percentile)测量方式和增值(Value added)测量模式相似。据2019年统计,美国有23个州使用学生成长百分数测量方式,12个州采用价值表(Value-table)测量方式,有9个州构建了增值测量模式,核心是通过记录学生日常学业表现来评估学生的学业进步和知识掌握程度,并将结果反馈给学生所在学校和任课教师,以用于后期改进教学内容与方式。[①]

4. 后续追踪干预

教学干预是将教育数据转化为可操作信息的重要举措,依托教育数据实施教学精准干预,建立科学有效的学习预警系统,有助于教师快速、准确识别学生的学业危机,从而实施教学精准干预。

一是通过教学干预推动学生学业进步。教学持续改进是一个系统的循环过程,教师首先要收集和整理有关学生学习的各种教育数据,分析并说明目前影响学生学业表现的具体潜在因素,并就如何提高学生学习提出相应假设,最后设计系统的学业干预方案。例如威斯康星州麦迪逊大都会学区(Madison Metropolitan School District, MMSD)的教师依托教育数据信息为学生提供额外帮助,一年后,三年级和五年级学生的阅读增长率分别提高了7%和11%。

二是基于学习预警系统规避学生学业风险。日常学业测评能够帮助教师获得大量学生教育评估数据,特别是以教学目标为导向对学生个体和集体进行的监测性评估。教师可以基于学业数据分析建立学习预警系统,从而帮助学习困难学生成功完成学业。例如美国马里兰州乔治王子郡公立学校确定了平均分、出勤率和标准化考试分数等指标体系,并为学校教师和管理人员创建

---

① Data Quality Campaign. Growth data: it matters, and it's complicated[EB/OL]. (2019-01-23)[2020-01-10]. https://dataquality campaign.org/wp-content/uploads/2019/04/DQC-Growth-Data-Resources.pdf.

了数据仪表盘。数据仪表盘会显示每个学生在上述指标上的表现,并使用红色、黄色和绿色标识来表示每个学生面临的风险,然后以此为依据实施教学干预,确保学生走上学业正轨。①

三是识别学生延迟毕业现象,助力学生按时毕业。借助学校和地方教育数据分析系统,教师可以获得学生持续性的跟踪数据,从中发现哪些学生需要获得更多的帮助才能顺利毕业。例如美国芝加哥地区在2007年引入"阻止失败"(Preventable Failure)项目,为学业困难学生提供特别帮助,使得按计划毕业的学生比例从项目启动前的57%上升至2014年的84%,这意味着基于教育统计数据的教学干预,使芝加哥每年增加了约7000名按计划毕业的学生。②

(三)教育数据挖掘与分析技术教学应用的保障机制

随着教育数据挖掘与分析技术的深入探索,各级教育行政部门以及教育组织机构也在持续推进教育数据挖掘与分析技术应用保障体系建设,通过采集海量教育数据资源,普及教育数据挖掘技术,优化教师数据素养能力等,确保教育数据挖掘与分析技术得以在教育教学领域顺利运用。

1.健全教育数据挖掘与分析的责任机构

构建完善的教育数据治理体系是进行教育数据挖掘与学习数据分析的基本保障。教育数据挖掘与分析的责任主体一般包括由决策层、管理层、执行层、协同层组成的"四级联动"人员体制。一是致力于规划教育数据治理目标的决策层。决策层统领教育数据治理全局,确保治理工作正常运行,涉及首席数据官(Chief Data Officer,CDO)、首席信息官(Chief Information Officer,CIO)和首席安全官(Chief Security Officer,CSO)等专业职位。其中首席数据官担任数据治理委员会主席,负责制订教育数据质量计划和编制教育数据应用报告,协调数据提供方以及数据合作机构。首席信息官是信息技术和数据信息系统的

---

① Data Quality Campaign. How prince george's county, Maryland, uses data to keep ninth graders on track for success [EB/OL]. (2015-11-13) [2019-01-10]. https://dataqualitycampaign.org/prince-georges-county-maryland-uses-data-keep-ninth-graders-tracksuccess/

② Data Quality Campaign. Opportunities to make data work for students [EB/OL]. (2016-10-11) [2020-01-10]. https://dataquality campaign.org/wp-content/uploads/2016/10/DQC-ESSA-Opps-10112016.pdf.

高级执行官,在数据相关事项上拥有决策权,监督教育数据开发和教育数据治理。

二是统筹教育数据治理资源的管理层。管理层是教育数据治理的中枢,也是教育数据治理决策执行的管理者与监督者。如美国肯塔基州教育部成立的信息与知识核心流程团队(Information&Knowledge Core Process Team)负责教育数据政策审查,解决出现的教育数据相关问题,监督教育数据战略规划以及教育数据治理程序和项目进展情况。肯塔基州教育部还设立了数据治理委员会负责管理教育数据治理事务,包括制定教育数据政策和培训计划,监督教育数据项目和教育数据质量计划执行情况,实现教育数据收集、数据挖掘、数据使用和数据报告等领域的权责划分及实施准则。

三是落实教育数据治理流程的执行层。执行层包括指派专门的教育数据管理专员。教育数据管理专员是特定数据领域的责任人,承担与教育数据相关的实际工作,具体包括:及时维护教育数据和数据标准;明确教育数据收集时间和频次;分析法律政策对教育数据治理的影响;审查教育数据的精准度;与各级教育机构人员进行沟通交流,确定教育数据共享范围和访问权限;审核教育数据质量、收集和验证情况;回应关于教育数据资产方面的专业问题;鼓励教育工作者及相关人员进行教育数据挖掘与数据使用;执行关于教育数据隐私安全以及数据伦理方面的规章制度。

四是聚集教育数据治理合力的协同层。教育数据治理需融合不同领域人才智慧与专业优势,始终秉承跨机构合作理念,动员众多教育组织参与教育数据治理体系建设,培育多方支持的教育数据治理合作土壤,为教育数据挖掘与学习数据分析等各领域献策献力。①

2.强化教育数据挖掘与分析的过程质量

数据质量是数据资源的灵魂,高质量的教育数据才能凸显真正的数据价值。而教育数据质量管理是大数据时代教育数据资产得以盘活利用的关键环节,是依托数据资源制定科学的个性化学习策略的基本保障。数据质量建设

---

① 王正青,但金凤.如何构建教育数据治理体系:美国肯塔基州的成功经验[J].现代远程教育研究,2021(01):79.

就是强调数据挖掘与分析过程中的准确性、完整性等基本特征。[①]一是出台政策以强化教育数据质量顶层设计。我国教育部于2021年3月发布《关于加强新时代教育管理信息化工作的通知》，其中明确提出加强教育数据规范管理，完善教育数据管理制度，建立数据标准体系，规范数据采集、存储、使用处理、开放共享等全生命周期的数据活动。

二是培育教育数据质量文化、全面优化数据质量环境。构建高质量教育数据文化就是要使所有教育工作者，包括教师、学校管理者、学校董事会成员及其他相关人员能够形成普遍共识，共同秉持"高质量的教育数据是学校教育的重要组成部分"这一信念，坚信数据质量是教育数据资源的灵魂，不断推进教育数据质量发展，进而确保高质量教育数据的持续供给和规范利用。如美国国家教育统计中心（National Center for Education Statistics, NCES）积极开展面向学校和学区的教育数据文化建设，强调对教育数据质量意识的引导，要求学校在构建数据质量保障机制的过程中，要全面完善为实现高质量数据文化所需遵循的价值观念，积极出台数据质量管理规范和原则，遵循教育数据质量管理的政策法规和制度指南，使学校教职员工及时了解学校负责录入的教育数据及其责任主体，以及各项教育数据的目的和作用。

三是确立教育数据管理流程以提升教育数据质量。其内容包括构建教育数据标准，确立教育数据质量管理的基准；规范教育数据收集过程，确保教育数据在源头上的质量；落实教育数据输入责任，明晰各类人员在教育数据输入环节的职责；执行教育数据审查程序，守护教育数据质量的门槛；运用教育数据挖掘技术强化对异常教育数据的监测；强调对教育数据的使用，推动教育数据质量的常态化管理。美国教育部下设的"隐私保护技术援助中心"（Privacy Technical Assistance Center, PTAC）认为，教育数据质量管理是确定关于教育数据质量预防、监测以及纠正数据错误和数据误用的一系列策略，以达成维护高质量教育数据的目标；强调教育数据质量管理，有益于提高当前混乱的教育数据收集标准与程序，有效规避无效、错误数据的输入，破解数据陈旧、数据冗

[①] 王正青,但金凤.大数据时代教育大数据治理架构与关键领域——以美国肯塔基州、华盛顿州与马里兰州为例[J].现代教育技术,2019,29(02):8.

余、数据孤岛等问题,以提升教育数据质量,减少数据资源浪费,强化数据分析的信度和效度。

3. 升级教育数据挖掘与分析的技术工具

教育数据挖掘与分析的技术工具有益于充分挖掘教育数据自身价值,确保教育数据单元以及数据集合得以科学解码。当前,教育数据挖掘与分析工具越来越多,但大多数工具专业性过强,对于教育数据用户而言具有一定操作难度,且教育数据挖掘与分析工具大多用于特定任务,不具有普适性,因此,教育行政部门以及相关技术供应商应开发通用教育数据挖掘与分析的技术工具,最终实现教育数据得以有效挖掘与分析。

首先,在进行教育数据分析之前,教育数据用户需依托技术支持实现教育数据有效访问。如数据仪表盘,它是一个网络应用程序,能够帮助教师获得地区、学校和学生各层面的历时性结构化数据和非结构化的多项教育数据集合,进而实现跨系统安全数据链接,并以易于访问的方式呈现教育数据,确保教育工作者在拥有教育数据资源和能够访问教育数据信息基础上,可基于教育数据挖掘与分析实现数据驱动学校管理与教学革新。

其次,开发教育数据挖掘技术并确保技术的可操作性和使用便捷性。美国国家教育进展评估和国家教育统计中心相继开发了数据分析工具以及数据分析系统(Data Analysis System,DAS)等一系列软件应用程序。以国家教育统计中心推出的Data Lab三个数据分析工具为例,数据用户可通过Quick Stats创建简单表格和图表,也可利用Power Stats创建复杂的数据表格和线性回归,或采用Trend Stats构建不同收集年限的数据集以实现复杂数据分析。数据分析工具及应用程序有益于学校教师和管理人员在获得教育数据的基础上,对教育数据集合进行计量统计分析,从而将教育数据资源价值化和工具化。

最后,基于教育数据挖掘与分析技术实现数据驱动科学化学习。2013年9月,可汗学院推出了数学课程学习仪表盘,该仪表盘将学生所需学习的知识精细化切割成上百个知识点和由549个小格组成的"任务进度"图,并将每个小格和一个知识点所需完成的学习任务进行相互联结,然后基于学生的数据信息分析结果,用不同的颜色表示学生的学习掌握情况。此外,我国最具代表性之一的学习仪表盘"快乐学"中的在线智能题库,也可以为教师、家长和学生提供可视化教育数据分析信息,其中学生入口仪表盘页面将显示该生在练习过程中的错题类型和错题数量,进而呈现学生的知识盲点和解题弱点。[①]加州高等教育委员会(California Postsecondary Education Commission,CPEC)利用数据挖掘技术为加州的高等教育机构提供了一个趋势分析系统。该系统不仅可以检索各种教育数据库,了解实时的教育发展趋势,还能用于发现潜在的数据异常,识别出连续几年数据报告中存在的显著数值差异。与此同时,加州高等教育委员会采取了一系列的措施以监测异常数据。其通过设置明确的"限度"来识别同一项数据在连续两年之间数值变化在10%至50%间的数据行,随后对超出"限度"不同百分比的数据行,用不同的颜色标记:超过"限度"3倍的用黄色标记;超过2倍的用绿色标记;超过1倍的用蓝色标记。若单个数据单元与周围连续的数据单元差异较大,则该数据单元将被标记为红色。

4.提升一线教师的数据挖掘与分析素养

智能时代的教育数据已成为变革教育的有力科学力量。我国发布的《国家中长期教育改革和发展规划纲要(2010-2020年)》《国务院关于加强教师队伍建设的意见》等系列政策文件,都对加强教师教育培训、提高教师整体素质提出了明确要求。美国心理学会前任教育心理学分会主席、"西部教育"数据决策项目主任(Data For Decisions Initiative at West Ed)曼迪纳契和考夫曼基金会(Kauffman Foundation)首席研究员古曼认为,一线教师应具备以数据挖掘与分析为重点的数据素养,教师有效地了解和使用教育数据,并据之做出教育决策和行为。教师数据素养由一系列具体的技能和知识构成,帮助教育工作者将教育数据转化为有用信息,最终转化为可操作的知识。[②]该定义综合考虑了数据标准、学科知识与实践、课程与教学内容知识以及学生学习方式等要素,在当前学术界得到普遍认可。

---

① 张振虹,刘文,韩智.学习仪表盘:大数据时代的新型学习支持工具[J].现代远程教育研究,2014(03):101-102.
② Karen Dunlap,Jody S.Piro.Diving into Data:Developing the Capacity for Data Literacy in Teacher Education[J].Cogent Education,2016,3(1):286-287.

具体而言，大数据时代的一线教师应具备如何识别、收集、组织、分析、总结和处理数据，并基于数据制定、规划、实施和监督行动方案等方面的综合能力。具体包括：数据定位技能（Data Location），即找到自己所需要数据的能力；数据理解能力（Data Comprehension），即理解数据的重要性，以及数据的不同表达形式；数据解读能力（Data Interpretation），知道数据具体意味着什么，能够对其蕴含的教育教学意义做出解释；基于数据的教学决策能力（Instructional Decision Making），即利用数据分析特定的教学情境，做出适宜的判断，形成科学的教学决策；提出新问题、新思路的能力（Duestion Posing），即利用数据提出拓展性问题与教学新思路，[1]以便适应时代发展需求，推动、引领时代发展。

为有效培养教师的数据素养能力，一方面，针对教师职前、在职以及职后的数据能力开展不同时期、不同层次的教育数据使用培训项目，并提供数据发展课程，以便拓展教师对教育数据的知识储备，提升教师的教育数据定位能力、理解能力、解读能力、分析能力以及运用教育数据的实践操作能力，保障教师主动适应信息化时代变革。例如开发"数据伦理指南"等系列在线课程，要求校长、教师、IT人员等掌握相关数据法规条例和数据道德标准，做到客观报道教育数据记录，保护敏感教育数据信息。当教师具备教育数据素养能力之际，其能够对教育数据标准、数据挖掘、数据分析等规范要求和技术操作了然于胸，进而激发教师使用数据的动机，促进教师的教育数据专业使用技能进步。

另一方面，增加教师数据素养培训资金，加大培训力度，形成国家、地区和学校多方联动的教育数据素养系统培训体系，确保教师能够满足现代化数据驱动教学的实践诉求。美国教育部数据抽样调查报告显示，2004—2005年，有超过60%的校长大力支持数据驱动决策，16%的学校为教师使用学生数据专门预留了额外时间，18%的学校教师获得了关于教育数据使用方面的校外专业发展，28%的学校安排了专业数据导师或数据顾问，为教师提供了更多积极的

---

[1] Means Barbara, et al. Teachers' Ability to Use Data to Inform Instruction: Challenges and Supports [R]. Washington, DC: Office of Planning, Evaluation and Policy Development, US Department of Education, 2011: 37.

教育数据互动机会。[①]

5. 培育教育数据挖掘与分析的文化氛围

教育数据挖掘与分析文化是依托教育数据使用承诺、愿景和信念,秉承既定教育数据挖掘与分析范式,进而逐渐养成教育数据挖掘与分析的习惯、倾向和行为,实现从直觉走向数据。

一是教育数据资源库为教育数据挖掘与分析提供了数据资源保障。教育数据资源库建设需确立教育数据统一标准,明确教育数据收集规范,确立教育数据质量要求,进而为教育数据资源挖掘与数据分析奠定基础。中国教育科学研究院教育统计分析研究所所长马晓强表示,中国教育面向2.7亿学生,是世界上规模最大的教育系统。美国国家教育统计中心、州纵向数据系统等教育数据库资源丰富,为早期预警系统收集教育数据资源提供了便利。事实上,教育数据资源库的构建与直接访问,是下放教育数据使用权限的重要体现,其有益于强化教育工作人员的教育数据挖掘意识以及教育数据使用文化观念。

二是确立教育数据使用战略,以便充分发挥教育数据的实然价值。2021年,我国教育部出台的《关于加强新时代教育管理信息化工作的通知》中明确指出:"以数据为驱动力,利用新一代信息技术提升教育管理数字化、网络化、智能化水平,推动教育决策由经验驱动向数据驱动转变。"同年,教育部、中央网信办、国家发展改革委、工业和信息化部、财政部以及中国人民银行六部门在《关于推进教育新型基础设施建设构建高质量教育支撑体系的指导意见》中强调,我国需进一步升级教育基础数据库,提升教育数据的时效性和准确性,形成学生、教师以及学校组织机构等权威数据源,为推动"一数一源"提供支撑。

三是强调家校协同推进。运用教育数据资源推动教学实践变革,离不开家长和社会各界的广泛支持。2018年调查数据显示,86%的美国教师表示教育数据能够协助其与家长更加具体地交流学生的在校表现;95%的家长支持教师使用数据来推动学生学习;同时,94%的家长也非常希望能够及时获得学生考试成绩、毕业率等相关学业数据,以及班级规模、学校安全等非学业类教育

[①] U.S. Department of Education. Teachers'use of student data systems to improve instruction [EB/OL]. (2008-02-14)[2020-03-22]. https://www2.ed.gov/rschstat/eval/tech/teachers-data-use/teachers-data-use.pdf.

数据,以帮助其判定孩子的学习状况,量化学校教学质量。[①]教育数据交流有助于确保教师与家长的对话超出单纯的数字和百分率,并对学生的整体学业进步和亟待解决的学业挑战得以整体把握,从而最终实现共同教学决策,而非将教学决策当作教师一个人需要完成的工作。

三、教育数据挖掘与分析技术的教学应用案例

随着教育数据价值日益显现,数据驱动精准教学范式随之产生。[②]越来越多的学习管理系统、学业评估系统与教学系统开始出现,如极课大数据、智学网、汇教课堂等都是教育数据挖掘与分析的应用典型。

(一)极课大数据

极课大数据是大力教育旗下K12一站式精准教学平台,其以"创新教育,成就每一个人"为目标,通过整合精准教学能力与核心技术,运用完善服务生态与专业优势,打造了高效实用且贴近一线教研、教学与教务的全场景全流程的教育协同场域。极课产品基于全维度学情分析,提供了全方位、立体化、智能化、个性化服务和教与学管理创新。目前极课大数据已经覆盖全国30多个省(自治区、直辖市),并在5000多所知名学校实现了常态化落地。极课大数据不仅赋能教师与学生,同时也赋能教育管理者和学生家长,通过呈现精细化视图,打破信息孤岛,进而掌控教与学全局视角,以便帮助学生精准定位薄弱知识点并进行专项针对性训练,最终改善"教""学""管"全过程。

具体而言,极课大数据从作业到考试全场景、多模态采集数据,在数据采集过程中进行挖掘与分析,实时多维展现用户画像,并基于自然语言处理技术为学生进行智能推荐,使学生能够专攻易错薄弱项,最终实现"千人千面,一人一卷"。极课大数据的生态架构如表6-2所示。

---

① Data Quality Campaign. Time to act 2018 [EB/OL]. (2018-12-05) [2019-03-01]. https://2pido73em67o3eytaq1cp8au-wpengine. netdnassl. com/wp-content/uploads/2018/12/DQC-Time-to-Act-2018.pdf.

②郭利明,杨现民,张瑶.数据驱动的精准教学五维支持服务框架设计与实践研究[J].电化教育研究,2021(04):85.

表6-2 极课大数据生态架构

		课前	课中	课后
应用中心	教师	在线备课	·课堂互动 ·资源推荐 ·内容讲解	·作业批改 ·选题组卷 ·学情报告 ·逐题分析 ·巩固联系
	学生	预习导学	·课堂互动	·个性化作业本 ·个性化错题本 ·学情报告
安全合规		·基础设施安全 ·灾备与连续性 ·应用安全	·客户端安全 ·数据及网络安全 ·变更控制	

极课大数据包括教师端、学生端和家长端，主要功能如下：查看每次作业、考试成绩和年级排名等；生成历次作业和考试成绩排名走势图；推送每次作业和测试中的错题，提供试题来源、知识点、作答情况和答案与解析等资料下载；设置每周错题重做和错题整理的提分任务；提供个人薄弱项分析。以上学生信息是教师实施精准化教学的重要依据。教师端则可显示班级学生的作业完成情况，教师可以从中得到如下信息：每题的正确率；正确率较低的作业中学生错选了哪些选项。除此之外，极课大数据还可以生成每次作业或考试的成绩报表，包括班级学情表格、班级分数段分布图、试题难度与区分度图、年级大题均分对比表、年级小题均分对比表、班级小题作答详情表。相比教师根据考试成绩、作业情况等制作的学情分析图表，极课大数据统计全面、针对性强、层次鲜明、突出重点。

下面以江苏省梅村高级中学数学教学中"极课大数据"的应用为例，展示极课大数据的学生学情数据挖掘与分析步骤。一是年级学情分析和课堂反馈。极课大数据将当前学生作答情况与往届学生进行对比，以了解学生哪些知识的掌握已经超过往届学生，哪些问题是历届学生的共同学习难点等。然后教师可在每周备课组会议上讨论研究这些问题。二是基于问题实施针对性教学策略。极课大数据统计数据中包含了每题的正确率及年级平均正确率。

以此为依托,教师可以选择更具针对性的教学方案。三是跟踪个体案例落实个性化分层教学。教师可通过极课大数据系统反馈信息了解每名学生不同阶段的学习状况,进而为学生建立学科学业档案,最终落实分层教学。如极课大数据所显示的某学生的成绩,教师可在后续测试中再次分析该生得分情况。对于测试成绩波动较大者,教师将和学生一起分析问题原因,并设计最佳学业成长路线。

(二)智学网

智学网于2014年开始运行,并于2016年与教育部考试中心共建联合实验室。智学网是科大讯飞面向学校日常作业、考试及发展性教与学评价需求推出的大数据个性化教学系统。智学网采用全球领先的人工智能核心技术,能够实现教与学全场景动态数据采集和分析,深度挖掘数据价值,帮助教育管理者高效决策、教师针对性教学、学生自主化学习,并实现家校互联,帮助家长实时了解孩子学习情况。截至2024年,"智学网"已在全国32个省级行政区的30000余所学校实现常态化应用,受益师生超过4500万。

智学网基于手机、扫描仪、阅卷机等智能终端设备,实时采集随堂练习、课后作业、测试联考等各类过程性教学数据,进而实现大数据分析与数据挖掘。

一是精准确定目标。在教师阅卷之后,智学网会自动生成班级试卷分析表。在分析表中,各个题目的平均分、得分率和错误率一目了然。借助阅卷系统分析的各类数据,结合具体试卷题目,教师能精准确定试卷讲评课的教学目标。如某次生物考试试卷中涉及"人体生命活动的调节""人类活动对生物圈的影响"和"传染病和免疫"三章内容,试卷题目内容及整体得分率如表6-3所示。通过"总分值"可看出,此次考试重点是"人体对外界环境的感知","得分率"栏数据显示,考试难点在"神经调节的基本方式""免疫和计划免疫"。教师根据智学网提供的错误率数据,可定位学生在生物学知识方面的薄弱点,或解决生物学有关问题的缺陷,从而确定本次试卷讲评的目标是,首先,能够分析常见反射活动中的感受器和神经中枢;其次,能够了解常见环境污染问题的成因,形成环境保护的意识;再次,能够分析探究实验题目中实验设计的原则;最后,能够描述免疫第三道防线是如何发挥作用的。

表6-3　试卷题目内容及得分率

考查内容	总分值	得分率(%)
人体对外界环境的感知	28	66.42
神经系统的组成	14	67.36
神经调节的基本方式	16	58.18
激素调节	22	66.52
人类活动对生物圈影响	4	70.65
传染病及其预防	14	66.70
免疫与计划免疫	14	55.40

二是精准创建学习材料。信息技术环境下，学习材料拓展为"学材"+"习材"+"创材"，表现形式也已经从纸质材料拓展到了数字化材料，如动画视频、微课视频。其中"学材"包括文本、音频、视频和纸质材料等，主要作用于知识的传授。此次试卷讲评课前需要创建的精准学习材料，包括微课资源、图片资源、拓展练习资源。其中微课资源内容主要用于试卷讲评课课前的"自主纠错"环节。如针对此次考试中得分率过低的第14、15、25题(如表6-4)，教师将对这3个题目分别创建"再次认识反射弧""环境污染问题原因大汇总"和"实验设计的原则及数据分析"3个微课，并上传至学校云平台。

表6-4　低得分率题目对应知识点分析

题号	得分率(%)	相应知识点
14	39.22	"测定反应速度"中反射弧的分析
15	43.32	常见环境污染问题及其成因
25	54.56	探究实验设计原则及实验结果数据分析

三是精准设计教学活动。教师在课堂教学活动中要注意观察和测量教学目标达成情况，并根据学生的行为表现调整教学进度和教学策略。其中，试卷讲评课可通过以下几个环节完成：自主纠错→整体分析→组内合作→反馈小组问题→组间合作→教师点拨→练习反馈→总结提升。在自主纠错环节，学生根据试卷出错题目，自主查阅教材资料进行修改，并在未能解决的题目编号前做好标记。在整体分析环节，教师用3分钟左右时间整体说明考试难度、内容重难点和班级得分情况等，并根据平台数据精准肯定成绩优秀学生，对成绩

暂时不理想的学生给予鼓励和期望。在组内合作和反馈小组问题环节,教师组织小组内讨论,倡导组长作为主持人,以邀请组员说出其还未掌握的知识,并通过组内其他成员讲解实现问题解决,然后组长最终汇总小组内无法解决的问题并反馈给教师。在组间合作环节,教师请有问题的小组先行发言,再邀请其他小组帮忙解决问题。学生在讲解中不仅要说出答案,还要说明解决问题的过程,包括审题、读图、作答技巧和联系相应知识点等。在练习反馈环节中,教师借助平板电脑推送一组与得分率较低题目类似的练习题,实现总结强化。

(三)汇教课堂

汇教课堂是浙江艾汇教育科技有限公司开发的一款学习教育类软件,它能够呈现学生做题时长、错误率等数据信息。教师可以将这一数据反馈给学生,让学生自查自评,完成课后反思和学习总结。教师还可以审阅学生的自主学习情况,并对部分学生进行精准跟踪,实现一对一教学和指导。对于部分知识理解不到位、逻辑推理能力较差的学生,教师也能点对点为其推送相关的微视频和学习课件,以提供精准帮扶。在此以高一"地形对交通线路分布的影响"(湘教版)的新授课为例。

本章中"地形条件对交通线路密度、形态、布局和走向的影响"是学习的重难点。在课前,教师通过汇教课堂推送给学生预习作业,内容为宁波市三江口地区和学校所在的鄞江镇山区交通图以及对应的地形图,要求学生观察并完成下表(括号内为教师参考答案)(见表6-5)。

表6-5 鄞江镇与宁波三江口交通线路差异

位置	地形	数量	密度	走向	形态
鄞江镇	山地	少	小	沿河谷	线状,之字形
三江口	平原	多	大	多方向	网状

学生通过软件接收预习作业并在规定时间内完成后提交给教师。教师可以在学生提交后,利用数据平台查看班级整体和学生个体的完成度。从具体情况来看,班里大部分学生对两个区域地形特点、交通线路密度和数量的判断都较好,但对于交通线路走向以及形态特征的理解上略有偏差,因此教师可以

在上课时对这部分内容进行强化引导。

在课堂教学过程中,首先,教师结合预习内容,引导学生思考和探究两个问题,即比较三江口和鄞江镇交通线路分布的密度、走向和形态差异,结合地形图思考影响因素有哪些,同时要求学生相互讨论总结交通线路分布的影响因素,并指出决定性因素。

其次,教师播放小视频"裁弯取直的成渝1小时交通圈",提出技术对地形的改造进而影响交通线路的知识点,要求学生根据材料当堂完成习题"雅西高速修筑螺旋形隧道的原因及影响"并提交到教育平台,教师选择几个学生的回答结果进行展示,展示的作业要涵盖学习基础较好、中等和较差的学生,分别进行讲解和点评。这一教学环节能展示学生不同的思维结构,同时感受到"了不起的中国制造",培养学生的爱国主义情怀。

再次,教师利用汇教课堂推送游戏"做一做规划师",培养学生地理实践力。同时,要求学生规划一条从城市A到村庄B的高速公路,如图6-3所示。在学生完成后,教师随机挑选一至两位学生的规划线路展示到其他同学的平板电脑上,让其讲解自己的设计方案和注意事项,并引导学生总结出交通线路布局原则。

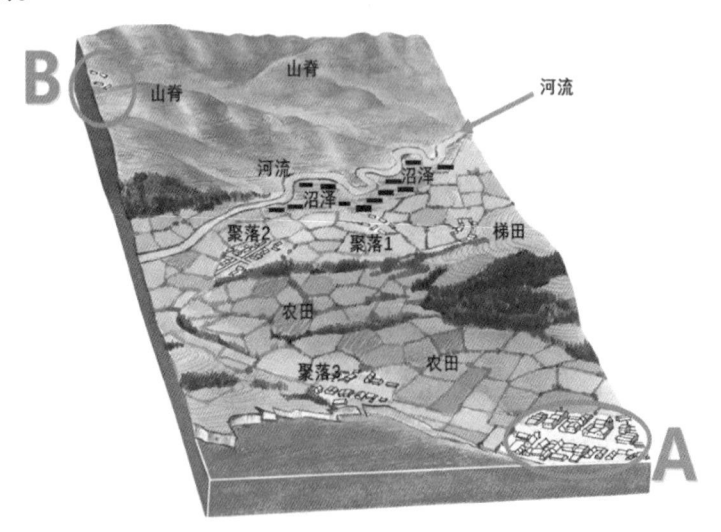

图6-3 交通线路的布局规划图

图片来源:张丽琼,王玲,陈亚.高中地理精准教学设计与应用探究——以"地形对交通线路分布的影响"为例[J].地理教学,2020(16):16-19.

最后，教师不仅要利用多媒体软件和网络数据平台，还要在问题探究式教学中通过板书来帮助学生完善"地形对交通线路分布的影响"的思维导图。

在课后，教师可以根据课堂学生的反馈，推送和学生学情相适应的题目。初期以基础知识回顾、理论应用为主（多以选择题形式出现），后期可提供更多思维拓展提升的简答题（例如港珠澳大桥建设海底隧道并保证合理的桥梁高度的原因；例举有可能造成港珠澳大桥施工困难较高的自然障碍；对比分析白令海峡建设跨海大桥成本过高的原因等）。学生在接收课后习题后，应在规定时间内完成并提交给教师，教师再利用网络数据平台进一步诊断和评价每一位学生的学习结果。[①]

四、结语

牛津大学著名教授舍恩伯格认为，大数据可以实现教育定制化，革新传统教学模式和学习机制。教育数据挖掘与分析技术作为教育领域系统变革的工具，一是有助于规避教师主观独裁，强化教师教学决策的科学性和客观性。传统教师大多依据自我主观判断创新教学体系，然而固化的主观经验主义容易忽视学生的真实需求，造成教学目标偏移。在大数据时代，教师可着眼于课前、课中及课后全流程教育数据的采集与利用，做到科学研判教学实情，从而依托教育数据优化课堂资源配置，并进行旨在提高学生成绩的教学变革决策。二是有助于实现教学模式定制化。通过教育数据挖掘和分析，教师可以将课堂教学的既定统一模式向个性化精准教学模式转变，进而满足因材施教的个性化学习诉求。三是有助于保障教师教学评价的科学性和有效性。在数据支持下的教育评价能够改变以考试分数和升学率为唯一评价指标的局限性，教育评估数据的实时追踪能够实现对学生的动态评价，使教师能够更加全面地衡量学生的优势和不足，并实施教学干预和学习预警，不让一个学生掉队。

在教育数据挖掘与分析技术的使用过程中，也需要注意教育数据使用的规范问题，最重要的是教育数据使用中涉及的隐私与伦理问题，以及警惕教育

---

① 张丽琼,王玲,陈亚.高中地理精准教学设计与应用探究——以"地形对交通线路分布的影响"为例[J].地理教学,2020(16):11-18.

数据使用中的"唯数据主义"倾向。一是关于教育数据隐私与伦理问题。教育数据隐私是教育数据治理的最基本底线,也是教育数据治理的重难点。数据泄露对教育数据的机密性、安全性以及完整性而言无疑是一种巨大的威胁。一旦数据信息被盗或丢失,那么这些数据可能会被多次转手兜售,然后通过身份窃取、设立欺诈性银行账户或信用卡,甚至让包括儿童在内的数据受害者突然面临数千美元的债务问题。[①]近年来,许多国家及地区陆续出台了个人信息保护相关规则条例,如新加坡的《个人信息保密条款》、日本的《个人信息保护法》等。为保护学生数据隐私,美国政府通过并修正了《家庭教育权利和隐私权法案》(1974年通过,2008年和2011年修正),各州也制定了相关数据隐私保护法规和政策。据统计,仅2017年,美国38个州就制定了107项法案,并通过了30项新法律,内容涉及该州如何为家庭和教育工作者提供适当的数据访问权限,以及如何保护学生数据隐私。其中的93项法案和18项新法律明确谈及了学生数据隐私保护问题。[②]与此同时,美国各州也发布了系列关于教育数据提供者方面的政策指南,如密苏里州、马里兰州、得克萨斯州、明尼苏达州、罗得岛州和马萨诸塞州等,强调通过监管在线工具技术的运营商以及确定如何使用学生层面数据信息来解决隐私问题。

2016年,我国颁布的《中华人民共和国网络安全法》首次对网络隐私保护提出了原则性的要求。2021年6月10日,第十三届全国人民代表大会常务委员会第二十九次会议通过《中华人民共和国数据安全法》,其中第六条规定"各地区、各部门对本地区、本部门工作中收集和产生的数据及数据安全负责。工业、电信、交通、金融、自然资源、卫生健康、教育、科技等主管部门承担本行业、本领域数据安全监管职责。公安机关、国家安全机关等依照本法和有关法律、行政法规的规定,在各自职责范围内承担数据安全监管职责。"

二是警惕教育数据使用中的唯数据主义倾向。"唯数据主义"或者"大数据

[①] Kentucky Department of Education. Top Secret Information and Data Breach Awareness for Teachers 3.0 [EB/OL]. (2019-10-26) [2021-02-21]. https://education.ky.gov/districts/tech/Documents/Top_Secret_Information_and_Data_Breach_Awaeness_for_Teachers_3.0.pdf.

[②] Data Quality Campaign. Education Data Legislation Review: 2017 State Activity[EB/OL]. (2017-09-26) [2021-09-21]. https://dataqualitycampaign.org/wp-content/uploads/2017/09/DQC-Legislative-summary-0926017.pdf8.

主义"所犯的错误就是为数据而数据,误以为大数据就是唯一标准和依据。大数据时代是一个数据爆炸的时代,人人皆用、处处能用、时时可用的教育数据驱动型社会正在加速构建。然而将教育现象和教学问题一切数据化,继而从主观经验主义逐渐走向数据主义是否真的合理?大数据时代背景下教育工作者的主观经验是否真的"一无是处"?教育数据驱动决策一定是完全科学的吗?

顾明远先生在第六届全国中小学校长论坛期间作关于"人工智能+教育"的主旨报告中提出,"人工智能+教育"正在使教育发生革命性变革,但教育的本质不会变,可以概括为:一个人通过接受教育,努力提高生存能力,过上有尊严而幸福的生活;提高为社会服务的品德和能力,为社会、为人类做出应有的贡献。人只能由人来培养,不可能由机器来培养。教育要提高人的生命质量和生命价值,技术替代不了教师对学生精神世界的影响。[1]基于此,教育工作者应该正确认识教育数据的真实价值,数据科学并不能完全取代专业科学,世界的知识图景也不能仅有数据知识构成,还应该包含直觉知识,因此坚持数据精神的同时应始终秉承人文精神,理性看待教育数据挖掘与分析结果,将其视为"可参考的内容"而非"唯一的判断依据"。[2]

课后思考

1. 大数据时代的来临引发了社会数据化的现象,这为教育教学工作带来了哪些机遇和挑战?

2. 预测、聚类、关系挖掘、人类判断过程简化和模型构建是教育数据挖掘主要采用的五类技术方法,试设想应用这五类技术方法所对应的教育场景。

3. 在教育数据驱动下,课堂教学如何适应这种智能化、数据化的变革?

4. 教师应如何更新自身的教育理念,以适应教育大数据的快速发展?

---

[1] 搜狐教育.顾明远:人才培养只能由人完成,机器取代不了[EB/OL].(2019-10-25)[2021-07-16]. https://www.sohu.com/a/349125558_484992.
[2] 陈仕伟.大数据主义的科学哲学反思[J].长沙理工大学学报(社会科学版),2017,32(06):18.

📖 推荐阅读材料

1. 方海光.教育大数据：迈向共建、共享、开放、个性的未来教育[M].北京：机械工业出版社,2016.

2. 付达杰,唐琳.基于大数据的精准教学模式探究[J].现代教育技术,2017,27(07):12-18.

3. 郭利明,杨现民,张瑶.数据驱动的精准教学五维支持服务框架设计与实践研究[J].电化教育研究,2021(04):85-92.

4. 胡水星.大数据及其关键技术的教育应用实证分析[J].远程教育杂志,2015(05):46-53.

5. 黄少珍,周运科.数据挖掘在教育中的应用研究[M].北京：北京理工大学出版社,2019.

6. 黄欣荣.大数据技术的伦理反思[J].新疆师范大学学报(哲学社会科学版),2015,36(03):46-53.

7. 李珩.教育大数据：开启教育信息化2.0时代[M].重庆：重庆大学出版社,2019.

8. 刘邦奇,李鑫.智慧课堂数据挖掘分析与应用实证研究[J].电化教育研究,2018(06):41-47.

9. 特蕾莎·M·佩顿,西奥多·克莱普尔.大数据时代的隐私[M].郑淑红译,上海：上海科学技术出版社,2016.

10. 王正青,徐辉.大数据时代美国的教育大数据战略与实施[J].教育研究,2018(02):120-126.